Olaf Ihlau

WELTMACHT INDIEN
Die neue Herausforderung des Westens

Pantheon

FSC

Mix

Produktgruppe aus vorbildlich
bewirtschafteten Wäldern und
anderen kontrollierten Herkünften

Zert.-Nr. SGS-COC-1940
www.fsc.org
© 1996 Forest Stewardship Council

Verlagsgruppe Random House FSC-DEU-0100
Das für dieses Buch verwendete FSC-zertifizierte
Papier *Munken Premium* liefert Arctic Paper
Munkedals AB, Schweden.

Der Pantheon Verlag ist ein Unternehmen der
Verlagsgruppe Random House GmbH.

Erste Auflage
Febuar 2008

Umschlaggestaltung: Büro Jorge Schmidt, München
Lektorat: Regina Carstensen, München
Satz: Ditta Ahmadi, Berlin
Karte: Peter Palm, Berlin
Druck und Bindung: GGP Media GmbH, Pößneck
Printed in Germany 2008
ISBN 978-3-570-55050-2

www.pantheon-verlag.de

Inhalt

Vorwort

Der amerikanische Schriftsteller und Globetrotter Mark Twain pries im ausgehenden 19. Jahrhundert Indien als »das Land, das alle Menschen zu sehen wünschen«. Da unterschied er sich kaum von den Dichtern und Denkern der deutschen Romantik, die den asiatischen Subkontinent zum Fluchtpunkt ihrer unerfüllten Sehnsüchte machten. Dort, im fernen Orient, lag für sie die bessere Welt mit ihrer anderen Einstellung zu Zeit und Tod, einer besonderen Seelenhaltung und Geistigkeit, dem Esoterischen, aber auch einer vom Hinduismus vorgegebenen Gesellschaftsstruktur mit gleichsam göttlich abgesegneten Standesunterschieden und Zuordnungen. Anders als Mark Twain hat übrigens keiner dieser Schwärmer, ob Herder, Hegel oder Schlegel, den mit Tausenden von Göttern und Götzen bestirnten Himmel über Indien je gesehen.

Der Himmel, der sich meiner Familie und mir im Herbst 1978 bei unserem Umzug nach Delhi präsentierte, war ein grauweißes Gebirge aus Giftwolken. Flugzeuge suchten mit dem Versprühen des Insektenvernichtungsmittels DDT die in den Tümpeln und Gewässern brütenden Anopheles-Stechmücken zu beseitigen. Denn die waren nicht nur Überträger von Malaria, sondern auch Verbreiter der gerade neu aufgetretenen Enzephalitis-Epidemie. Der *Times of India* konnte die zunächst im Ashoka-Hotel einquartierte Familie bei der Morgenlektüre entnehmen, dass an dieser Gehirnhautentzündung vor den Toren der Hauptstadt täglich wenigstens siebzig Menschen starben. Von alteingesessenen Kennern des Subkontinents war hierzu der sarkastische Kommentar zu hören, ein Vielfaches dieser Zahl dürfte der Wirklichkeit wohl eher entsprechen. Verheerende Überschwemmungen hatten in den Monaten zuvor in der Tiefebene um den Ganges dreißig Millionen Menschen obdachlos gemacht und Tausende von Toten gefordert. Willkommen in Indien, dem Land der Seuchen und Katastrophen!

In Delhi regierte damals ein Koalitionskabinett unter dem Brahmanen Morarji Desai, einem Monument von abstoßender Selbstgerechtigkeit. Die gestrauchelte Notstandsherrscherin Indira Gandhi wartete noch auf ihr Comeback. Kaum jemand aus der politischen Elite interessierte sich wirklich für die Seuchenplage im Lande draußen. Japans Impfstoffangebot anzunehmen, widersprach einem verqueren Nationalstolz. Lieber ließ man die Infizierten krepieren.

Das Indien der späten siebziger Jahre war politisch wie wirtschaftlich eine Hochburg der Dritten Welt, ein vom Staatsdirigismus gefesselter Riese. Ein Telefonat nach München benötigte vierundzwanzig Stunden Wartezeit. Mit dem Staatssender Doordarshan gab es nur einen einzigen schwarz-weißen Fernsehkanal, und dessen Sendungen waren ungenießbar. Zwei Autotypen wurden produziert, beides Nachahmungen europäischer Modelle: Die Ambassador Limousine nach dem Design von Morris Minor und der kleine Premium nach dem Fiat Padimi. Die beiden Fluglinien Air-India und Indian Airlines standen unter Staatsaufsicht. Gut 70 Prozent der Inder lebten auf dem Lande, viele in schwärender Armut. Delhi hatte knapp sechs Millionen Einwohner. In den einstigen Residenzvierteln aus der britischen Kolonialzeit lebte es sich beschaulich, so die Wasser- und Stromzufuhr nicht unterbrochen wurde, was indes häufig geschah.

Indien heute, das ist ein anderes Land. In Delhi drängeln sich jetzt vierzehn Millionen Einwohner, ein Albtraum mit verstopften Straßen und verpesteter Luft. Statt einem gibt es nun 300 Fernsehkanäle. Es werden mittlerweile vierzig Automarken montiert, und der Tata-Konzern geht mit dem billigsten Auto der Welt auf den internationalen Markt. Die zu Beginn der neunziger Jahre eingeleiteten Reformen und ein radikaler Schwenk zur Marktwirtschaft sorgten für einen Boom mit Wachstumsquoten von zuletzt über acht Prozent, der das amerikanische Nachrichtenmagazin *Time* in einer Titelgeschichte zu der Prognose trieb, Indien werde »die nächste ökonomische Supermacht«. Vor allem die urbanen Ballungszentren mit einem Mittelstand von etwa 250 Millionen, also der Bevölkerungszahl Mittel- und Westeuropas, schwelgen im Konsumrausch. Indien hat, nach Japan, die meisten Milliardäre Asiens, aber nach wie vor auch die meisten seiner Armen. Und das sind nicht die einzigen grellen Kontraste in einem Land, dessen ethnische, religiöse und kulturelle Vielfalt ohne Beispiel ist auf diesem Planeten. Da stehen Hangars für Weltraumraketen neben leeren Wasserleitungen, wird direkt neben dem Atommeiler der Boden immer noch mit dem Holzpflug bearbeitet, gibt es das drittgrößte Reservoir der Welt an Technikern, Ingenieuren und Informatikern, aber mehr als ein Drittel der indischen Bevölkerung kann weder lesen noch schreiben. Indien mit seiner eigenständigen Kultur und der sozialen Hierarchie des Kastensystems ist bunt, schrill, chaotisch und abstoßend, aber niemals langweilig.

Weltspitze sind die Inder schon längst in der Informationstechnologie, vor allem mit den Hightech-Labors in Bangalore, und angestrebt wird der Status einer Supermacht des Wissens. Noch vor den Olympischen Spielen in Peking 2008 soll ein indischer Roboter auf dem Mond landen. Bald wird die zweitgrößte Nation der Erde ihre größte sein, wenn Indien mit 1,46 Milliarden Menschen an China vorbeizieht und bis zur Jahrhundertmitte auf 1,6 Milliarden anschwillt. Viele Menschen können international mehr Macht bedeuten, intern aber sozialer Sprengstoff sein, findet sich für sie keine Beschäftigung. Dafür zu sorgen, ist das brennendste Problem jeder Regierung in Delhi, gleich welcher politischen Couleur.

Teilweise irritiert muss die Welt derzeit zur Kenntnis nehmen, dass auf dem Subkontinent ein Koloss herangewachsen ist, der künftig das Weltgeschehen mitbestimmen wird. Ökonomisch wie politisch und als Atom- und Raketenmacht notfalls auch militärisch. Und der in der Welt von morgen Konkurrent ist beim Kampf um Jobs, Märkte und Ressourcen. Internationale Wirtschaftsexperten erwarten, dass Indien in etwa fünfzehn Jahren an Japan und Deutschland vorbeiprescht und zur drittgrößten Volkswirtschaft nach den USA und China aufrückt. Vielen Europäern, selbstverliebt hingegeben einer Spaß- und Eventkultur, ist offenbar gar nicht bewusst, was für ein Meteorit da auf sie zurast und dass der eigentliche Exodus von Arbeitsplätzen erst noch bevorsteht. Die Inder kommen, sie sind langfristig der eigentliche Herausforderer des Westens. Denn sie können sich auf eine stabile demokratische Gesellschaft stützen, während Asiens anderer Gigant, das kommunistische China, bei einer Öffnung, die irgendwann erfolgen muss, womöglich in gefährliche Turbulenzen gerät.

Natürlich kann es auch in Indien Rückschläge geben. Durch die Auswirkungen einer Weltwirtschaftskrise, im Innern durch wachsende soziale Spannungen, durch Katastrophen, eine Pandemie, neuerliche Pogrome in der Dauerfehde zwischen Hindus und Muslimen. Oder auch durch einen Anschlag von der Dimension des 11. September, mit dem islamistische Terroristen versuchen könnten, die verfeindeten Brüder Indien und Pakistan in einen Atomkrieg zu treiben. Im Ansatz haben sie das schon einmal probiert, mit Anschlägen in Delhi und zuletzt dem Bombenterror in Bombay. Doch solche Einbrüche dürften die Entwicklung nicht umkehren können, die aus dem einstigen Armenhaus der Welt eines der Kraftzentren der globalisierten Ökonomie machen wird.

Dieses Buch ist eine Betrachtung, die sich auf persönliche Erfahrungen und Erlebnisse in nahezu dreißig Jahren gründet. Dazu gehörten Begegnungen mit den wichtigsten Akteuren der indischen Politik, darunter acht Premierministern, sowie mit dem Führungspersonal von Indiens Nachbarländern. Zu bestaunen ist heute auf dem Subkontinent eine Weltmacht im Werden, aus Sicht der *Financial Times* »das bessere China«. Eine Macht, so fürchtet das US-Wirtschaftsmagazin *Business Week*, welche die internationalen Arbeitsmärkte, Industriebranchen und Unternehmen »in einem Ausmaß durcheinander wirbeln wird, das wir uns kaum vorzustellen vermögen«. Die bevorstehende Umwälzung werde das Selbstbewusstsein des Westens erschüttern und die Dauerhaftigkeit sämtlicher Bekenntnisse zum Freihandelssystem testen.

Die Vereinigten Staaten spüren, dass ihr Großmacht-Monopol gefährdet ist und sie in Asien, dessen Aufstieg unaufhaltsam scheint, ein Gegengewicht zu China brauchen. Deswegen erschien Präsident George W. Bush in Delhi, erhob Indien zur »Weltmacht« und verkündete mit Blick auf das heraufziehende Zeitalter drohender Energiekonflikte die strategische Partnerschaft zwischen »der ältesten und der größten Demokratie der Welt«. Das politische Establishment in Delhi ist wohl zu klug, sich gegen Peking instrumentalisieren zu lassen, bei aller Rivalität und dem historisch begründeten Misstrauen. Der erwachte Riese auf dem Subkontinent braucht Ruhe für ein dynamisches Wirtschaftswachstum, keine Abenteuer und äußeren Konflikte. Nur dann kann sich womöglich jene Vision erfüllen, die der jetzige Regierungschef Manmohan Singh, gewiss kein nationalistischer Schwadroneur, gerne zum Besten gibt: Dass das 21. Jahrhundert »das indische Jahrhundert sein wird«.

1

Vom Spinnrad zur Hightech-Spitze

Er zählt zu den reichsten Männern Indiens, doch er macht nicht viel von sich her. Azim Premji hasst die Aura aufdringlichen Gehabes, die manchen Star seiner Branche umflirrt im Boom der Software-Dienstleister. Ohne große Ankündigung und ohne herumwedelnde Hofschranzen betritt der Multimilliardär das holzgetäfelte Büro. Ein kräftiger Händedruck, ein flüchtiges Lächeln, höfliche Gesten. Melancholische Augen mustern den Besucher aus einem fleischigen Gesicht mit markantem Nasenzinken, buschigen Brauen und grauem Schnurrbart. Den Kopf schmückt eine schlohweiße Mähne.

Es ist Mittag im südindischen Bangalore, und Premji hat bereits ein siebenstündiges Arbeitspensum hinter sich. Wie meist ist der Chef des Software-Giganten Wipro Corporation um vier Uhr frühmorgens aufgestanden. Bei ein paar Tassen Kaffee hat er dann Serien von E-Mails abgefeuert an Manager seines Konzerns auf vier Kontinenten. Gegen sieben ist er zu Fuß die 250 Meter von seinem Bungalow zur Zentrale hinübergegangen, die auf einem Campus liegt mit hellen, luftigen Gebäuden in einer gepflegten Parklandschaft. Zum Frühstück mit Geschäftspartnern in der Kantine gab es Rühreier mit Toast und Hühnerfleisch. Dann folgte eine lange Vorstandssitzung, die sich mit den Außenposten in Europa befasste. Die Nearshore-Centers in Großbritannien, Finnland, Schweden und Deutschland arbeiten erfolgreich, das in Kiel hat vor allem Elektronik und Luftfahrt im Visier. Als weiterer Standort mit Blick nach Osten wird ein Center in Rumänien eröffnet.

Wenigstens viermal pro Jahr kommt der IT-Tycoon nach Deutschland. Er liebt München besonders und war in Berlin bei Kanzler Schröder ein gern gesehener Gast. »Wir wollen Wipro zu einem globalen Unternehmen mit Beschäftigten aus vielen Ländern und Kulturen machen«, referiert Premji leise seine Firmenstrategie. Dazu gehört ein Statement, das nicht mit drohendem Unterton daherkommt, gleichwohl wie eine Kampfansage wirkt. Der Westen sei gut beraten, doziert der Wipro-Chairman, sich damit abzufinden, dass Indien die Vormachtrolle in der Informationstechnologie übernommen habe: »In fünf Jahren arbeiten für uns über hunderttausend Europäer und Amerikaner.« Premjis Augen leuchten nun recht feurig.

Bangalore, in günstigem Klima gut tausend Meter über dem Meer gelegen, gilt als Asiens Silicon Valley. Hier wurzelt der Anspruch des neuen Indien, zum innovativen Hightech-Labor der Erde aufzusteigen und damit dem eigenen Land enorme Wachstumsschübe zu verschaffen. Angepeilt wird der Status einer Supermacht des Wissens. Das wäre ein Quantensprung vom Spinnrad, dem »charkha«, mit dem Mahatma Gandhi, der Vater des indischen Unabhängigkeitskampfes, einst aus Protest gegen britischen Kolonialhochmut das Herstellen handgewebter Tücher propagierte. Sie waren das Symbol isolierter Selbstversorgung.

Noch vor zwei Jahrzehnten wurde Bangalore als »idyllische Stadtlandschaft« gepriesen. Dabei war die Metropole des Bundesstaates Karnataka schon damals Zentrum strategisch bedeutsamer Industriezweige wie Elektronik, Werkzeugmaschinen, Telefon- und Flugzeugbau. Heute ist diese Cyber-City von Trabantenstädten mit Industrieparks umschnürt, in denen zwischen üppigem Grün die Glas- und Marmorpaläste der internationalen Dienstleister wuchern, in Electronic City, Whitefield, Doddakannelli, Medical City. Sie sind alle da, die großen Namen der Technikkonzerne mit ihren ausgelagerten Bastionen – Microsoft, IBM, Cisco, SAP und General Electric, Motorola, Dell, Texas Instruments, Intel und Hewlett-Packard. Dazu natürlich das Top-Trio der indischen Software-Häuser: Tata Consulting Services (TCS), das auch die Software von Ferraris Formel 1-Karossen produziert, sowie Infosys und Premjis Wipro. Sie machen ein riesiges Geschäft mit der Übernahme von Serviceleistungen jeglicher Art, die in der Dienstleistungswelt sich auch aus der Ferne erledigen lassen – Kundenbetreuung, Abrechnungen, Qualitätsprüfung, Buchhaltung, Bearbeitung von Steuerbescheiden, Suche nach verlorenem Fluggepäck, Beantwortung von Hilferufen, Analyse von Röntgenaufnahmen.

Nirgendwo auf diesem Planeten haben die globalen Computergiganten so viele Entwicklungslabors gegründet wie in Indiens Technopolis Bangalore. Nirgendwo, nicht einmal im kalifornischen Silicon

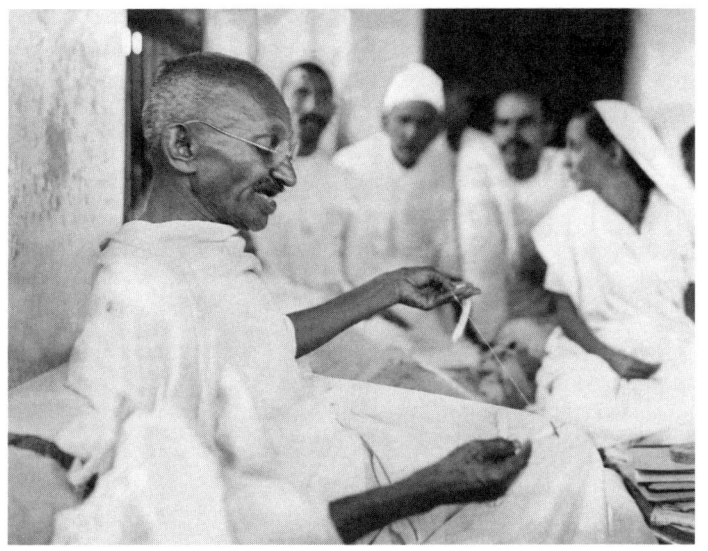

Symbol der Selbstversorgung: Mahatma Gandhi beim Spinnen

Valley, arbeiten mehr Informatiker und Ingenieure. Gut 200 000 dürften es unterdessen in über 1500 Firmen sein, und weitere 200 Bauanträge stehen noch an. Mit dem Software- und Internetboom hat Bangalore seine Einwohnerzahl auf sieben Millionen verdoppelt, die meisten der Erwerbstätigen sind mit dem IT-Geschäft und der Outsourcing-Industrie verbunden.

Längst hat die Stadt das Limit für ein vertretbares Wachstum überschritten. Die Hightech-Hochburg kann mit ihrer Dritte-Welt-Infrastruktur die Folgen des durch die Globalisierung ausgelösten Booms kaum noch bewältigen. Es droht der Kollaps. Der Airport hat die Ausstattung eines Provinzflughafens, die Hotels sind überbucht. Stundenlang stehen die Busse im Stau, mit denen die »Techies« zu den Callcentern und Softwareschmieden gebracht werden. Auch der Weg zur Wipro-Zentrale hinaus dauert eineinhalb Stunden und ist eine Tortur. Unentwegt hupend quält sich das Taxi durch Smogschwaden über eine Schlaglochpiste an Ochsenkarren, Motorrikschas, vorsintflutlichen Kraftwagen, klapprigen Bussen und Horden von Bettlern vorbei.

Da wirkt die Ruhe, die nach dem Passieren der Sicherheitsschleusen auf dem adretten Wipro-Campus herrscht, geradezu paradiesisch. Schautafeln verkünden unter dem Firmenemblem – einer Sonnenblume in Regenbogenfarben – die »Grundwerte« des Unternehmens. Auch alle Broschüren und die Visitenkarten der Mitarbeiter ziert dieser Schwur: »In tiefstem Respekt vor den menschlichen Werten versprechen wir Dienst an unseren Kunden mit Redlichkeit, innovativen wie preiswerten Lösungen, durch die Anwendung von Denken, Tag für Tag.« Prägnanter könnten das auch die Werte-Fundis von US-Firmen wie Procter & Gamble oder IBM kaum formulieren.

Bei mehr als 2,4 Milliarden Dollar lag der Gesamtumsatz von Wipro zuletzt, der Gewinn bei 800 Millionen. Über 77 000 Beschäftigte arbeiten für das Unternehmen in Indien, davon 24 000 in Bangalore sowie 12 000 Mitarbeiter weltweit. Auf dem globalen Markt des IT-Dienstleistungsgeschäfts hat sich Wipro, das selber keine Software herstellt, mit einem immensen Kostenvorteil fest verankert. Gemeinhin zahlen Unternehmen heute bei der Einführung eines Softwareprojekts 20 Prozent für die Software und 80 Prozent für die Berater, welche die Standardprodukte beim jeweiligen Kunden anpassen. In Europa liegen die

Tagessätze der Berater bei 600 bis 700 Euro. Die gleiche Arbeit leisten Experten von Wipro oder Infosys, schnell und zuverlässig, von Indien aus für 150 bis 200 Euro. Und sie kassieren dafür an Gehältern nur ein Viertel der europäischen Konkurrenz. So schlicht ist im Grunde das Geheimnis der Erfolgsstory von Premji und all der anderen IT-Gurus in Indien.

An der Börse wurde Wipro Anfang 2006 mit 14 Milliarden Dollar gehandelt. Als Hauptaktionär gehören dem Chairman Premji davon 83 Prozent. »Indiens Antwort auf Bill Gates«, wie die Medien ihn gerne umschmeicheln, zählt für das US-Magazin *Forbes* zu den zehn einflussreichsten Wirtschaftsführern der Welt. Das hat den Inder indes nicht davor bewahrt, bei einer Reise in die Vereinigten Staaten gleich mehrmals auf den Flughäfen Leibesvisitationen hinnehmen zu müssen. Premji, der die Amerikaner bewundert, war empört und verletzt. Die Religionsbezeichnung »Muslim« in seinem indischen Pass hatte in Zeiten terroristischer Hysterie offenbar genügt für eine entwürdigende Sonderbehandlung.

»Dass ich von Hause aus Muslim bin, war in Indien kein Handicap für meinen Erfolg«, sagt der Wipro-Chef und lässt wenig Zweifel daran, wie sehr er die säkulare Staatsidee seines Landes schätzt. Nominell ist Premji Mitglied der Ismailiten, einer liberalen schiitischen Glaubensgemeinschaft mit dem Aga Khan als Oberhaupt. Premjis Familie war nach der staatlichen Teilung des Subkontinents bei Abzug der Briten nicht in die neue Muslim-Heimat Pakistan ausgewandert, sondern in Bombay geblieben. Dort unterhielt sie mit den Western India Vegetable Products eine bessere Klitsche, die vornehmlich Speiseöl vertrieb. Das Geschäft warf immerhin so viel ab, dass Sohn Azim, jüngstes von vier Kindern, zur Weiterbildung nach Kalifornien geschickt wurde. An der Universität von Stanford studierte er Ingenieurwissenschaften. Azim wäre gerne länger in den USA geblieben, doch beim Tod des Vaters 1966 rief die Familie den Einundzwanzigjährigen zur Übernahme der Firma zurück.

Der Jungunternehmer erweiterte die Angebotspalette und suchte nach neuen Geschäftsfeldern. Seine Stunde schlug, als die sozialistisch angehauchte Regierung in Delhi 1977 den Multi IBM, der Indien mit elektronischer Massenware eingedeckt hatte, in einem »antiimperialistischen Akt« aus dem Lande warf. Premji sah die Marktlücke. Er be-

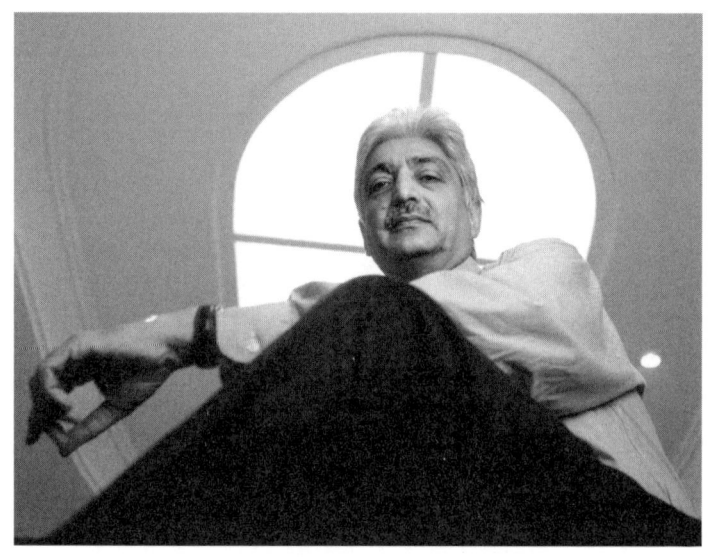

Indiens Antwort auf Bill Gates: Wipro-Chef Azim Premji

schaffte sich Mikroprozessoren aus dem Westen, ließ indische Ingenieure eigene Computer basteln. Die waren besser, als vielfach geglaubt. Und als Premji dann in den neunziger Jahren erkannte, dass die Internet-Revolution »alle Grenzen durchbrochen und die Welt durchdrungen hatte wie keine andere Macht zuvor«, schaltete er um auf Software-Know-how. Im Parforcestil wurde Wipro zu einem Weltunternehmen gepuscht. Der Wert seiner Aktien kletterte im Börsenrausch Anfang 2000 zeitweilig auf 47 Milliarden Dollar. Für seinen Anteil hätte Premji dafür 70 Prozent von Ford Motor kaufen können.

Aber der Höhenflug brachte den bescheiden auftretenden Unternehmer, der einen alten Ford Escort fährt, ebenso wenig aus dem Gleichgewicht wie später der Einbruch beim Platzen der dot.com-Blase. Denn die große Pleite eröffnete den Indern bald neue Chancen. Die überlebenden IT-Firmen Amerikas und Europas mussten nun gehörig an Kosten sparen und sich nach billigen Software-Ingenieuren umsehen. Bangalore stand bereit, ließ sich im verschärften globalen Wettbewerb von niemandem unterbieten. Unentwegt bläute der Antreiber Premji seinen Leuten bei Wipro ein: »Vorzüglich zu sein reicht nicht, man muss der Beste der Welt sein.« Dass sie in ihrer Liga ganz vorne mitspielen, hatten die Inder bereits zum Millenniumswechsel demonstriert, als ihre Spezialisten mit der Software Y2K weltweit die Datumsprobleme der Computer zu bewältigen halfen.

Dieser Aufbruch musste verwundern, denn noch unlängst galt Indien als das Armenhaus der Welt mit der größten Zahl von Analphabeten. Die hat es nach wie vor. Gut ein Drittel der erwachsenen Bevölkerung und mehr als die Hälfte der Frauen können nicht lesen und schreiben. Aber zugleich hat Indien auch das zweitgrößte Reservoir an Ingenieuren und Wissenschaftlern, die meisten Computerspezialisten nach den USA. Kein Land auf diesem Globus ist dermaßen gesegnet wie geplagt von einer solchen Vielfalt an Kulturen, Ethnien, Religionen, Sprachen, Kasten und sozialen Unterschieden.

Die Helden des neuen Zeitalters sind die Gurus der Hochtechnologie. Unternehmer wie Premji, die dem Land Glanzlichter aufsetzen und internationales Prestige verschaffen, die nicht korrupt sind und sogar ordentlich Steuern bezahlen. Einer, der sich wie der Wipro-Mann gleichsam aus dem Nichts in die Weltspitze seiner Branche gebeamt hat, ist Narayana Murthy. »Big Byte Guru« nennt die Branche den knuddeligen Chef des IT-Dienstleisters Infosys Technologies. Der zweitgrößte indische Software-Konzern, der zuletzt einen Umsatz von gut 3 Milliarden Dollar und 850 Millionen Gewinn auswies, hat sich draußen in Electronic City auf Outsourcing-Lösungen für Finanz- und Telecomfirmen spezialisiert. Infosys beschäftigt 72 000 Angestellte aus achtundfünfzig Nationen in weltweit vierzig Niederlassungen, gilt in Indien wegen seiner vergleichsweise hohen Sozialstandards als beliebtester Arbeitgeber. In Europa ist Deutschland nach Großbritannien für Infosys der wichtigste Markt.

Murthy, der auch heute noch in demonstrativer Bescheidenheit einen deutschen Mittelklassewagen kutschiert, stammt aus Karnataka. Bei seinem Aufstieg in der Computerbranche, basierend auf einem Grundkapital von gerade mal 250 Dollar, musste er sich als Hindu über seine niedere Kastenherkunft hinwegsetzen. Dieses Stigma verblasste in einer Umgebung, in der Wettbewerb und Erfolg, Individualität und Selbstbewusstsein sowie eine neue Ethik zählen. Die Multikulti-Metropole Bangalore, durch die Zuwanderung der IT-Fachkräfte säkular aufgepumpt, bot Murthy auf seinem Weg nach oben auch die gesellschaftliche Anerkennung.

Fast jeder dritte Software-Ingenieur weltweit ist heute Inder, und er beherrscht Englisch, das in seinem Land Verkehrssprache der Gebildeten ist. Damit ging die Saat auf, die unter dem ersten Premier Jawaharlal Nehru in der Hoffnung auf einen großen Sprung nach vorn 1951 gelegt worden war: mit der Gründung Hunderter Colleges sowie des ersten von später sieben Indian Institutes of Technology im bengalischen Kharagpur, kurz IIT genannt. Diese technisch-mathematischen Elitehochschulen, kräftig gefördert inzwischen auch von der Privatwirtschaft, sind Inseln der Leistung bei der Hightech-Ausbildung, ihr Motto lautet: »Arbeit ist Ehre.« Sie liegen in internationalen Ranking-Listen der besten Ingenieursuniversitäten gleich nach dem amerikanischen Spitzentrio (Berkeley, MIT, Stanford) auf Platz vier. Die Technische Hochschule Aachen, Deutschlands Vorreiter, schafft da gerade mal Rang achtunddreißig. Über 300 000 indische Schulabgänger kämpfen jeweils in horrend schwierigen Aufnahmeprüfungen um einen der 3500 Plätze in den IITs, deren Absolventen um einen guten Job nicht bangen müssen. Bis Mitte der Neunziger, bevor Reformen die verkrustete Staatswirtschaft aufbrachen, waren vorwiegend Arbeitsplätze in

Übersee gesucht. Allein 25 000 Ingenieure gingen in die USA. Es gab in Silicon Valley 750 Firmen, die von Indern geleitet wurden. Auch heute noch versuchen amerikanische Firmen, sich die besten IIT-Kräfte zu greifen, Vorverträge werden schon während des Studiums abgeschlossen.

Dominante Kraft in den Führungscrews der IT-Zentralen, unter ihren Fachkräften wie in anderen Schlüsselpositionen der indischen Wissensgesellschaft, sind die Brahmanen. Als Angehörige der obersten Kaste in der Religion des Hinduismus waren sie von jeher auf geistige Betätigung geeicht. Durch Auswendiglernen endloser Hymnen aus den heiligen Texten der Veden gaben Brahmanen-Priester die Grundwerte indischer Kultur über ein Jahrtausend lang weiter, ehe sie niedergeschrieben wurden. Diese brahmanischen Ideale der Rishis, der Weisen, haben sich besonders im Süden des Subkontinents erhalten und dort auch für eine große mathematische Tradition gesorgt, die das analytische Denken fördert. »Wir Inder haben das im Blut«, meint Nandan Nilekani, Mitbegründer des IT-Konzerns Infosys Technologies. Der Vater der modernen indischen Mathematik, Ramanujan, stammte aus Madras, dem heutigen Chennai. Das alles mag erklären, warum gerade Bangalore und seine Cyber-Schwester Hyderabad im benachbarten Bundesstaat Andhra Pradesh auf einen beinahe unerschöpflichen Pool naturwissenschaftlich-technischer Begabungen zurückgreifen können. Ingenieur ist in Indien nach dem Arzt der begehrteste Beruf.

Der Kreativvorsprung des Westens wird zunehmend kleiner. Sind indische Software-Ingenieure besser als ihre europäischen Kollegen? »Nicht besser, aber generell jünger und flexibler, und sie wollen erfolgreich sein«, sagen Georg Kniese und Martin Prinz, die gemeinsamen Geschäftsführer von SAP Labs India, der am schnellsten wachsenden Außenstelle des Walldorfer Software-Anbieters. Das deutsche Vorzeigeunternehmen, mit 42 000 Mitarbeitern globaler Marktführer in der Unternehmenssoftware, eröffnete im Industriepark von Whitefield Ende 1998 ein Entwicklungszentrum. Über 4200 Inder, Durchschnittsalter siebenundzwanzig Jahre, arbeiten unterdessen in dem Glas- und Granitgebäude mit dem futuristischen Design und den offenen, lichten Innenhöfen. Gleich nebenan entsteht ein weiterer SAP-Bau für nochmals 2000 Mitarbeiter. Mehr als eine Milliarde Dollar will der deutsche Software-Konzern bis 2010 in Indien investieren. Bei der Ausschreibung der letzten tausend Jobs gab es 125 000 Bewerbungen. Genommen wurden mit sechsmonatiger Probezeit überwiegend Profis, die bereits bei kleineren Softwarefirmen gearbeitet hatten.

Die SAP-Inder tun nicht viel anderes als die SAP-Deutschen im Headquarter von Walldorf. Sie entwickeln betriebswirtschaftliche Software, bei der ihr Arbeitgeber Weltmarktführer ist. Und sie betreuen Kunden, in Indien bereits über tausend Unternehmen. Aber sie tun das alles eben weit kostengünstiger. Georg Kniese zahlt einem Software-Ingenieur in Bangalore etwa 12 000 Euro Bruttogehalt im Jahr. Im badischen Walldorf wird das Vier- bis Fünffache verlangt. Also kann sich SAP für einen deutschen Programmierer an die fünf indische Tüftler leisten. Bislang jedenfalls, denn trotz eines riesigen Pools an Hochschulabsolventen gibt es schon spürbare Engpässe bei qualifiziertem Nachwuchs und eine hohe Fluktuation. Die Gehälter für indische IT-Experten steigen derzeit wegen des Kampfs um qualifizierte Mitarbeiter um bis zu 15 Prozent pro Jahr, das ist als Zuwachs die absolute Spitze in Asien. Indien muss aufpassen, dass es seinen Kostenvorteil gegenüber dem Westen nicht verspielt. Kein Wunder, dass IT-Dirigenten wie Azim Premji unterdessen auf absolute Billiglöhner wie Vietnam blicken, wo die Kosten um 30 bis 40 Prozent niedriger sind als in Indien.

Mögen die Software-Ingenieure als Adel der indischen Internet-Gesellschaft gelten, so sind die Mitarbeiter der unzähligen Callcenter Kandidaten für das Proletariat. Sie schuften in menschlichen Legebatterien unter zermürbendem Stress. Sie können jederzeit abserviert werden und wissen, dass ihre kurze Konjunktur verknüpft ist mit der Dynamik ihrer Jugend. Hat die sich verbraucht, werden sie weggeworfen wie Abfall.

Gurgaon heißt das moderne Goldgräber-Dorado vor den Toren der Hauptstadt Delhi. Gleich hinter der südwestlichen Stadtgrenze zum Bundesstaat Haryana sind auf dem Buschland Dutzende Glastürme in den Himmel gewachsen. Dazu Wohnblocks und eine Mall mit glitzernden Einkaufszeilen, mit Galerien, Pubs, Pizzerien. Eine achtspurige Autobahnschneise durchschneidet die vormalige Wildnis. Flotten von Bussen und Sammeltaxis transportieren jeden Tag Zehntausende zu ihren Arbeitsplätzen in den Callcentern und dann wieder zurück in die Vierzehn-Millionen-Metropole auf Straßen im Dauerstau. Oft dauert die Fahrt zwei Stunden.

Die Kids, gerade mal dem Teenager-Alter entwachsen, sitzen bei American Express und Ranbaxy, bei IBM oder Alstom in Großraumbüros. Die sind wabenförmig aufgeteilt in Kabinen, jeweils mit Drehstuhl vor einem schmalen Schreibtisch, auf dem ein flimmernder Computer steht neben einer Telefonanlage mit Kopfhörer. Die Gespräche laufen über Satellitenverbindungen oder unterseeische Glasfaserkabel. Einige Abteilungen sind abgeschirmt wie Hochsicherheitstrakte, weil es bei den betreuten Unternehmen um börsenrelevante Informationen geht. Die Mitarbeiter dort dürfen keinerlei Schreibutensilien, kein Handy mit sich tragen. Sie werden von uniformierten Wächtern beim Betreten und Verlassen des Raumes gründlich durchsucht.

Derzeit haben die 250 000 Inder in den Callcentern wegen des Zeitunterschieds vor allem nachmittags und nachts zu tun, denn die meisten ihrer Ansprechpartner wohnen in den Vereinigten Staaten. Deshalb meldet sich Sandeep auch zur Begrüßung mit angelerntem amerikanischen Akzent meist als »Mark« oder »Peter«, und Rani kommt als »Nancy« oder »Pamela« daher. Der Kunde soll glauben, er werde von irgendeinem Kumpel in einem der nächsten Blocks betreut. Die Inder kennen die letzten Wettermeldungen aus der Stadt ihrer Gesprächspartner, die Schlagzeilen der Ortspresse und Ergebnisse der Football League. Das hilft, um dem Angerufenen vielleicht noch eine Reisegepäckversicherung anzudrehen und dafür beim Arbeitgeber einen Bonus zu ergattern. Bewohner von Seniorenheimen in New York haben mit einer Erinnerungsfunktion ausgestattete Pager. Die piepen, wenn das verschriebene Medikament eingenommen werden soll, und eine Stimme aus Bangalore flötet: »Mrs. Goodman, es ist Zeit für ihr Lipitor.«

Im Westen ist die Arbeit in Callcentern meist ein Aushilfsjob für Unterqualifizierte, in Indien ein vergleichsweise gut bezahlter Prestigejob für Jungakademiker. Umgerechnet 250 bis 400 Euro, mehr als ein Lehrer nach Hause bringt oder die Eltern als Rente beziehen, lassen sich damit im Monat verdienen. Dies im Prinzip mit vier Wochen Kündigungsfrist, doch bei wiederholtem Versagen droht auch der Rausschmiss am gleichen Tag. Die Arbeit in einer der drei Schichten ist aufreibend, insbesondere bei den eingehenden Anrufen, den Inbound calls, sehr hektisch. Sie verlangt ein hohes Maß an Selbstverleugnung und Geduld für ein anderes Kulturverständnis. Viele halten das nur ein paar Monate durch. »Sie geraten im Hinblick auf die eigene Identität an Grenzen«, hat der deutsche Sozialwissenschaftler Holger Siemons in Gurgaon beobachtet.

Da ist der Kunde aus Amerika. Er berichtet dem zwanzigjährigen Sandeep beim Überprüfen seines Kontoauszugs stolz vom Kauf des neuen Home-Entertainment-Centers für 2000 Dollar. Es geht um einige Restaurantbesuche für 400 und die Leasingrate des Autos von 900 Dollar. Für Sandeep sind das unerreichbare Welten, all das wird er sich nie erlauben können. In seiner eigenen Welt aber nehmen nach einem zehnstündigen Arbeitstag die Irritationen zu. Mit den Eltern, bei denen er wohnt und die mehr Geld fordern; mit den Freunden, für die er kaum Zeit findet. Außerdem hat er ständig zu wenig Schlaf und wegen des schlechten Lichts am Arbeitsplatz Probleme mit den Augen. Hinzu kommen die Motivationsexerzitien des Unternehmens: »Employee of the day, the week, the month.« (»Mitarbeiter des Tages, der Woche, des Monats.«) Also Stress ohne Ende. Auf keinen Fall, das wurde Sandeep im Callcenter eingeschärft, dürfe er den Hörer auflegen. Nur keine Reaktion zeigen, wenn der Kunde einen beleidigt, das müsse man schlucken. »Doch wie viel kann man denn schlucken, irgendwann wird es eng«, räsoniert Holger Siemons. Unter den Mitarbeitern von Callcentern, so berichten Delhis Zeitungen, gibt es wie bei verarmten Kleinbauern die höchsten Selbstmordraten.

Selbst Thomas L. Friedman, Apologet der Globalisierung mit bisweilen einfältig anmutendem Fortschrittsglauben, räumt in seinem Bestseller *Die Welt ist flach* ein, dass es bei den indischen Callcentern auch Sweatshops geben dürfte. Also schwer erträgliche Arbeitsbedingungen in den so genannten Backoffice-Firmen, wie sie der globale Turbokapitalismus in Freihandelszonen Südostasiens oder Mittelamerikas vielen Textilarbeitern zumutet. Fremde erhalten hierzu natürlich keinerlei Zutritt. Und der Trend zur Auslagerung von Callcentern nach Indien verstärkt sich weiter rapide, er ist inzwischen zu einem mitreißenden Sog geworden. Als Erstes verschlang er Arbeitsstellen in den USA und Großbritannien. Kein Wunder, ein entsprechender Callcenter-Platz in Amerikas Mittlerem Westen kostet 4500 Dollar im Monat, in Indien nicht einmal 1000. Als Nächstes sind die Europäer dran, denn die Inder haben damit begonnen, über das Englische hinaus die Palette ihrer Sprachangebote zu erweitern. Die Deutsche Bank ist schon dabei, die Hälfte ihres Verwaltungspersonals nach Indien auszulagern.

Eine Studie des internationalen Marktforschungsinstituts Evalueserve sagt voraus, dass bis zum Jahr 2010 Indiens Offshoring-Industrie über 160 000 Ausländer benötigen werde. Sie sollen den nicht Englisch sprechenden Kundenbereich abdecken. Gesucht würden vor allem Deutsche, Franzosen, Spanier, Russen und Japaner. Die Vorhut der Europäer ist längst in Gurgaon tätig, darunter arbeitslose Akademiker, die einmal 130 000 Euro im Jahr verdienten. Viele sind Praktikanten, die für ihr Studium einige Monate Auslandserfahrung brauchen. Sie erstellen Marktanalysen für 30 Prozent der in Deutschland üblichen Kosten, wie etwa Clemens Klein bei Unitech-Cyberpark. Sie telefonieren wie der Stuttgarter Betriebswirtschaftsstudent Jeremias Ebert mit ausgesuchten deutschen Firmen über deren Kreditkartenakzeptanz. Oder sie erforschen Präferenzen für Mietwagen, wie das schon mal der angehende Bauingenieur Osman Albayrak aus Koblenz tut. Das geht so neun Stunden lang an fünf Tagen, mit Unterkunft in einer nahe gelegenen Wohngemeinschaft. Um die 600 Euro erhalten die europäischen Gastarbeiter für ihre Dienste. Es reicht für Trips am Wochenende zum Parasailing in die Vorberge des Himalajas oder in die Wüste von Rajasthan.

Auch Azim Premji, der seinen IT-Dienstleister Wipro zu einem Global Player machen und Europas Märkte »von innen heraus bedienen« will, sucht Gastarbeiter. Vorzugsweise deutsche und französische Studenten. Denen verspricht er ein durchschnittliches indisches Gehalt sowie kostenfreie Unterbringung. »Die können hier ein angenehmes Leben führen«, meint der Chairman, »und in ihrer Freizeit können sie das Land kennen lernen, das sollte nicht schaden.« Allerdings ist diese Freizeit nicht annähernd so üppig bemessen wie etwa die in Europa, es wird mehr Leistung und Schnelligkeit erwartet. Indische Dienstleister arbeiten im Schnitt 2300 Stunden im Jahr, die in Deutschland gerade mal 1700 Stunden.

Helle Köpfe, Web-Designer und Programmierer werden immer mehr gefragt sein im Aufbruchsland Indien, einheimische wie importierte. Der Boom in der Informationstechnologie ist schon lange nicht mehr beschränkt auf urbane Zentren wie Bangalore, Hyderabad, Delhi oder Bombay, das sich nun Mumbai nennt. Er ist zum Schwungrad geworden auch für andere Sektoren, greift wie ein Krake mit seinen Fangarmen weit ins Land. Davon wurden selbst die Kommunisten in Kalkutta gepackt, die Westbengalen seit Generationen beherrschen. »Einen Haufen Scheiße, wie Gott ihn fallen ließ«, nannte Günter Grass die Elendsmetropole mit ihren fünfzehn Millionen Einwohnern am Hugli-Fluss, und sein Nobelpreis-Kollege V.S. Naipaul verdammte sie als die »deprimierendste aller Städte«. Dazu passte das versteinerte Regime einer Partei, die unbeirrt in den Werken von Marx und Lenin Leitlinien für die neue Zeit suchte.

Das ist vorbei. Auch die Genossen haben erkannt, dass die Globalisierung nicht zu stoppen ist. Unter dem roten Chefminister Buddhadeb Bhattacharjee, einem Schöngeist, wurden Industrieparks angelegt für über zweihundertfünfzig Software- und Outsourcing-Firmen. Wipro und die anderen Top-Namen der indischen Branche sind mit von der Partie im Industriepark Salt Lake, aber auch IBM, Alstom, Skytech oder Siemens. Damit sie nicht bestreikt werden können, wie Ende der Siebziger die Banken bei der Einführung von Computern, wurden die neuen Unternehmen wie Wasser- oder Stromversorger zu »überlebenswichtigen Industrien« erklärt. Im Wettbewerb mit anderen indischen Städten locken die achtzig Millionen Bengalen mit billigerem Land und billigeren Arbeitskräften. Da haben sie sich von ihren chinesischen Glaubensbrüdern einiges abgeguckt. Der marxistische Pragmatiker Bhattacharjee suchte bei einer Pilgerreise durch die südostasiatischen Tigerstaaten Investoren für den neuen Airport Kalkuttas, und er protzte mit IT-Zuwachsraten »von jährlich über 70 Prozent«. Mittlerweile gibt es auch am Hugli Zehntausende, die in Callcentern arbeiten. Bis 2010 will es die IT-Branche hier auf 400 000 Mitarbeiter bringen.

Indien ist zum größten Back-Office der Welt aufgestiegen und dominiert als wichtigster Offshoring-Standort den weltweiten Handel mit IT-Dienstleistungen. Allerdings: Die gesamten Informationsindustrien bieten bislang in einem Land mit über 1,1 Milliarden Einwohnern gerade mal einer Million Menschen Beschäftigung. Erwirtschaftet wurden damit 19 Milliarden Dollar. Das sind lediglich 3,5 Prozent des Bruttosozialprodukts, doch mehr als die Hälfte aller Dienstleistungs-

Mystik trifft Moderne: Sadhu mit Handy

exporte. Kein anderer Wirtschaftszweig kann dermaßen imposante Wachstumsquoten vorweisen. Nach einer Prognose des Unternehmensberaters McKinsey wird der IT-Sektor bis 2008 auf vier Millionen Beschäftigte anschwellen, es damit auf 60 Milliarden Dollar und sieben Prozent des Bruttosozialprodukts bringen. »Die nächsten zehn Jahre werden irre hier«, prophezeit Bill Gates und räumt ein, dass sein Unternehmen Microsoft inzwischen »abhängig ist von indischen Fachkräften«. Gates investiert 1,7 Milliarden Dollar in Indien für den Ausbau von vier Entwicklungszentren, sein größtes Labor außerhalb der Vereinigten Staaten ist in Hyderabad. Zur indischen Realität gehört aus europäischer Sicht jedoch auch eine Erkenntnis: Es wird mehr Leistung und Schnelligkeit erwartet. Indische IT-Dienstleister arbeiten im Schnitt 2300 Stunden im Jahr, die in Deutschland gerade mal 1700 Stunden.

Als nächste Stufen der Hightech-Offensive für eine wissensgestützte Wirtschaft sollen neue Forschungsstätten in der Bio- und Gentechnologie entstehen, in der Globalisierung von Innovation und Kreativität will Indien dem Westen ebenfalls als ernsthafter Konkurrent entgegentreten. Noch ist das Land etwa im Bereich wissenschaftlicher und technischer Erfindungen, gar bei der Zahl der jährlich angemeldeten Patente, meilenweit entfernt vom höchsten Niveau, auf dem noch immer Deutschland agiert. Das kann sich indes relativ schnell ändern. So dürfte Indien schon bald auch in der Pharmazie vorne mitmischen, wo es bereits mit Firmen wie Ranbaxy, Wockhardt oder Dr. Reddy's zum weltweit größten Hersteller von Generika geworden ist, darunter eines Medikaments gegen Aids. Oder in der Medizin, wo Operationen am offenen Herzen und Implantationen künstlicher Hüftgelenke von hervorragenden Chirurgen für ein Fünftel der europäischen Kostensätze vollzogen werden. Die Briten sind da als erste Patienten schon eingestiegen. Schließlich Rüstung und Weltraumforschung: Die Welt hat sich daran gewöhnt, dass die Atommacht Indien Raketen und Satelliten ins All befördert. Demnächst soll ein Roboter auf dem Mond landen.

Durchaus verständlich demnach, wenn Azim Premji den Absolventen der Technischen Hochschule von Chennai, die einst mit Entwicklungsgeldern und Ingenieuren aus Deutschland aufgebaut wurde, bei der Examensfeier in patriotischem Überschwang zuruft: »Indien hat mit den Besten der Welt in Hightech gleichgezogen, ihr müsst nicht mehr ins Ausland gehen.« Das ist wohl wahr. Der Brain Drain in den Jahrzehnten zuvor war ein fataler Aderlass gewesen. Allein in der Dekade vor dem Millenniumswechsel hatte sich die Zahl der indischstämmigen Residenten in den Vereinigten Staaten auf über eine Milion verdoppelt. Inzwischen setzte eine Gegenbewegung ein. Seit Anfang 2005 kehrten über 30 000 indische Technologie-Profis aus dem Ausland zurück. Die mit den neuen Spitzenpositionen residieren nunmehr in noblen Ghettos wie dem von Palm Meadows in Bangalore, wo es von Heimkehrern wimmelt.

Ajay Kela gehört zum Beispiel dazu, den es vor fünfundzwanzig Jahren mit dem Treck der Glückssucher nach Amerika gezogen hatte. Der Ingenieur machte seinen Doktor in New York und arbeitete danach für mehrere Firmen, darunter für General Electric. Vor kurzem kam Kela, jetzt achtundvierzig Jahre alt, mit seiner Frau und den beiden Kindern aus Kalifornien wieder nach Bangalore, um die Niederlassung von Symphony Services zu leiten. Die Lebensbedingungen sind komfortabler als in der amerikanischen Diaspora: ein großzügiges Haus mit vier Schlafzimmern in einer bewachten Wohnanlage draußen in Whitefield, mit Fahrer und zwei Bediensteten. Dazu ein für indischen Standard üppiges Salär. »Alle Inder drüben«, glaubt Ajay Kela, »würden gerne das nächste Flugzeug nehmen, um nach Hause zu fliegen.«

Der Mann, der eine Familienklitsche zum Weltunternehmen führte, erhofft sich von der Informationstechnologie einen grundlegenden Wandel, eine Revolution für sein Land. Davon werden nach Überzeugung des Muslims Azim Premji schließlich auch die Millionenmassen der Habenichtse und Rechtlosen profitieren, denen die dominante Religion des Hinduismus die untersten Stufen der Sozialpyramide zugewiesen hat. Mit einer Stiftung, die auch entlegene Dorfschulen mit Computern versorgt, sucht der Erfolgsunternehmer diesen Prozess durch Bildungsanschübe zu beschleunigen. Schwärmerisch gestattet der Wipro-Chef Einblick in seine Träume: Der Weg in die Zukunft einer Wissensgesellschaft werde Indien »beispiellosen Wohlstand bescheren«.

2

Shiva und die tausend Götter

In der nordindischen Pilgerstadt Ayodhya, Heimat des mythischen Gottkönigs Rama, herrscht die Mela. Drei Tage lang und mit all der naiv-gläubigen Inbrunst, bunten Vielfalt, dem schrillen Lärm und Menschengewusel, wie dies bei religiösen Volksfesten allein die anarchischste aller Weltreligionen aufzubieten vermag – der Hinduismus. Kein Wunder, denn in seinem Pantheon tummeln sich Tausende von Göttern, Götzen und Dämonen. Sie alle wollen angebetet werden, sie alle finden ihre Verehrer. Kampferduft liegt über den schmalen Gassen, durch die sich die Massen zwängen. Vorbei an Bettlern mit fordernd erhobenen Händen; vorbei an baufälligen Absteigen, Süßwarenständen, Schreinen und Straßentempeln. Dort nehmen kahlgeschorene Priester zu Zimbel- und Trommelklang Opfergaben entgegen: zwei Hand voll Reis, Blumen, ein paar Münzen, aufgeschlagene Kokosnüsse, Obst. Oder auch Milch für Shivas Lingam, den stilisierten Penis des allmächtigen Herrn des Universums und Weltenzerstörers als Fruchtbarkeitssymbol. Weihelieder erklingen und das Gemurmel des Friedensmantras Shanti Om.

Am Tempel für den Affengott Hanuman terrorisiert eine Horde Rhesusaffen die Besucher. Bedächtig wählt sie die besten Früchte und Nüsse aus, um dann urplötzlich die Umstehenden wütend zu attackieren. Verschreckt weichen die Gläubigen vor den gefletschten Zähnen zurück.

Hanuman, der »Sohn des Windes«, genießt in Ayodhya besondere Verehrung. Ohne den Beistand des Affenkriegers hätte Prinz Rama seine Gattin Sita nicht retten können, die von dem zehnköpfigen Dämonenfürsten Ravana auf die ferne Insel Lanka entführt worden war. Das klassische Sanskritepos *Ramayana*, im 4. Jahrhundert vor Christus verfasst, schildert das Schicksal Ramas, der eine Inkarnation (Fleischwerdung) des Gottes Vishnu ist, des Erhalters der Welt. Mit seiner Armee von Affen baut Hanuman eine gewaltige Steinbrücke nach Lanka, um Ramas Angriff und die Befreiung Sitas zu ermöglichen. Die gelebte Liebe des göttlichen Helden Rama macht ihn als Hüter von Recht wie sittlicher Ordnung zum idealen Herrscher und Vorbild. »Oh Rama!« waren die letzten Worte Mahatma Gandhis, als der Vater des indischen Unabhängigkeitskampfes am 30. Januar 1948 in Delhi von drei Kugeln des hinduistischen Extremisten Nathuram Godse tödlich getroffen wurde.

Mühsam kämpfen sich die Fahrradrikschas voran im menschlichen Mahlstrom, der Ayodhya beim Mela-Fest durchwogt. Vorsichtig werden braune und weiße Kühe umkurvt, die in Müllhaufen wühlen oder mitten auf der Straße dösen, als wüssten sie um die ihnen zugewiesene Heiligkeit. Mit Rasseln und Schellen zelebriert ein Trupp Eunuchen tanzend seinen Auftritt. Der Blick unter hoch geraffte Gewänder soll die Umstehenden schockieren und zu schnellen Geldspenden veranlassen, wollen sie dem Fluch der Verschnittenen entgehen. Dann ertönt melodisch der Ruf: »Jai Shri Rama« (»Heil dem Gott Rama«). Ein Dutzend grell aufgeputzter Naga Sadhus im Lendenschurz, ihre nackten Körper mit Asche gepudert, stimmt Loblieder auf den göttlichen Helden an. Wild fuchteln die Asketen mit Dreizack und Speeren, denen stellt sich niemand in den Weg. Nur die heiligen Kühe bleiben auch von den Nagas unbeeindruckt.

Kein Durchkommen mehr aber gibt es für Pilger, Nagas und selbst für die Kühe auf halber Höhe des Hügels inmitten von Ayodhyas Gassengewirr. Polizisten schlagen mit schweren Bambusknüppeln auf jedermann, der sich einem Areal zu nähern wagt, das mit Verhauen von Stacheldraht, Eisengittern und Überwachungskameras abgeschirmt ist wie ein Hochsicherheitstrakt. Dies ist der Platz, der zum blutigen Symbol wurde in der zweitgrößten Nation der Welt für den offenbar unlösbaren Konflikt zwischen Hinduismus und Islam mit seinen ständig wiederkehrenden Pogromen.

So im Dezember 1992, als fanatisierte Hindu-Nationalisten in Ayodhya zum Sturm ansetzten auf die Babri-Moschee. Dieses Bauwerk hatte 1528 der aus dem Hindukusch in die Ebenen Hindustans eingefallene Eroberer Babur, Stammvater der indo-islamischen Moguldynastie, errichten lassen. Und zwar angeblich über einem niedergerissenen Hindu-Tempel, der die Geburtsstätte Ramas markiert haben soll. Binnen Stunden schleifte der Hindu-Mob mit Hämmern und Meißeln die Moschee bis auf die Grundmauern. Die gewalttätigen Auseinandersetzungen zwischen Hindus und Muslimen danach forderten über dreitausend Tote und mehrere zehntausend Verletzte, vor allem unter der muslimischen Minderheit. Seitdem ist das von einem Zeltdach überdeckte Gelände Sperrzone. Jede Regierung in Delhi versucht, den von den Hindu-Extremisten angekündigten Neubau eines Tempels an diesem geschändeten Ort zu blockieren. Ayodhya wurde zum Dauerfall für archäologische Gutachten, beschäftigt seit Jahren die höchsten Gerichte.

»Die Muslime müssen wissen, ob sie die Nachfahren Ramas oder lieber die von Babur und somit Fremde hier sein wollen«, rechtfertigt Acharya Giriraj Kishore die Gewalttat von Ayodhya. Der hochbetagte Religionsgelehrte und Vizepräsident des Welt-Hindurats sieht darin einen Akt erzwungener Selbstbehauptung. Dabei stützt die Religionsstatistik solche Sorgen kaum. Von den über 1,1 Milliarden Einwohnern Indiens bekennen sich fast 900 Millionen zum Hinduismus, nahezu 150 Millionen zum Islam, etwa zweiundzwanzig Millionen sind Sikhs, vier Millionen Jains und einundzwanzig Millionen Christen. Wahrlich kein Grund für die Hindus, um ihre Vorherrschaft zu fürchten. Doch in Zeiten eines militanter auftretenden Islam und Erfolgen christlicher Missionierung bei den Unterschichten scheint die Urmutter aller Religionen eine schwärende Verunsicherung befallen zu haben. Vorzüge des Hinduismus wie Toleranz und Vielfalt drohen sich in Handikaps zu verkehren, etwa mit dem überkommenen Mangel an Organisation, fehlender Dogmatik und Durchsetzungskraft.

Die älteste und verwirrendste Glaubensgemeinschaft der Erde kennt weder Stifter oder Propheten, noch bindet sie sich an ein auserwähltes Volk. Sie ist keine institutionalisierte Kirche mit theologischer Hierarchie. Sie hat kein heiliges Buch mit verbindlichen Glaubensgrundsätzen, keine Predigt oder gemeinsame Andacht, kennt keine Inquisition, sucht auch nicht nach Rache an abtrünnigen Konvertiten durch Verhängen der Todesstrafe. Sie hält nichts von einem moralischen Absolutismus, respektiert verschiedene Wege der Annäherung an das Göttliche. Dass »alle Religionen den gleichen Respekt verdienen«, hatte der brillante Hindu-Humanist Swami Vivekananda schon 1893 vor dem Weltparlament der Religionen in Chicago propagiert. Aus diesem freien Denken schöpfte der Hinduismus die Kraft, den geistigen Herausforderungen von außen zu widerstehen: dem Hellenismus, dem Islam, der Ideenwelt Europas.

Gleichwohl gibt es Leitfäden in dieser weitherzigen Weltsicht. Zentrales Axiom des Hinduismus ist der Glaube an die Seelenwanderung, an den ewigen Kreislauf (»Samsara«) der Existenzen. Dem sind sämtliche Individuen unterworfen. Die Form der jeweiligen Wiedergeburt, der Wechsel der Seele in eine andere Gestalt, hängt ab von dem »Karma«, das einer durch sein Handeln als selbst verursachtes Schicksal angesammelt hat. Gute Taten sprechen für eine Wiederkehr auf höherem Stand, sündhaftes Treiben bringt schlechtes Karma und für Hochstehende womöglich die minderwertige Wiedergeburt als Insekt oder gar Höllenwesen.

Der Kosmos gehorcht dem ewigen Weltgesetz (»Dharma«) mit einer hierarchischen Ordnung. Diese weist von den Göttern bis zu den Tieren und Pflanzen allen Lebewesen ihren Platz zu. Gerechtfertigt wird damit auch das Kastenwesen als Rückgrat des sozialen Zusammenlebens der Menschen. Höchstes spirituelles Ziel ist die Befreiung aus dem Kreislauf der Reinkarnationen, die Erlösung (»Moksha«) durch Vereinigung der Einzelseele mit der Allseele im unendlichen Weltenstrom.

Das Wesen des hinduistischen Glaubens verdeutlicht die *Bhagavadgita*, das Hohe Lied eines im vierten vorchristlichen Jahrhundert entstandenen philosophisch-theologischen Sanskrit-Textes: »Der dieses (Selbst) als Töter sieht oder der glaubt, dass dieses (Selbst) getötet wird, keiner der beiden sieht die Wahrheit. Denn es tötet nicht, und es wird nicht getötet, denn dieses (Selbst) ist ungeboren, ewig, unveränderlich, uralt und wird nie zerstört, selbst wenn der Körper zerstört wird.«

Für den Religionsforscher Helmuth von Glasenapp ist der Hinduismus »das vielgestaltigste religiöse Gebilde« der Gegenwart. In ihm stehe »Erhabenes und Abstoßendes, Primitives und Sublimiertes oft so unvermittelt nebeneinander wie nirgends sonst«. Die meditative, die vergeistigte Form des Hinduismus mit ihrer Gedankentiefe lockt zunehmend auch gestresste Sinnsucher aus dem Westen an. Aber verschreckend sind vielfach für Außenstehende das Schizophrene und Heidnische, barbarisches Brauchtum und Fetischkult, die Anbetung

Auf der Suche nach Erlösung: Andacht am Ganges

animalischer Götzen und Idole. Es gibt im Himmel der Hindus Tausende Gottheiten und mythische Gestalten. Das ist indes kein Polytheismus im Sinne von Vielgötterei, sondern ein Pantheismus. All diese Götter sind Manifestationen der universellen Seele Brahman, die als absoluter Allgeist und göttlicher Urgrund in allem und in jedem vorhanden ist.

Die Hauptgötter durchlaufen viele Inkarnationen. Sie können als Prinzen daherkommen oder als Butterdieb, als Löwe, sprechender Fisch oder Schildkröte. Unter den drei Urgöttern ist Shiva der mächtigste und unheimlichste. Wie viele mythische Erscheinungen ist er eine Doppelnatur. Dieser blaugesichtige Gott kann gütig sein und unheilvoll, schöpferisch und zerstörend, meditativ und ekstatisch. Es gibt ihn in achtundzwanzig Erscheinungsformen, als Herrn des Alls, Gunsterweiser, als großen Asketen oder dreiarmigen und doppelgeschlechtlichen Ardhanarishvara, »der Herr, der halb Frau ist«. Die Erde zittert, wenn der vierarmige Shiva, eine Schlange um den Hals, rasend in einer Flammenaureole tanzt als Endzeitbringer und Weltzerstörer.

Aber Shiva hat viele Götter neben sich. Vishnu ist Beschützer der Weltordnung und der Tugendhaften, greift mit seinen Inkarnationen in das irdische Geschehen ein. Der Welterhalter wird auch in der Erscheinung Ramas oder des dunkelfarbigen Hirtenphilosophen Krishna verehrt, der es zu immerhin 16 000 Ehefrauen bringt. Vishnus letzte Inkarnation soll die des erleuchteten Religionsstifters Buddha gewesen sein.

So wie im Hinduismus Askese steht neben Wollust mit all ihren tantrischen Liebeskünsten, kann ein und derselbe Gott hinter höchst widersprüchlichen Emanationen stecken. Shivas mächtige Gemahlin Parvati, Mutter des volkstümlichen Elefantengottes Ganesha, tritt einmal als zehnarmige Durga (»die Unergründliche«) im hehren Kampf gegen die Dämonen auf. Aber in ihrer düsteren Erscheinungsform wird Parvati zur schrecklichen Zerstörerin Kali (»die Schwarze«), nackt und mit bluttriefender Zunge, der Halskette aus Totenschädeln und dem Gürtel aus abgeschlagenen Armen. Mit Kali verbinden sich bis heute grimmige Rituale und blutige Opferkulte in eigens ihr gewidmeten Tempeln.

Hunderte davon entlang dem Ganges wurden unter Aurangzeb zerstört. Der letzte der indo-islamischen Großmogul ließ massenweise

Brahmanen hinmorden, die Hüter der alten Religion und Kultur. »Hinduschlächter« nannten sie den gewalttätigen Despoten, der den eigenen Vater Schahjahan entthront und für die restlichen acht Jahre seines Lebens im Roten Fort von Agra weggesperrt hatte – wegen Verschwendungssucht beim Bau des Liebesmonuments Taj Mahal. Dem muslimischen Eiferer Aurangzeb war der mit Göttern und Götzen bestirnte Himmel der Hindus ein Gräuel.

Diesen Himmel hatte es schon lange vor den Moguln auf dem Subkontinent gegeben, gleichsam seit Urzeiten. Nur besaß der Begriff »Hindu« ursprünglich nicht eine religiöse, sondern eine geographische Bedeutung. Er war im Perserreich die Beschreibung für jene fernen Völkerschaften, die hinter dem Fluss Indus lebten. Dort war im Jahre 326 vor Christus mit einem entkräfteten Heer auch der hellenische Weltenbummler Alexander der Große an seine Grenzen gestoßen. Er wähnte sich auf der mythischen Spur von Herakles.

An diesem riesigen Strom lag eine der Wiegen der Menschheit. Zweieinhalb Jahrtausende vor unserer Zeitrechnung gab es um Harappa und Mohenjo-Daro, im heutigen Pakistan, die erste indische Hochkultur: technisch wie organisatorisch bestens entwickelte Stadtgemeinschaften mit Häusern aus gebrannten Lehmziegeln, hygienisch vorbildlichen Abwässersystemen und einem großen Badebecken. Anders als die parallel existierenden Frühkulturen Mesopotamiens und Ägyptens kannte diese Harappa-Kultur am Indus keine Monumentalarchitektur, keine Kolossalfiguren. Sie war womöglich eine der Keimzellen proto-demokratischer Gesellschaftsformen auf dem Subkontinent. Es gab Priester, Muttergottheiten und einen Phalluskult wie später im Hinduismus mit dem Shiva-Lingam, doch wurden die auf Tontafeln gefundenen Schriftzeichen und Tierdarstellungen bis heute nicht überzeugend enträtselt. Siedlungsgeographisch wie zivilisatorisch erreichte diese Städtegemeinschaft im Fünfstromland um 2400 vor Christus ihren Höhepunkt. Vorphasen lassen sich nach jüngsten archäologischen Funden bis ins sechste vorchristliche Jahrtausend zurückverfolgen.

Die Harappa-Kultur verschwand. Sie wurde Opfer der aus dem Innern Asiens in mehreren Einwanderungswellen heranbrandenden indogermanischen Arier. Schritt für Schritt eroberten die nomadischen Viehzüchter im zweiten Jahrtausend den Subkontinent, drängten die dunkelhäutige Urbevölkerung der Drawiden in den Süden und Osten ab. Mit den Hirtenkriegern kamen neue Götter in das Land an Indus und Ganges. Zwar sperrten die Sieger sich nicht gegen eine Vermischung mit bodenständigen Kulturen und Riten. Die Aryas (»Edlen«) setzten gegenüber den Unterworfenen jedoch ein auf Abgrenzung bedachtes Glaubens- und Gesellschaftssystem durch. Dessen Grundordnung ist in den ältesten Sanskrittexten der vier Veden (»Wissen«) festgehalten. Mit Hymnen, Gebeten und Opfersprüchen entstanden diese heiligen Bücher um 1500 vor Christus, wurden mündlich von den Brahmanen-Priestern überliefert und erst 2000 Jahre danach aufgezeichnet. Vorgegeben, als Bestandteil des göttlichen Weltgesetzes, ist in dieser Textsammlung auch das bis heute gültige Kastensystem des Hinduismus. Also sein sozialer Organismus mit den vier Hauptkasten von Brahmanen, Kshatriya, Vajshya und Shudra sowie darunter den als unrein stigmatisierten Parias.

Als Hindu wird man geboren. Zwar ist ein Übertritt zum Hinduismus möglich, immer mehr Europäer und Amerikaner entschließen sich dazu. Doch orthodoxe Priester verweigern diesen Konvertiten den Zugang zum Allerheiligsten ihrer Tempel. Dabei ist der Übertritt eine simple Zeremonie und leicht zu bewerkstelligen: In Gegenwart eines Priesters bei einem vedischen Opferfeuerchen murmelt der Anwärter ein paar Mantras. Dann erhält er eine heilige Baumwollschnur, die ein jungfräuliches Mädchen aus drei Fäden geflochten haben muss. Damit ist er aufgenommen in die »Gemeinschaft der Arier« und als Hellhäutiger auch gleich in eine der oberen Kasten. Der hinduistische Kampfverband Rashtriya Svayamsevak Sangh (RSS), ein 1925 gegründeter nationaler Selbsthilfebund der Hindus mit Sympathien für die Rassenlehre der deutschen Nazis, bescheinigt auf Wunsch die Bekehrung in einer Urkunde.

Fromme Hindus, insbesondere der obersten Kasten, sind Vegetarier. Den Jains, einer früh vom Hinduismus abgespaltenen Religionsgemeinschaft mit heute etwa vier Millionen Mitgliedern, ist alles Leben besonders heilig. Ihre Anhänger tragen oft einen Mundschutz aus einem kleinen Baumwollnetz, um bloß nicht aus Versehen eine Fliege zu verschlucken. Und sie fegen mit einem Wedel den Boden vor sich, damit keine Ameise zu Schaden kommt.

Noch immer stimmt der sarkastische Satz von Jawaharlal Nehru,

Die Kraft des Glaubens: Sadhus beim reinigenden Bad

dem ersten Premier des modernen Indien und bekennenden Agnostiker, wonach ausgerechnet im Hindu-Land die heiligen Kühe erbärmlich mager herumlaufen, während sie woanders »besser und fetter aussehen«. Doch die Kuh bleibt unantastbar, sie wird von gläubigen Hindus als heiliges Geschöpf verehrt. Wer ihr etwas antut, begeht eine Todsünde. Eine Kuh, so weiß es die Legende, rettete mit ihrer Milch das Leben des verfolgten Krishna. Für die »Große Seele« Mahatma Gandhi war sie »ein Gedicht der Barmherzigkeit«. Er betrachtete die Kuh »mit der gleichen Ehrerbietung wie meine Mutter«, verstieg sich gar zu dem Hymnus, »das eigentliche Wesen des Hinduismus besteht im Beschützen der Kuh«. Kuhdung und Kuhurin dienen in religiösen Riten als Reinigungsmittel. Auf dem Lande wird der Dung, der Ammoniak enthält, zum Säubern von Küche und Hof genutzt und vermischt mit Milch und Honig als Trank genossen. Getrocknete Kuhfladen sind, weil vielfach Holz fehlt, in Dörfern begehrtes Brennmaterial, obwohl die Felder diesen Dünger gut gebrauchen könnten.

Kontroversen um heilige Kühe haben blutige kommunale Unruhen entfacht, Parteien gespalten, das Oberste Bundesgericht beschäftigt. Das Schlachten von Kühen, etwa durch Moslems, würden Hindu-Fundis am liebsten mit der Todesstrafe ahnden. Vor allem in den ländlichen Regionen des nordindischen »Kuhgürtels« gilt weiterhin: Wer eine Kuh tötet, und sei es bei einem Verkehrsunfall, ist der schlimmste aller Kriminellen und wird aus seiner Kaste geworfen. Zur erfolgreichen Sühne muss er Kuhurin trinken und einem Brahmanen-Priester eine Kuh-Statuette aus solidem Gold verehren.

Vergeblich versuchen die Großstädte, zumal wenn sie von der säkularen Kongresspartei regiert werden, sich der ständigen Plage im Straßenverkehr zu entledigen. 30 000 streunende Milchkühe verunsichern allein die Metropole Delhi. Doch sämtliche Kampagnen, die Rindviecher aus der Stadt zu verbannen, endeten in deren Rückkehr. Auch geschichtliche Darstellungen wollen gut bedacht sein. Dass die arischen Hirtenkrieger bei ihren Gelagen Rindfleisch aßen, ist schwer zu widerlegen. Selbst der Religionsstifter Gautama Buddha soll Fleisch zu sich genommen haben, wenn die Tiere nicht eigens für ihn getötet worden waren. Gleichwohl kam es zu Wutausbrüchen bei Hindu-Extremisten, als unlängst der Historiker D. N. Jha das Buch *The Myth of the Holy Cow* veröffentlichte. Darin behauptete der Wissenschaftler, im goldenen Zeitalter des vedischen Indien hätten auch die oberen Kasten Rindfleisch verzehrt. Der Professor wurde wegen Morddrohungen unter Polizeischutz gestellt, sein Verleger ließ das Buch einstampfen.

»Keine Religion ist wichtiger als die Wahrheit«, hat Mahatma Gandhi einst verkündet und sich gegen den Exklusivanspruch jeglicher Glaubensgemeinschaft gewandt: »Ich bin ein Hindu, ein Moslem, ein Christ, ein Parse, ein Jude.« Für viele Hindus, keineswegs nur Nationalisten, ist die Religion neuerdings wieder bedeutsamer geworden. Die Menschen besuchen häufiger die Tempel, geben mehr Geld aus bei religiösen Festen. Da vermischt sich die Renaissance des Glaubens mit der Reaktion auf einen eifernden Islam und mit dem Wunsch nach Selbstdarstellung einer wachsenden Oberschicht.

Nie wurden auf dem Ganges-Kontinent so viele Tempel gebaut. Den monumentalsten hat vor kurzem die Swaminarayan-Sekte aus Gujarat für zwei Milliarden Rupien ins Schwemmland von Delhis Jamuna-Fluss gesetzt, umgeben von Slums voller Flüchtlinge aus Bangladesch: Akshardham heißt der an das kambodschanische Angkor Wat erinnernde Mega-Komplex. Ein Monument aus rotem Sandstein und weißem Carrara-Marmor auf den Schultern von 148 Elefantenstatuen, mit endlosen Säulengängen und Hallen, Türmen und Kuppeln sowie über 20 000 Göttergestalten. Viele kritisieren diesen Protz, finden ihn, wie der Poet Vishnu Kharre, »einfach obszön, denn im Hinduismus ist die Größe eines Tempels bedeutungslos«.

Es gibt Tempel für jeden Hauptgott und für viele seiner Inkarnationen. Mit die schönsten sind dem Schöpfer Shiva gewidmet. Besonders eindrucksvolle Prozessionen mit prächtig geschmückten Tempelelefanten bietet der Süden, dort, wo Indien noch ein wenig märchenhaft wirkt. Über 950 Millionen Anhänger zählt die drittgrößte Religion der Welt heutzutage in vierundneunzig Ländern. Die meisten Hindus außerhalb Indiens leben in Nepal, Bhutan, Bangladesch, Sri Lanka und auf Bali, rund 1,5 Millionen in Europa und über zwei Millionen in Amerika.

Wie der Muslim nach Mekka und der katholische Christ nach Rom, soll der Hindu wenigstens einmal nach Varanasi pilgern. Von den Briten Benares genannt, ist Shivas Stadt der älteste ständig besiedelte Wallfahrtsort auf dem Subkontinent. Es gibt zur Reinigung der Seele viele Plätze am Gangesufer, Allahabad etwa oder Rishikesh und Haridwar. Doch der heiligste Quell spiritueller Nahrung ist Varanasi. Wer hier am Westufer des Ganges stirbt, dort verbrannt und mit seiner Asche dem göttlichen Strom übergeben wird, der darf mit der Befreiung von allen Sünden Hoffnung haben auf eine höhere Wiedergeburt. Oder womöglich auch auf die Erlösung, auf das Ausbrechen aus dem Zyklus der leidvollen Wiedergeburten und den Übergang seiner Seele in die Urseele des Universums.

Hell lodern die Scheiterhaufen an den Verbrennungsghats, Tag und Nacht. Fettige, braungelbe Rauchschwaden wehen zum Ganges hinab. Der älteste Sohn des Toten oder ein Neffe mit kahlgeschorenem Kopf entfacht das Feuer unter dem Leichnam, der mit Sandelholz umschichtet und mit Butterfett übergossen wurde. Bei fortgeschrittener Verbrennung öffnet er den Schädel des sich krümmenden Körpers mit dem Schlag eines langen Bambusrohrs, um das Entweichen der Seele zu ermöglichen. Etwa drei Stunden dauert eine Einäscherung, im Schnitt werden dafür 360 Kilogramm Holzscheite benötigt. 5000 Rupien für die gesamte Zeremonie verlangen die Angehörigen der Dom, einer Kaste von Unberührbaren, die das Monopol auf die Bestattungen hat und die Einhaltung der Riten überwacht.

Triefäugige Kühe trotten zwischen den Feuerstätten herum, grabschen sich die Dotterblumen, mit denen die Bahren der Toten geschmückt waren. Eine Schar Hunde umkreist einen nahezu niedergebrannten Scheiterhaufen, aus dem in Hockestellung ein verkohltes Skelett ragt. Zwei muskulöse Männer der Dom im knappen Schurz, mit glänzenden Oberkörpern und bis auf eine Haarlocke blank rasierten Schädeln suchen das gekrümmte Knochengerüst mit Bambusstecken niederzudrücken. Funken stieben in einer weißen Aschenwolke auf, als das Skelett knackend zerbricht. Die Hunde machen einen Satz zur Seite. Aber sie sind wieder zur Stelle und schnappen zu, als die Asche mit einigen nicht vollends verbrannten Körperteilen in den Ganges geworfen wird.

Spätnachts schleichen sich die Aghoris zu den Feuerstätten und wälzen sich in der Totenasche. Die Sadhus dieser Kannibalen-Sekte sind die bizarrste Erscheinung des tantrischen Hinduismus, von ihnen wird später noch die Rede sein.

Tausende Hindus versammeln sich an jedem Morgen an den Granitkaskaden von Varanasis Ghats, um bei den ersten Strahlen der

Asche in den göttlichen Strom: Scheiterhaufen an Verbrennungsghat

Sonne demütig zu beten und dann Körper und Seele mit einem Bad im Ganges zu reinigen. Die Männer stehen mit ihren Hüfttüchern, die Frauen im Sari in den trüben Fluten. Sie schöpfen mit Messinggefäßen das Flusswasser, kippen es sich über den Kopf. Viele trinken es auch wie Nektar, obwohl der heilige Strom hier eine mit eitrigem Schaum bedeckte und von Kolibakterien verseuchte Kloake ist. Die Frommen aber schreckt das nicht, entspringt der Quell des heiligen Wassers doch Shivas Haarschopf. Die vielen Mineralien, die der Fluss vom Himalaja mit sich schleppt, scheinen eine starke Desinfektionskraft zu besitzen. Und den Rest besorgt die Kraft des Glaubens.

3

Im Korsett der Kasten

Die Vergeltung kam nachts, mit einer Blutorgie ohnegleichen. Ein Entrinnen gab es nicht. Am Bewässerungskanal eines Reisfelds aufgereiht, wurden siebenunddreißig Bauern mit Sicheln abgeschlachtet wie Hammel. Uma Shankar Sharma will sich an die Nacht des Horrors nur mit bruchstückhaften Deutungen erinnern. »Wir hatten doch nichts getan«, stammelt der schmächtige Kastenhindu mit der Brahmanenschnur über der Schulter, »an allem ist die verdammte Politik schuld.« Vielleicht. Als die revolutionären Greiftrupps mit Äxten und Molotowcocktails die Tür zu seinem Haus aufbrachen, konnte der zweiundzwanzigjährige Uma Shankar sich im dunklen Hof unter Stauden frisch geschnittenen Zuckerrohrs verbergen. Seinen zeternden Vater aber schleppten sie mit und hieben ihm den Kopf vom Rumpf.

Stolz wiesen die Mörder das Massaker später als Akt revolutionärer Gegengewalt aus, als weiteren Etappensieg ihrer Strategie der Ausrottung von Klassenfeinden. Über tausend Anhänger hatte das Maoistisch-kommunistische Zentrum (MCC), die militanteste Legion der marxistischen Untergrundkämpfer im indischen Bundesstaat Bihar, zum Überfall auf das Dorf Bara antreten lassen. Vorwiegend vermummte Tagelöhner aus dem Elendsheer der kastenlosen Harijan, der als »unberührbar« Geächteten am Fuß der Sozialpyramide im Apartheidsystem des Hinduismus.

Das Dorf Bara mit seinen vierunddreißig Klans ist dagegen Bastion der obersten Kasten in der Region. Vor allem der Bhumihar, der Landbesitzer und verkümmerten Vettern der privilegierten Brahmanen. Aber auch sie pflügen oder ernten nicht selbst, weil der Dünkel ihrer Religion ihnen schmutzige Arbeit verbietet. Es sind die kastenlosen Landproletarier, die sich in ihr Karma fügen und schuften müssen. Und das gehörigst ohne aufzumucken, um in Erfüllung ihrer Lebenspflicht dem Dharma zu genügen, dem ewigen Weltgesetz.

Geächtet am Fuße der Sozialpyramide: Hütten in Harijan-Weiler

»Wir sind doch alle keine Großgrundbesitzer«, weist Uma Shankar die Vermutung zurück, das Blutbad von Bara sei vorwiegend auf Eruptionen angestauten Sozialneids zurückzuführen. Zwar gibt es in Indiens korruptestem Bundesstaat, obwohl der Landbesitz auf sechzig Hektar begrenzt ist, viele feudale Grundherren, die »Zamindar«. Diese herrschen unumschränkt über enorme Latifundien. Doch daran gemessen sind die Bhumihar von Bara kleine Krauter. Uma Shankar verfügt gerade mal über drei Bbigha Boden, einen knappen Hektar. Darauf lässt er Reis, Weizen und Zuckerrohr anbauen. »Das reicht nicht aus, um zwanzig Bäuche satt zu machen«, sagt der Bhumihar. Seine Großfamilie ist froh, dass ihm der Job als Wachmann im Hospital des Distrikts Gaya noch zusätzlich 1430 Rupien im Monat einbringt. Mit Gaya verbanden sich bislang nicht gerade Gedanken an ein Blutgericht. Hier stand die Wiege des sanftmütigen Buddhismus, heute eine Weltreligion, die in Indien fast verschwunden ist. Unter einem Feigenbaum bei Gaya soll vor zweieinhalb Jahrtausenden Prinz Siddhartha Gautama nach langer Meditation die Erleuchtung empfangen haben.

Aber warum dieses Strafgericht der marxistischen Terminatoren im benachbarten Bara? Burschen aus diesem Dorf, so ein vielfach zu hörendes Gerücht, sollen jener Kastengang angehört haben, die im benachbarten Weiler die Unberührbaren angriff, dort Mädchen vergewaltigte, alle Hütten niederbrannte und zehn Bewohner tötete. Als Uma Shankar sich zu einer Antwort winden will, bringen ihn ärgerliche Zurufe der umstehenden Frauen zum Schweigen. Auch die Mörder des Vaters will er nicht erkannt haben. Mit wirrer Geste weist der Bhumihar zu den palmenbestandenen Feldern hinüber und sagt: »Die können hier wieder auftauchen, die ganze Umgebung wimmelt von Killern.« Keiner in Bara wagt, Anklage zu erheben. Dabei hat die Polizei sechzehn Linksextreme als Tatverdächtige festgesetzt. Alle Erkundungsversuche prallen ab an Mauern des Misstrauens, an blanker Angst. Nur Kamlesh Kumar, Lehrer für die sechzig Kinder der dreiklassigen Grundschule am Dorfrand, lässt sich einen Kommentar abringen: »Man könnte zu dem Schluss kommen, dass es Rache war.«

Natürlich war es Rache. Vergeltung in einem Krieg der Kasten, der Indiens dörfliches Herz – laut Mahatma Gandhi »eine halbe Million Misthaufen, in denen Menschen wohnen« – infiziert hat wie ein tödliches Virus. Nahezu 700 Millionen Inder leben nach wie vor auf dem Land. Die meisten davon in schreiender Armut, denn nur ein Drittel der ländlichen Haushalte verfügt über genügend Boden, um sich davon ernähren zu können. Alle sind eingezwängt in das soziale Korsett der Kastenhierarchie. Dieses religiös verbrämte System institutionalisierter Ungleichheit funktionierte so lange, wie die Autorität der oberen Kastengruppen von den Habenichtsen unten nicht in Frage gestellt wurde. Doch das Korsett beginnt aufzuplatzen. Vor allem im übervölkerten Nordindien, dem so genannten Kuhgürtel in der Tiefebene zwischen Delhi und Kalkutta, ist bei den Massen der Unterdrückten, so der indische Soziologe M. N. Karna, »die traditionelle Einstellung der Unterwerfung einer Haltung von Trotz und Aufbegehren gewichen«. Das ist ein sehr gefährliches Gären, seine weitere Entwicklung wird die politische Stabilität ganzer Regionen in diesem Riesenland beeinflussen. Und wohl nur, wenn es der indischen Demokratie gelingt, die Spaltung der Gesellschaft durch Überwindung des Kastensystems zu beseitigen, also mit einer egalitären sozialen Transformation, dürfte ihr die innere Geschlossenheit und Dynamik zuwachsen, um sich dereinst als Weltmacht zu etablieren.

Es wirkte bisweilen grotesk, wenn sich in den politischen Hochzeiten der Blockfreien-Bewegung indische Regierungschefs wie Indira Gandhi auf das hohe moralische Ross schwangen und das Apartheidsystem in Südafrika als »eine Form des Bürgerkriegs« anprangerten. Ausgerechnet jene Premiers, die zur obersten Kaste der Brahmanen gehörten und damit zur Spitze eines rassistischen Ausbeutersystems, einer verfeinerten Version von Apartheid. Dazu hatte der Hindu-Gelehrte Swami Vivekananda, desillusioniert über gescheiterte Reformanläufe, schon Anfang des vorigen Jahrhunderts bekundet: »Ein Land, in dem Millionen Brahmanen das Blut der Armen saugen, ist das ein Land oder die Hölle? Ist das eine Religion oder ein Teufelstanz?« Auch für Vivekanandas Zeitgenossen Rabindranath Tagore, Bengalens großen Dichter und Nobelpreisträger, schien eine Regeneration Indiens nur möglich, wenn dieses »gigantische System kaltblütiger Repression« beseitigt würde.

Wie bei der südafrikanischen Apartheid ist auch im ursprünglichen Kastensystem des Hinduismus die Farbe, auf Sanskrit »varna«, ausschlaggebend für die gesellschaftliche Zuordnung. Sie bezeichnet die vier »reinen« Hauptkasten. Diese hatten sich nach der Eroberung des Subkontinents durch die hellhäutigen Arier und der Unterdrückung der dunkelhäutigen drawidischen Urbevölkerung gebildet. Im *Rigveda*, dem auf das zweite Jahrtausend vor Christus zurückgehenden ältesten Werk der heiligen Veden, wird das Kastenwesen gleichsam auf göttliche Schöpfung zurückgeführt als Prinzip der Weltordnung. Es beginnt mit der Zerstückelung des Urwesens Purusha als kosmisches Opfer. Sonne, Mond und Sterne entstehen aus seinen Augen, seinem Geist, den Beinen. Aus Purushas Mund erwächst die oberste Menschenkaste der Brahmanen, aus seinen Armen der Krieger- und Adelsstand der Kshatriyas, aus den Schenkeln der Nährstand von Bauern und Händlern, die Vajshyas. Aus den Füßen Purushas schließlich, so die Veden, »wurden die Shudras gemacht«, die niedrigste Kastengruppe der Handwerker, Leibeigenen und Arbeitssklaven. Die drei oberen Stände gelten als »Zweimalgeborene«, weil sie neben ihrer natürlichen Geburt eine zweite, eine spirituelle Geburt erfahren. Gemeint ist eine religiöse Weihe, vergleichbar mit der christlichen Konfirmation, bei der die Heranwachsenden sich mit den Mysterien ihrer Religion beschäftigen und die heilige Schnur erhalten. Die des Brahmanen muss aus Baumwolle sein, der Kshatriya braucht eine aus Hanffasern, der Vajshya benötigt Zwirn. Der vierten Kaste, den Shudras, ist diese Zeremonie verwehrt. Sie bleiben Einmalgeborene und haben den Angehörigen der oberen drei Schichten zu dienen.

Außerhalb dieses Systems der vier Hauptkasten mit weit über 3000 Unter- und Nebenkasten stehen die niedrigsten Gruppen der Gesellschaft, die Unberührbaren, heute knapp 18 Prozent der indischen Bevölkerung. Zu diesem fünften Stand der »unreinen« Parias gehören alle Personengruppen, die mit unsauberen Tätigkeiten beschäftigt sind – etwa Wäscher, Schlächter und Abdecker, Gassenkehrer, Weber, Lederarbeiter, Fischer oder Kulis. Diese Ausgestoßenen, die in der Hindu-Mythologie gar nicht erwähnt werden, nannte Mahatma Gandhi »Harijans«, die Kinder Gottes. Auch die Unberührbaren haben ihre Hierarchie und Subkasten (»jatis«), selbst die Unterwelt besitzt ihre eigenen Huren- und Verbrecherkasten.

Der Begriff »Kaste« war ein Import europäischer Kolonialisten. Er geht zurück auf den portugiesischen Ausdruck »casta« für Rasse oder Herkunft und suchte die unterschiedlichen Schichten der Hindus zu gliedern. Als »Meisterwerk und schönste Leistung der Hindu-Gesetzgebung« rühmten Missionare wie der französische Abbé Dubois das Kastenwesen. Das färbte auch auf das indische Christentum ab, was wiederum nicht so sonderbar war, denn das Abendland lebte ja auch noch in Ständegesellschaften. Im portugiesischen Goa besaßen die Kirchen zwei Eingänge, einen für die übergetretenen Brahmanen, den anderen für die Konvertiten der niederen Kasten. Auch bei der britischen Kolonialobrigkeit war das hinduistische Korsett geschätzt. Der Oxforder Indologe Sir Monier Monier-Williams fand, die »Kasten sind nützlich beim Fördern von Selbstaufopferung und Unterordnen des Individuums unter ein großes Ganzes«. Da waren andere Zeitgenossen kritischer. Karl Marx, der aus seinen Londoner Studierstuben Indien-Analysen für die *New-York Daily Tribune* verfasste, sah in den Kasten das Haupthindernis für den Fortschritt, und er monierte: »In Indiens Dörfern wird sozialer Status zu unveränderlicher natürlicher Bestimmung transformiert.« Ähnlich lautete der Befund des Soziologen Max Weber: »Es ist ein Land der denkbar unerschütterlichsten geburtsständischen Gliederung.« Sehnsüchtig schaute so der junge Bengale und spätere Literaturnobelpreisträger Rabindranath Tagore aus der Enklave seines Familienheims »dem Fest des Weltlebens« zu, an dem er als Brahmane nicht teilnehmen durfte. Er verwünschte das »Land, wo der Geist der Trennung unumschränkt herrscht und unzählige kleinliche Schranken einen vom anderen trennen«.

Zwar hob das unabhängige Indien 1949 die Kastengliederung durch Verfassungsbeschluss auf, viel brachte dies aber nicht. Sie bestimmt weiterhin den Lebensrhythmus. Da mag ein Großbauer oder ein Händler es zu politischer Macht oder Milliarden bringen, seiner Kaste entzieht er sich damit nicht. Über Jahrhunderte galt und gilt teilweise noch heute: Mitglieder derselben Kaste heiraten in dieser Kaste und arbeiten in deren Berufen. Herkunft und Stand lassen sich der Hautfarbe ablesen, den meisten Familiennamen oder dem Auftreten. Brahmanen, einst die Priester und Verkünder der heiligen Schriften, sollen sich als höchste Vertreter des Menschengeschlechts mit geistigen Dingen beschäftigen. Das Epos *Mahabharata* sieht als ihre Aufgabe, »Geschenke anzunehmen, für andere zu opfern und den Veda zu lehren«. Niemals soll der Brahmane ein Essen genießen, das von einem Nicht-Brahmanen zubereitet wurde. Fällt der Schatten eines Unberührbaren auf ihn, muss er ein reinigendes Bad nehmen. Der Besuch von Tempeln war Unberührbaren verwehrt. In einigen Regionen durften nur Kasten-Hindus einen nach oben gezwirbelten Schnurrbart tragen, mussten Frauen der niederen Kasten vor Höhergestellten ihre Brüste entblößen.

Apologeten des Kastenwesens argumentieren, dieses Korsett garantiere den Zusammenhalt der Gesellschaft und ein solides System gesellschaftlicher Arbeitsteilung. Zutreffend ist, dass trotz aller Ungleichheit die Kaste für den Einzelnen auch eine Schutzfunktion hat. Sie bietet ihm soziale wie wirtschaftliche Sicherheit, eine gemeinsame Interessenvertretung und vielfach auch das Monopol auf einen Beruf. Loyalität beschränkt sich auf die eigene Familie, den Klan, die Kaste. Eine übergreifende Solidarität, Mitgefühl für Notleidende oder Common Sense zählen nicht gerade zu den Tugenden der machiavellistisch denkenden Hindus. Unvergessen ein Erlebnis aus Delhi: Der Kehrjunge unseres Hauswirts, ein Harijan mit dem Namen Bansi, war von einem Hund gebissen worden, der unter Tollwutverdacht stand. Der Landlord, ein Brahmane aus Bengalen und ehemaliger Staatssekretär, weigerte sich, die damals notwendigen siebzehn Spritzen für die Behandlung seines »sweeepers« zu bezahlen. »Wenn er stirbt, ist es seine Bestimmung, eben sein Karma«, wehrte er kühl alle Hilfsappelle ab. Bansi müsse eben für Sünden aus einem früheren Leben bezahlen, »der verdient es nicht besser«.

Das Leben der Parias ist voller Erniedrigungen. Sie sind in den Städten das Lumpenproletariat und werden vor allem auf dem Lande noch wie Aussätzige behandelt. So wie in Indiens wildem Osten Bihar, dem gewalttätigsten und zugleich rückständigsten aller achtundzwanzig Bundesstaaten. In diesem Reich der Finsternis kostet der Terror der Großgrundbesitzer und ihrer Pächter jährlich Tausende Harijans das Leben. Die Privatarmeen der Landlords, die Ranbir Sena, suchen die Rebellion von unten niederzuknüppeln und als Terrorismus zu kriminalisieren. Da reicht es schon, den gesetzlich garantierten Mindestlohn zu verlangen, um als Kastenloser erschlagen oder bei lebendigem Leib verbrannt zu werden. Die Polizei, ohnehin korrupt und von den mittleren Kasten kontrolliert, ist zum Schutz der Schwachen nie zur Stelle. Kein Wunder, dass sich da Kastenkonflikte aufpumpen zu Klassenkämpfen. Verschärft wurde diese sozioökonomische Konfrontation durch den Erfolg der »Grünen Revolution« mit ihren ertragreicheren Anbaumethoden und Getreidesorten. Die ermöglichen nun auch Kleinbauern und Pächtern der niederen Kasten, mit den Großgrundbesitzern mitzuhalten.

Zu den Emporkömmlingen zählen die Yadav, ehemalige Hirten und Milchverkäufer, oder die Gemüsebauern der Koiris. Gut 60 Prozent der fünfundachtzig Millionen Bewohner Bihars gehören zu diesen »backward castes«, den laut indischer Verfassung »wirtschaftlich benachteiligten« Segmenten der Kasten- und Ausbeuterpyramide. Doch diese Einstufung spiegelt die wahren Kräfteverhältnisse oft nicht mehr wider. Gerade in diesen Schichten gibt es die vitalsten Kasten, Klans mit wölfischem Durchsetzungsvermögen. Und wie die Großgrundbesitzer organisieren auch die Kleinbauern ihre Killertrupps, um die kastenlosen Landarbeiter gefügig zu halten. »Neue Kulaken« heißen sie im ideologischen Vokabular der Linken.

Chandra Mandi schuftet für solch einen Kulaken. Mal zehn, mal vierzehn Stunden am Tag. Der halbnackte Harijan mit dem Teint eines Mohren und der ererbten Demutshaltung ist ein »bataidar«, ein landloser Tagelöhner. Diese unterste Malocherschicht stellt fast die Hälfte der Bewohner in den 1200 Dörfern des Distrikts Gaya, den das bengalische Magazin *Sunday* zu den Killing Fields in den Aufruhrregionen von Bihar rechnet. Vertreter der Regierung und Uniformierte wagen sich hier nur tagsüber her und nie ohne martialischen Begleitschutz. Dabei wirkt Nordindiens Reisschüssel, zumal nach einem kräftigen Sommermonsun, wie ein pastorales Idyll. Unter stahlblauem Himmel durchschneidet ein Gewirr brackiger Kanäle und Rinnsale Felder von üppigem Grün. Ochsenkarren rumpeln über zerfurchte Wege, die kaum ein Jeep befahren kann. Büffel suchen in Tümpeln Kühlung; Frauen wie Liliengewächse balancieren auf ihren Köpfen Krüge mit Brunnenwasser.

»Ich kriege 15 Rupien oder anderthalb Kilo Reis pro Tag«, sagt der Mohr Chandra Mandi, und die umstehenden Harijans kichern. Keiner der Tagelöhner erhält hier den gesetzlich festgelegten Mindestlohn. Aber es ist klüger, darüber zu schweigen. Wer zu viel redet, holt sich ein Rollkommando der Kulaken in die Hütte. Auch Fragen nach der Bluttat von Bara wirken wie der Sturz des Falken in den Hühnerhof. Über die Täter und Hintergründe des Massakers wisse er nichts, beteuert

Leben in ererbter Demutshaltung: Tagelöhner Chandra Mandi

der Paria, »mit der Vendetta der Kasten-Hindus haben wir nichts zu tun«.

Verglichen mit anderen Harijans, kann Chandra Mandi noch von Glück sagen. Ihm wurde das schlimmste Los der Stigmatisierten erspart, nämlich wie Millionen ein Leben in Schuldknechtschaft zu führen. Diese Unglückseligen, der schwedische Indienkenner Jan Myrdal hat dies treffend analysiert, stecken in einem Zustand der Sklaverei, »wie sie im China der zwanziger Jahre herrschte«. In Schuldfron geraten kastenlose Tagelöhner und Wanderarbeiter immer wieder durch ein Unglück, durch die Kosten für eine Hochzeit oder Krankheit, einen überteuerten Kredit. Sie müssen sich dann bei ihren Geldgebern, meist Großgrundbesitzer oder Bauunternehmer, selber als billigste Arbeitskraft bis zur Abzahlung ihrer Schuld verpfänden. Oft wird aus dieser zeitweisen eine dauernde Leibeigenschaft, sie kann sich auch auf andere Mitglieder der Familie übertragen und auf Kinder vererben. Die werden nicht selten misshandelt, Frauen und Mädchen sexuell missbraucht. Wer wegläuft und gefasst wird, kann froh sein, wenn man ihn nicht totprügelt, mit glühenden Eisen brandmarkt und an den Füßen aufhängt.

Obwohl die Regierung Indira Gandhis 1976 durch Beschluss des Parlaments die Arbeit in Schuldabhängigkeit, »bonded labour«, verbieten ließ, ist diese Hinterlassenschaft des Feudalzeitalters in manchen Bundesstaaten eine endemische Erscheinung. Als Anfang der achtziger Jahre Indiens kleine urbane Elite in eitlem Geltungsdrang mit dem Spektakel der Asien-Spiele und zum fünfundsechzigsten Geburtstag der Premierministerin »den anderen unser glorreiches Kulturerbe präsentieren« wollte, entstanden die Prachtstadien für die Sportwettkämpfe und Luxushotels vielfach auf dem Rücken von Schuldsklaven. Tausende von Bauarbeitern, untergebracht in Arbeitscamps hinter Stacheldraht, schufteten damals auf den Großbaustellen ohne Unterlass, sechzehn Stunden am Tag, sieben Tage in der Woche. Von den »contractors«, den modernen Sklavenhändlern, erhielten sie dafür eine Portion Hirsebrei und fünf Rupien, nicht einmal die Hälfte des Mindestlohns. »Menschenunwürdig und verbrecherisch« nannte der Gewerkschaftsführer Som Nath Gulati die Arbeitsbedingungen, »für diese Leute gibt es keine Rechte, ihr Tod ist so unbedeutend wie der Tod eines Wurms.« An diesen Zuständen hat sich bislang wenig verändert.

Indische Intellektuelle und Schriftsteller, Brahmanen zumeist, behaupten aus einem verinnerlichten Schamgefühl heraus heute oft, der Einfluss des Kastenwesens schwinde rapide. Das gilt gewiss für die moderne Arbeitswelt der Städte, in der sich die traditionellen Abgrenzungen und Riten nicht durchhalten lassen. Der City-Brahmane, der den Bus benutzt oder in ein Kino geht, muss den Paria neben sich ertragen. Oder auch einen niederen Kasten-Hindu in der Behörde als seinen Vorgesetzten. Der Dichter und Diplomat Shashi Tharoor, im Westen aufgewachsener Sohn einer Kriegerkaste aus Kerala, den Nairs, hält die religiös sanktionierten Standesunterschiede unterdessen für weniger spürbar als den Rassismus in den Vereinigten Staaten. Ein Indiz dafür seien auch die Heiratsannoncen der englischsprachigen Zeitungen. Immer häufiger finde sich darin der Zusatz »caste no bar«, Kastenzugehörigkeit kein Hindernis. Tharoor, der es zum stellvertretenden UNO-Generalsekretär gebracht hat, liest offenkundig mit den Augen des bemühten Patrioten. Die Partnersucher, die sich um die Kastenzugehörigkeit angeblich nicht scheren, leben wie er überwiegend im Ausland, sind demnach wohl verwestlichte Inder. Der Großteil der Heiratsanzeigen indes, etwa in Delhis *Sunday Times*, ist seitenlang aufgegliedert nach Kasten und Subkasten, beginnend bei Agarwal-Bisa über Brahmin zu Rajput und Yadav.

Keine Woche vergeht überdies, in der die Medien nicht mit irgendeiner Horrorstory illustrieren, dass in den rückständigen Gebieten des Landes das Kastensystem noch so rigide und grausam gehandhabt wird wie vor Jahrhunderten: Da wird eine kastenlose Frau nackt durch ein Dorf getrieben, weil ihr Sohn einen Kasten-Hindu der Thakur bestohlen hat. Unter dem Gejohle der Thakurs wird sie zum Geschlechtsverkehr mit ihrem Sohn gezwungen. Oder: Ein Mädchen aus der Jat-Bauernkaste und ein Brahmanen-Junge werden beim Liebesspiel auf den Feldern ertappt. Die Ältesten im Dorf verhängen die Todesstrafe, das Pärchen wird vor Hunderten von Zuschauern aufgehängt. »Wir mussten das für die Ehre unseres Dorfes tun«, erklären ungerührt die Eltern in Untersuchungshaft. Schließlich dieser grauenhafte Fall aus dem Dorf Mehrana unweit von Delhi: Ein sechzehnjähriges Jat-Mädchen verliebt sich in einen jungen Paria. Die beiden wollen weglaufen. Sie werden aber gefasst, geschlagen, vor das dörfliche Feme-Gericht der Jats gestellt und nach brutaler Folter gehängt.

Danach werden ihre Körper verbrannt. Das Mädchen lebt noch, als der Scheiterhaufen angezündet wird. Verzweifelt versucht es, vom Holzstoß herunterzukriechen, wird aber zurück in die Flammen geworfen.

Das sind schaurige Geschichten, doch leider keine Märchen. Die Unberührbarkeit wurde in Indien offiziell abgeschafft, aber die Kastenlosigkeit als Stigma ist geblieben und die Gesellschaft entlang ihrer Kastengrenzen tief gespalten. Der Abbau von Diskriminierung gelingt nur stufenweise, manchmal auch gar nicht. Seit 1955 ist strafbar, Unberührbare daran zu hindern, sich Wasser aus einem Brunnen zu holen, der traditionell höheren Kasten vorbehalten ist. Nur wenige der politisierten Harijans, die sich kämpferisch neuerdings Dalits (»die Gebrochenen«) nennen, sind hier zu einer Probe aufs Exempel bereit. Jüngste Untersuchungen von Nichtregierungsorganisationen bekunden die Mühen, mit alten Bräuchen zu brechen: Von 473 Dörfern im westlichen Bundesland Gujarat gestanden nur zwei den Dalits einen eigenen Brunnen zu, in den meisten hatten sie keinen Zugang zu Tempeln, ihre Kinder mussten in den Schulen vor den Klassenzimmern sitzen. Nicht viel besser die Lage im südlichen Tamil Nadu: Von 148 Dörfern verboten dort 140 den Dalits die Nutzung ihrer Brunnen, 136 das Betreten von Tempeln. Sechzig Jahre nach Indiens Unabhängigkeit ist das ein beschämendes Zeugnis.

Es hat viele Anläufe zu einer Reform des Kastenwesens und auch zu seiner Abschaffung gegeben. Meistens endeten sie mit Absplitterungen oder neuen Sekten. Schon um 500 vor Christus predigte der Fürstensohn Siddhartha Gautama gegen die Anmaßung der Brahmanen und wurde als Buddha zum Religionsstifter und Welterleuchter. Der aus einer Kriegerkaste stammende Aristokrat sah im Kastenwesen nicht eine göttlich vorgegebene, sondern eine menschliche Institution. Während der vierzig Jahre seiner Wanderschaft durch das nordöstliche Indien wurden in seinen Mönchsorden auch Fischer, Kuhhirten und Diebe aufgenommen. Zur gleichen Zeit verbreitete der Denker Mahavira auf dem Ganges-Kontinent die Heilslehre des Jainismus. Diese asketische Religion, die Gewalt strikt ablehnt, wandte sich ebenfalls gegen die soziale Vorrangstellung des erblichen Priesteradels. Sie erhob aber im Gegensatz zum Buddhismus keinen universalen Anspruch.

Mahatma Gandhi, der Apostel der Gewaltlosigkeit, nannte die Unberührbarkeit »eine Sünde der Kasten-Hindus« und reinigte als Demonstration eigenhändig Toiletten in Bombay. Zudem plädierte er für Mischehen. Doch die »Große Seele« war auch ein wenig bigott. Die soziale Apartheid des Kastensystems jedenfalls stellte Gandhi grundsätzlich nie in Frage, er war sogar der Ansicht, dass »die Kasten den Hinduismus vor der Auflösung bewahrt haben«.

Für den Führer der Parias während der Unabhängigkeitsbewegung, den Juristen Bhimrao Ramji Ambedkar, war Gandhi »ein fanatischer Hindu«. Dem gehe es nicht um die Befreiung der Unberührbaren, sondern darum, das hinduistische Kastensystem intakt zu halten, mit den Unberührbaren »nicht als Partner, sondern als armen Verwandten«, argwöhnte der erfolgreiche Anwalt. Ambedkar entstammte einer Paria-Kaste in Maharashtra, den Mahars. Er wurde der erste Justizminister des unabhängigen Indien, und auf sein Betreiben hin gelangten Schutzklauseln und Minderheitsrechte für die Unberührbaren in die neue, säkulare Verfassung. Die Berücksichtigung in einem Quotensystem bei der Vergabe von Arbeitsstellen im Öffentlichen Dienst, den Bildungseinrichtungen und mit Mandaten in den Parlamenten sollte den Parias und Stammesangehörigen bei ihrem sozialen wie wirtschaftlichen Aufstieg Schubkraft verleihen. Im Unterhaus, der Lok Sabha, waren fortan fünfundachtzig der 545 Sitze für sie reserviert. Aber Ambedkar glaubte selber nicht an einen Erfolg solcher Förderung gegen die »Tyrannei der Hindu-Mehrheit« mit ihrem »abgestorbenen Gewissen«. Er sah als einzigen Weg zur Freiheit der Parias den Wechsel zu einer Religion mit dem Prinzip der Gleichheit. Kurz vor seinem Tod 1956 trat Ambedkar zum Buddhismus über. Zehntausende folgten seinem Beispiel.

Einer, der von der »positiven Diskriminierung« profitierte und sich in die politische Elite integrieren ließ, war Ambedkars Nachfolger als Sprecher der Harijans, Jagjivan Ram. Der dunkelhäutige Parade-Paria gehörte seit der Unabhängigkeit nahezu ununterbrochen sämtlichen Regierungen an und war ein glänzender Administrator. »Babuji«, Väterchen, wie seine Anhänger die Galionsfigur der damals 85 Millionen Harijans nannten, sorgte mit seinem Abfall von der Kongresspartei für den Sturz der Notstandsregentin Indira Gandhi. In der nachfolgenden Janata-Regierung unter dem Brahmanen Morarji Desai wurde er Verteidigungsminister und gehörte neben dem Bauernführer und Innenminister Charan Singh zu jenem Führungstrio zänkischer alter Männer, die diese Koalition zugrunde richteten. Für Jagjivan Ram schien die Würde des Premiers 1979 zum Greifen nahe. Doch der Starrsinn des gefallenen Brahmanen Desai, dieses Monuments an Selbstgerechtigkeit, verdarb seine Chancen. »In diesem armseligen Land kann eben ein Schuster niemals Regierungschef werden«, klagte nach dieser Lektion der Paria. Enttäuschte Gefolgsleute kreideten Ram zuletzt an, als eine Art »Onkel Tom« der Kasten-Hindus nur sein eigenes Fortkommen betrieben zu haben, nicht aber das der Unberührbaren, von denen er herkam.

Gesten des Opferns und der Selbstkasteiung entsprechen dem indischen Ethos. Es gab im modernen Indien vereinzelte Kreuzzüge, die auf das erbärmliche Los derer da unten aufmerksam machten. Das Engagement des Volkstribuns Jayaprakash Narayan gehörte dazu. Der Sozialist aus Bihar hoffte vergeblich auf die »totale Revolution« und schloss sich der Landschenkungsbewegung »Bhoodan« von Vinoba Bhave an. Dreizehn Jahre lang zog dieser Brahmanensohn, der schon den Mahatma bei den Kampagnen des zivilen Ungehorsams gegen die Briten unterstützt hatte, zu Fuß durch Indien. Bhave bat die reichen Grundbesitzer um Boden für die Landlosen, mit mäßigem Erfolg. Dieser Tradition fühlte sich auch der Rajpute Chandra Shekhar verbunden, der als Vorsitzender der Janata-Partei 1983 bei seiner sechsmonatigen Marathonwanderung durch 2200 Dörfer den Puls des verdrängten Indien der Armut fühlte. Für ein paar Monate brachte es der charismatische Sozialreformer später sogar zum Premier, um dann von der Kongresspartei abserviert zu werden.

Um die jahrhundertelange Benachteiligung der unteren Schichten auszugleichen, ist das Quotensystem einer »beschützenden Diskriminierung« seit den fünfziger Jahren konsequent fortentwickelt worden. Anfangs standen den »scheduled castes«, wie die Unberührbaren vernebelnd in der Amtssprache heißen, weil sie in einem Anhang zur Verfassung »aufgelistet« werden, nur 15 Prozent der Stellen in Bildungseinrichtungen und staatlicher Verwaltung zu. Dieser Anteil hat sich unter Einbeziehung der »scheduled tribes«, von Stammesgruppen der »adivasi« aus der drawidischen Urbevölkerung, mittlerweile auf 22,5 Prozent erhöht. Jüngste Profiteure solcher »affirmative action« sind die »other backward classes«, die so genannten benachteiligten

Schichten. Sie machen etwa 52 Prozent der Bevölkerung aus. Als die Minderheitsregierung des honorigen Premiers V.P. Singh 1990 einer Empfehlung der unabhängigen Mandal-Kommission folgte und für diese »backwards« die Reservierung von 27 Prozent sämtlicher Staatsjobs anordnete, kam es zum Aufruhr der weniger zahlreichen oberen Kasten. Insbesondere die städtischen Mittelklassen fühlten sich durch diese Vorzugsquoten, die praktisch die Hälfte sämtlicher Verwaltungsstellen für die unteren Schichten trotz teilweise erheblicher Bildungsmängel beschlagnahmten, in ihren Berufschancen torpediert. Dutzende Studenten verübten Selbstmord durch öffentliche Verbrennung. Eine neuerliche Protestwelle brandete im Frühsommer 2006 auf, als die Regierung Manmohan Singh eine Ausdehnung der Vorzeigequoten bei den Colleges und zuletzt den technischen Eliteuniversitäten ankündigte.

Über 800 Millionen Inder gehören heute zu jenen Volksgruppen, die Anspruch haben auf Quoten-Förderung. Ohne Zweifel gelang vielen aus der Unterschicht damit der Weg in eine bessere Welt. Dagegen stehen als negative Folgen Demoralisierung und Leistungsabfall im Öffentlichen Dienst sowie ausgerechnet die Verfestigung jenes Kastenwesens, das mit den Fördermaßnahmen eigentlich aufgebrochen werden sollte. Denn die Angehörigen der unteren Kasten und die Kastenlosen können ihre Jobansprüche nur von ihrem jeweiligen sozialen Status herleiten, er allein ist ihr Vehikel zum ökonomischen Aufstieg. Somit habe das Quotensystem, kritisiert der indische Soziologe André Béteille, »dazu beigetragen, die Identität der Harijans und Adivasis zu verhärten und zu verlängern«. Diese Methode kaufe »Frieden für den Augenblick«. Wirklich sinnvoll sei aber nur wirkungsvolle Hilfe für die Massen.

Die niederen Kasten, zahlenmäßig am stärksten, haben aber auch politisch in der indischen Demokratie an Gewicht gewonnen. Dies spielen sie zunehmend aus. Das Amt des Regierungschefs war traditionell die Domäne der Brahmanen. Als erster Vajshya brachte es 1979 nach dem Zerfall der Janata-Koalition Charan Singh zum Interimspremier. Der Patriarch der grundbesitzenden Jats-Bauern, ein herrisches und seniles Ekel, hatte siebzehn Mal die Partei und politische Loyalität gewechselt, ohne je von seinen agrarchauvinistischen Grundsätzen als Gegner von Landreformen abzuweichen. Er verstand sich als

Stimme des wahren, des ländlichen Indien und wetterte gegen den »elitären Konsumismus der Metropolen«, womit er nicht ganz falsch lag. Charan Singhs Regentschaft in Delhi blieb eine sechsmonatige Episode. Auf Kosten der alten Eliten eroberten seither mehrmals Bündnisse der unteren Kasten mit Muslimen und Unberührbaren Machtpositionen in wichtigen Bundesstaaten. Sie stellten die Chefminister in Bihar und Uttar Pradesh. Das zwang die großen politischen Parteien, ihre Kandidatenauslese mit Bewerbern von unten aufzufrischen.

Wenn nötig, wissen die Besitzenden auf dem Lande aber noch immer den Habenichtsen bei Zeiten die Faust zu zeigen. Dies insbesondere, seitdem eine noch vom Premier Rajiv Gandhi eingeleitete Reform der dörflichen Selbstverwaltung, das Panchayati Raj, ihre Vorrangstellung bedroht. Diese lokale Demokratie gibt mit Wahlen zu Selbstverwaltungsorganen auch der landlosen Bevölkerung ein Mitspracherecht, reserviert durch Quoten bestimmte Wahlkreise für Unberührbare und sogar für Frauen. Über kurz oder lang werde dieses System der Dorfräte die Lebensverhältnisse auf dem Land umstülpen, glauben seine Befürworter. Der ehemalige deutsche Botschafter in Indien, Hans-Georg Wieck, vergleicht diesen Prozess »mit der Beseitigung der Rassentrennung in den Südstaaten der USA«. In den entwickelteren Bundesstaaten, wo es mehr Bildung und Selbstbewusstsein gibt bei den Unterprivilegierten, vermag die dörfliche Demokratie in der Tat erstaunliche Emanzipationserfolge vorzuweisen. So sind in Karnataka 43 Prozent der Panchayat-Mitglieder Frauen. Doch die oberen Kasten-Hindus ertragen das Hochkommen der Unterschichten nur schwer. »Wie kann ich neben einem Dhobi sitzen«, empörte sich in Tamil Nadu ein Grundherr, »den bringe ich um.« Am nächsten Tag erschlug er den kastenlosen Wäscher.

Hinhaltenden Widerstand gegen die Gleichheitsansprüche der neuen Zeit leisten auch die Jats im nordindischen Tiefland.

Bei Panchayat-Wahlen in Uttar Pradesh kommt es ständig zu Konfrontationen. Das Dorf Karmu Khedi im Distrikt Muzzafarnagar ist dafür ein blutiges Beispiel. Es zählt zu den wohlhabenden der Region, denn dort wird vor allem Zuckerrohr angebaut. Schmucke Häuserfassaden säumen die Durchgangsstraße. Hier wohnen die Jats-Bauern, die dominierende Kaste der Grundbesitzer am Ort. Sie haben Strom- und Wasseranschluss, vor vielen Häusern stehen Autos. Das Dorf zählt

Aufstand der Habenichtse: Aktion illegaler Landnahme

rund 10 000 Einwohner. Die meisten davon sind Unberührbare, gehören zu deren Unterkasten der Valmikis, der Chamars oder Dhimars. Diese Dalits, wie sie sich nennen, hausen in Bastis im hinteren Dorfbereich. Auf einigen Gassen um die Ziegelsteinbauten und Hütten gibt es Handpumpen. Daneben liegen die Weiler für die Muslime und die unteren Kasten. Die Dalits hassen die Jats und leben von ihnen. Auf deren Feldern verdienen sie als Tagelöhner 60 Rupien, Frauen die Hälfte.

Politisch aber sind die Dalits eine Macht. Jedenfalls theoretisch. Bei der jüngsten Panchayat-Wahl stellten sie 2300 der 4800 Stimmberechtigten. Die Jats brachten es nur auf 1100, die Muslime auf 1000 und die »backwards« auf 400. Das Dorf gehört zudem zu den Sonderbezirken, die für Harijan-Mandate reserviert sind und hier speziell auch noch für Frauen. Die Jats mussten also auf jeden Fall die Kür einer kastenlosen Dorfältesten hinnehmen. Dafür suchten sie eine gefügig erscheinende Kandidatin aus, die allerdings gegen die Paria-Spitzenbewerberin Kavita Dabra und deren Anhang keine Chance hatte. Das wussten die Jats, und deshalb entschieden sie sich für die Knüppel-Demokratie mit offenem Wahlbetrug. Sämtliche Stimmlokale befanden sich in Schulen, die im Wohngebiet der Jats liegen. »Ihr habt schon gewählt«, wurden die Parias massenhaft abgewiesen, notfalls mit Gewalt, während manche Jats gleich zehnmal abstimmten. Die Dalits ließen sich das nicht gefallen. Sie veranstalteten ein »rasta roko«, eine Protestdemonstration mit Sitzblockade, auf der Durchgangsstraße nach Delhi. Daraufhin forderten die Jats Einheiten der Distriktspolizei an. Das Gesetz stellte sich an die Seite der Besitzenden. Rollkommandos prügelten zunächst den Highway frei, brutal auch gegen Frauen und Kinder, um danach durch die Bastis der Dalits zu toben. Wer nicht floh, wurde niedergemacht und festgenommen, gegen 275 Dalits wurde einschüchternd Anzeige erstattet wegen Aufruhr, Mordversuch und Widerstand gegen die Staatsgewalt.

Die Favoritin der Jats ist nun Vorsitzende des örtlichen Panchayat, der neue Sarpanch. Ihre um den Sieg gebrachte Gegenkandidatin Kavita Dabra hielt sich monatelang versteckt, ehe sie heimkam. Sie wagt sich kaum aus dem Haus. Dabei sind die Jats nun wieder ganz friedlich. Sie wissen, die Abreibung hat bei den Dalits gewirkt, einige davon wirtschaftlich ruiniert. »Die haben gewonnen, unser ganzes Geld ist weg«, jammert der Bruder Kavita Dabras. Von der, einer kümmerlichen Gestalt, ist nur ein Stoßseufzer zu hören: »Ich werde niemals wieder kandidieren.« In Kharmu Khedi, neunzig Kilometer vor den Toren der Metropole Delhi, hat die alte Feudalordnung wohl noch lange Bestand.

4

Der urbane Rausch

Einst zählte die Grand Trunk Road zu den begehrten Reiserouten des Subkontinents. Als »bunten Strom des Lebens« mit vielen idyllischen Oasen schilderte der Brite Rudyard Kipling in seinem Indienroman *Kim* die Fahrt auf der alten Heerstraße der Mogulherrscher durch das nordindische Tiefland, vom Punjab über Delhi durch die United Provinces. Das war wohl einmal so, vor gut hundert Jahren. Doch die Idylle ist längst zerstoben. Und an Delhi kommt niemand so leicht vorbei, geschweige denn hinein.

Jeden Tag wird Indiens Hauptstadt, die sich binnen zehn Jahren zur drittgrößten Metropole auf diesem Planeten aufblähen dürfte, heimgesucht von Heerscharen aus dem umliegenden bäuerlichen Kosmos. Von zerlumpten Sendboten des Mittelalters, gar der Steinzeit, mit den entsprechenden Vehikeln, die das urbane Zentrum mit ihrem archaischen Lebensrhythmus lähmen. Schon am frühen Morgen beginnt die konzentrische Attacke. Ein Treck von Pferdefuhrwerken und Ochsenkarren wälzt sich heraus aus den Pfaden rotbrauner Felder und der Trostlosigkeit einer Dorfwelt, in der noch immer drei von fünf Indern hausen. Unter erbarmungslosen Peitschenhieben schieben sich die mit Gemüse überladenen Gespanne die asphaltierte Piste hinauf, fädeln sich ein in eine endlose Kolonne von Traktoren, Fernlastern, Bussen und Gefährten, die gemächlich von knurrenden Kamelen oder schwarzen Büffeln gezogen werden.

Zwei der Büffel hat es letzte Nacht erwischt. Ein Laster machte ihre zweirädrige Fuhre mit Zuckerrohr nieder. Die Unfallstelle bietet ein groteskes Bild: Zwischen den Stauden liegen die toten Büffel auf dem Rücken, mit erigiertem Geschlechtsteil und steif nach oben gereckten Hufen. Im Pipalbaum gleich daneben krächzen erwartungsvoll sieben Geier. Mühsam schiebt sich der Treck vorbei und durch rotgelbe Staubwolken hindurch. Die Steineklopfer haben am Straßenrand mit ihrer Arbeit begonnen. Ausgemergelte Gestalten, nur mit einem Hüft-schurz, die ohne Augenschutz mit ihren Hämmern Granitbrocken zu Schotter zerschlagen, damit die Route hier verbreitert werden kann. Die Steineklopfer sind froh, wenn ihr Contractor ihnen für zehn Stun-den Schuften 30 Rupien zahlt, das sind umgerechnet nicht mal 70 Cent pro Tag.

Der Treck hat nun Delhi im Visier, das sich mit grauem Gedünst umhüllt. Als »Stadt der Dämonen«, der Djinns, wird die Metropole gerne beschrieben, die über die Jahrtausende von Invasoren wenigs-tens siebenmal zerstört wurde und immer wieder neu entstand. Die Dämonen suchen sich abzuschirmen mit einem abstoßenden Gürtel aus Slums. Ein Drittel der fünfzehn Millionen Einwohner Delhis, so empörte sich unlängst das Politmagazin *India Today*, lebt in diesen Notunterkünften mit katastrophalen hygienischen Zuständen. Land-flüchtige, Bauarbeiter, Kastenlose, Bettler. Sie kampieren mit ihren Fa-milien in Hütten aus Zweigen und Schlamm, unter Plastikplanen oder einem Wellblechdach. Es gibt nur wenige Latrinen, wenn, dann sind sie vollkommen verdreckt, die Wege zur nächsten Trinkwasserstelle sind endlos. Doch die Dämonen haben vor die Slums noch eine nied-rigere Stufe menschlichen Miteinanders gesetzt: die »Jhuggis«, eine erbärmliche Ansammlung armseliger Strohhütten, Blechbuden und Zelten über kleinen Ziegelmauern auf nacktem Boden. Zehntausende vegetieren dort, mit ihrem Hausvieh, mit dem Unrat, den niemand wegschafft, mit den Ratten. Strom und Wasser gibt es nicht, dafür gras-sieren Tuberkulose, Gelbsucht und Malaria.

Fahrräder und gelbschwarze Motorrikschas stoßen zum Treck, der in die große Stadt strebt. Auch zwei Elefanten, die wohl der Pharma-zieunternehmer Vivek Burman wieder zum Kindergeburtstag eines seiner Freunde beordert hat. Einer der grauen Dickhäuter, seinen Chauffeur, den Mahout, im Nacken, erleichtert sich mitten auf der Straße gewaltig. Die Kolonne wartet geduldig. Wer will es schon wa-gen, einen Elefanten beim großen Geschäft zu stören?

Der Treck hat jetzt nur noch die Geschwindigkeit von Fußgängern, die ihn in Horden begleiten. Etwa die Wanderarbeiter, mit der Eisen-hacke und einem Bündel über ihrer Schulter, die zur nächsten Groß-baustelle eilen. Denn plötzlich wachsen aus den Feldern Rohbauten und dahinter gerade fertig gestellte Wohnblocks der Trabantenvorstädte, die wie Metastasen Delhi umwuchern. Die Straße wird breiter. Schnittige Pkws tauchen auf und missmutige Polizisten mit langen Lathis in der Hand, den eisenbeschlagenen Bambusknüppeln. Das andere, das urbane Indien sucht seine Regeln den Eindringlingen aus der Dorfwelt aufzuzwingen. Die schert das allerdings ebenso wenig wie die heiligen Kühe, die borniert herumtrotten und sich von niemandem wegschubsen lassen. Vor der Brücke über den brackig-stinkenden Jamuna, den großen Nebenfluss des Ganges, verknäult sich das Gemenge von Fahrzeugen, Menschen und Tieren schließlich zu einem Verkehrschaos, aus dem nach viel Gehupe und Geschrei dann doch ein jeder seltsamerweise sein Weiterkommen findet. Indien sei eine »organisierte Anarchie« hat John Kenneth Galbraith, der ehemalige US-Botschafter in Indien und Wirtschaftswissenschaftler, mit spöttischer Bewunderung einmal gesagt. Das Wunder dieses Chaos mit seinen insgeheimen Ordnungssträngen ist zu besichtigen an jedem Tag, zu jeder Stunde.

»Zum Glockenschlag um Mitternacht, wenn die Welt schläft, wird Indien zu Leben und Freiheit erwachen«, hatte Jawaharlal Nehru aus dem Festsaal des Parlaments am Abend des 14. August 1947 seiner jungen Nation zugerufen, als Indien nach über hundertfünfzigjähriger Kolonialzeit unter den Briten seine Souveränität erlangte. Der Staatsgründer sprach von »Träumen«, deren Verwirklichung nicht nur für sein Land, sondern »für die ganze Welt bedeutsam« sein würde. Sechzig Jahre nach Indiens Erwachen ist nun die Welt aufgewacht. Sie muss, teilweise irritiert, zur Kenntnis nehmen, dass auf dem Subkontinent ein Koloss herangewachsen ist, der künftig das Weltgeschehen mitbestimmen wird. Ökonomisch wie politisch: Die Inder kommen, gegen sie läuft in Zukunft nichts mehr.

Knapp 350 Millionen Einwohner zählte Indien bei der Unabhängigkeit. Heute sind es mehr als 1,1 Milliarden. Die Hälfte davon ist nicht mal fünfundzwanzig Jahre alt. Eine Demographie des »Minimum« ist hier noch lange nicht angesagt, denn viele Kinder bleiben vor allem in den rückständigen Landregionen die einzige Alterssicherung. Nur rund fünf Prozent der Bevölkerung liegen über dem Pensionsalter von fünfundsechzig Jahren, in Deutschland dagegen 19 Prozent. Bald wird die zweitgrößte Nation der Erde ihre größte sein. Dann nämlich, wenn im Wettlauf der asiatischen Giganten, die für fast 40 Prozent der Weltbevölkerung stehen, der Elefant den Drachen überholt. Das soll spä-

*Ein atemberaubender Boom: Geschäftsstraße im
Technologiezentrum Bangalore*

testens 2034 geschehen, wenn Indien mit 1,46 Milliarden Menschen an China vorbeizieht und bis zur Jahrhundertmitte auf 1,6 Milliarden anschwillt, während die Zahl der Chinesen abnimmt. Indien hat dann auch die meisten Menschen im erwerbsfähigen Alter zwischen zwanzig und sechzig Jahren – 800 Millionen, somit 220 Millionen mehr als China. Asien insgesamt wird mit Ozeanien um die Jahrhundertmitte 70 Prozent der Weltbevölkerung stellen, und allein auf dem Subkontinent dürften dann in Indien, Pakistan und Bangladesch mit 2,2 Milliarden weit mehr Menschen leben als auf den Kontinenten Amerika, Europa und Australien zusammen.

Das sind beklemmende demographische Aussichten, insbesondere aus der Perspektive von ergrauten Schrumpfeuropäern, die im globalen Geschehen nicht mehr Spielmacher sein werden, sondern bestenfalls Reservespieler. Doch diese Prognosen sind problematisch auch für die Aufsteigerländer selbst. Denn bei ihnen ticken soziale Zeitbomben, sollte es für die Millionen-Massen nicht genügend Arbeit geben.

Das weite Land bleibt das bäuerliche Herz des alten, des unveränderlichen Indien. Nach wie vor verdienen fast 70 Prozent aller Beschäftigten ihren Lebensunterhalt in der Agrarwirtschaft, mit unzureichenden Bewässerungssystemen und abhängig von den Launen des Monsunregens. Deshalb wächst dieser Sektor auch nur um drei Prozent, trägt bloß ein Viertel zum Bruttosozialprodukt bei. Dessen Löwenanteil aber, gut 60 Prozent, erwirtschaften die urbanen Ballungszentren. Sie sind Antrieb und Motor des neuen Indien und eines beeindruckenden Booms, der den Städten einen nie da gewesenen Konsumrausch beschert. Schon 2015 werden Bombay mit zweiundzwanzig und Delhi mit einundzwanzig Millionen Einwohnern nach Tokio die größten Städte auf diesem Planeten sein.

Dreißig Jahre lang begnügte sich Indiens Wirtschaft mit der so genannten Hindu-Zuwachsrate von jährlich 3,5 Prozent, sehr zum Vergnügen der dynamischeren Tigerstaaten in Südostasien und des großen Rivalen China. Doch inzwischen hat sich Indiens Wirtschaftswachstum, mit der Binnennachfrage als Hauptantriebskraft, mehr als verdoppelt, erreichte zuletzt drei Jahre lang acht, dann neun Prozent und steuert atemberaubende zehn Prozent an. Damit wurde Südkorea bereits überholt und Rang drei in Asien besetzt. Mit einem Pro-Kopf-Einkommen von 728 Dollar ist das Land zwar noch weit vom Wohlstand westlicher Industrienationen entfernt. Das kann sich freilich rasch ändern, wie es die Südostasiaten vorführten. Drei Viertel aller multinationalen Konzerne planen neue Investitionen in Indien. Internationale Wirtschaftsweise sehen den erwachten Riesen des Subkontinents mit seinem Hyperwachstum auf dem Sprung nach ganz oben, bis an die Weltspitze in einer ökonomischen Zeitenwende.

Richtig ist gewiss, dass die Wirtschaftsleistung der Inder bisher im Weltmaßstab einigermaßen bescheiden war. Mit nahezu einem Fünftel der Menschheit brachten sie es gerade mal auf 2 Prozent des globalen Bruttoszialprodukts, während die Europäer mit 8 Prozent der Weltbevölkerung 31 und die Amerikaner mit 5 Prozent immerhin 28 Prozent des weltweiten Bruttosozialprodukts erwirtschafteten. Aber die Gewichte verschieben sich rasant. US-Geheimdienstanalysten des National Intelligence Council (NIC) erwarten, dass Indien in etwa fünfzehn Jahren an Japan und Deutschland vorbeiprescht und kaufkraftbereinigt, also unter Berücksichtigung des unterschiedlichen Preisniveaus, zur drittgrößten Volkswirtschaft nach China und den USA aufrückt. Verglichen wird diese Entwicklung historisch mit dem industriellen Aufstieg des Deutschen Reichs Ende des 19. Jahrhunderts, das seinerzeit Großbritannien als Europas führende Wirtschaftsmacht überflügelte und den Weltmarkt in Elektrotechnik, Metallverarbeitung und dem Chemiegewerbe kontrollierte. Mit dem Urteil »Indien ist Spitze« kehrte der Deutsch-Banker Norbert Walter von seiner letzten Asienreise zurück. Stimmung und Dynamik seien meilenweit entfernt von der Selbstgefälligkeit früherer Jahre, und »am beeindruckendsten ist die internationale Öffnung Indiens«.

Die US-Investmentbank Goldman Sachs traut den Indern sogar zu, dass sie wegen des stetigen Bevölkerungszuwachses den anderen Riesen überrunden und »längerfristig die größere Wachstumsstory« sein werden. Die UNO-Entwicklungsorganisation UNCTAD schätzt, dass Indien neben China und den USA künftig die meisten Direktinvestitionen anziehen wird. Wie auch immer, auf eines sollte sich die Welt wohl einstellen: Die beiden Mega-Gesellschaften Asiens werden nicht nur das Tempo der Modernisierung vorgeben, sondern als Zugpferde der Weltkonjunktur demnächst auch die Hälfte der verfügbaren Energiequellen und Rohstoffe beanspruchen. Oder sie im Kampf um die weltweite Vorherrschaft notfalls erstreiten müssen.

Noch bis vor kurzem sah es so aus, als würde Indien sich im globalen Aufholprozess mit einer Arbeitsteilung abfinden. China stand für die Hardware, für die Werkbank der Welt mit dem Export industrieller Massenproduktion. Indien dagegen schien darauf erpicht zu sein, zum Entwicklungslabor und zur Denkfabrik der Welt zu avancieren, demnach die Software zu liefern. Doch keiner der Tigerstaaten Südostasiens hatte seinen wirtschaftlichen Erfolg ohne Industrieexporte geschafft. Indiens Zuwachsquoten bei den IT-Dienstleistern, im Bio- und Hightech-Sektor sowie dem Outsourcing-Geschäft mögen brillant sein. Beschäftigung für die Massen der ungelernten Erwerbsfähigen auf dem Subkontinent zaubern sie jedoch nicht herbei, und es werden allein bis 2010 über 60 Millionen neue Jobs benötigt. Die kann nur eine arbeitsintensive Exportindustrie mit Beschäftigung in den traditionellen Industriebereichen anbieten: Stahl- und Rohstoffgewinnung, Automobile und Maschinenbau, Textilien und Bauwesen.

Auch hier sind die Inder nun in der Offensive, wollen mit Massengütern die Weltmärkte erobern, greifen zudem mit Firmenaufkäufen im Westen an. Der Tata-Konzern, mit 215 000 Beschäftigten Indiens ältestes und größtes Konglomerat, schickt sich an, die asiatische Konkurrenz mit dem billigsten Auto der Welt herauszufordern. Angepeilt wird ein Verkaufspreis von 1800 Euro. Reliance Industries, der Konzern des Multimilliardärs Mukesh Ambani, errichtete im nordwestindischen Jamnagar sogar die größte Erdölraffinerie der Welt. »Es gibt nichts, was nicht auch in Indien hergestellt werden kann«, verkündete Kumar Mangalam Birla, Chef der mächtigen Birla-Gruppe, auf einem Wirtschaftsforum in Delhi. Das Land dürfe sich nicht mit einem Wissensvorsprung begnügen, es müsse überdies den Durchbruch als führendes Produktionszentrum für Industriegüter schaffen: »Es ist an der Zeit, richtig groß zu träumen.« Von jeher pflegte Indiens Elite einen Hang zum Hochmut. Derzeit überschlägt sie sich geradezu in Selbstbeweihräucherung und patriotischem Stolz. Davon werden selbst nüchterne Geister ergriffen wie der seit langem an der New Yorker Columbia University lehrende liberale Außenhandelstheoretiker Jagdish Bhagwati. Mit Blick auf die zwei Millionen indischen Einwanderer in den USA ließ der Professor sich auf dem gleichen Forum zu dem fatalen Satz hinreißen: »Wir übernehmen Amerika nach dem Prinzip des Trojanischen Pferdes; wir sind die neuen Juden – sich einnisten und arbeiten.«

Dabei gibt es ohne Frage erstaunliche Erfolgsgeschichten, die noch vor wenigen Jahren niemand mit dem Namen eines Inders verbunden hätte. Schon gar nicht im unternehmerischen Bereich, wo doch die harten Jungs aus Südkorea, Japan oder China den Ton angaben. Sie alle wurden ausmanövriert von einem Überflieger aus Rajasthan: Lakshmi Niwas Mittal, Besitzer des weltgrößten Stahlkonzerns und mit einem Vermögen von 32 Milliarden Euro Indiens Krösus. Mittal, der als Kind noch in einem ärmlichen Dorf ohne Strom und fließendes Wasser aufwuchs, hatte ein kleines Stahlwerk seines Vaters in Kalkutta übernommen und war dann als aggressiver Einkäufer durch die Welt getingelt. Er erwarb und sanierte marode Hütten in Indonesien, Deutschland, Ungarn, Bosnien, Kasachstan oder Mexiko. Daraus entstand ein Imperium, das seine Profite vorwiegend mit dem Umschmelzen von Autoschrott in Billigstahl machte. Mit einem Umsatz von 22 Milliarden Dollar beschäftigt der Branchenprimus Mittal Steel inzwischen 175 000 Mitarbeiter in vierzehn Ländern auf vier Kontinenten, und Baustahl wird vor allem in Indien während der nächsten Jahre in Fülle gebraucht.

Lakshmi Mittal residiert heute in Londons Nobelviertel Kensington in einer viktorianischen Prachtvilla, die er für 100 Millionen Euro erwarb. In seiner Heimat gilt er als Vorzeigetyp des neuen, dynamischen Unternehmers, der Wagnisse nicht scheut. Das demonstrierte der Aufsteiger zuletzt, als er bei der Übernahmeschlacht um Europas größten Stahlhersteller Arcelor den alten Kontinent aufmischte. Da wurde denn Mittal auch von seinen Landsleuten verziehen, dass er sich die Heirat seiner Tochter Vanisha im Schloss von Versailles üppige 34 Millionen Euro kosten ließ. Für den fünftreichsten Mann der Welt, der mit seinen Unternehmungen jede Sekunde rund 36 000 Dollar verdient, allemal ein Pappenstil.

»Indiens Unternehmer sind vom selben Entdeckergeist beflügelt wie einst Christoph Columbus«, jubelt Baba Kalyani, Chef von Bharat Forge, dem Autozulieferer und zweitgrößten Schmiedekonzern der Welt. Nach Japan besitzt Indien bereits die meisten Milliardäre Asiens und schon über einhunderttausend Dollar-Millionäre. Ein paar Stufen tiefer, bei den »sehr Reichen« mit immerhin einer Million Haushalten, wird nicht weniger geprotzt. Die Luxushotels der Metropolen sind ausgebucht, überwiegend mit indischen Gästen. Die Parvenüs prassen bis zum Exzess, veranstalten Hochzeiten mit vulgärem Gepränge. In der

Zwei Millionen Menschen ohne Latrinen: Slum in Bombay

Bayview Bar von Bombays Oberoi-Hotel gehen die Flaschen Dom Pérignon weg wie nichts. Eine davon entspricht dem indischen Pro-Kopf-Einkommen für ein ganzes Jahr. In Nightclubs wie dem Squeeze oder Insomnio sind die Tanzflächen vollgepfropft mit gut betuchten Youngstern aus den Callcentern, mit den Hips und Sternchen aus der Flimmerwelt von Bollywood. Aus London eingeflogene DJs sorgen für Stimmung. Genugtuung herrscht in diesen Kreisen auch darüber, dass bei Miss-World-Wettbewerben zunehmend indische Schönheiten die Titel holen, was ein Modemagazin zum Jubelschrei veranlasste: »In Sachen Beauty sind wir schon eine Großmacht.«

Es ist die Generation von Salman Rushdies »Mitternachtskindern«, der bei der Unabhängigkeit des Landes Geborenen, die bislang den Ton angab. Mit einer Oberschicht, die kultiviert ist und patriotisch, bisweilen arrogant und voller Vergnügen am intellektuellen Diskurs, wie man ihn sonst in Asien selten findet. Doch als Nachfolger steht bereits die »Sonnenschein-Generation« bereit, frisch, kreativ, grenzenlos optimistisch und lebenslustig. Voller Energie und Zuversicht trägt sie das moderne Indien auch nach außen. Auf internationalen Messen und Symposien wird als kulturelles Beiprogramm immer seltener mit gelangweiltem Hochmut der klassische Tanz dargeboten. »Incredible India« präsentiert sich mit Glanz und Glitter von Indipop, mit lasziven Showgirls und Bands, die frech dröhnen: »We are ready to take on the world.«

Indiens rasch wachsende Mittelklasse vergnügt sich derweil mit Vorliebe in Einkaufszentren. »Mall tracking« ist das Ausgeherlebnis für die Familien der Besserverdienenden, der ausgiebige Einkaufsbummel. Noch 2001 gab es in ganz Indien nur drei Shopping Malls, 2007 werden es schon 350 sein. Shoppertainment Centers mit Supermärkten, Boutiquen, Cafés, Pubs, Bowling-Bahnen, Discos und McDonald's wie das Inorbit in Bombay, das Forum in Kalkutta oder der Gaurav Tower in Jaipur ziehen am Wochenende leicht 85 000 Besucher an. Auf etwa 250 Millionen Menschen wird diese konsumfreudige Mittelschicht unterdessen geschätzt, ein Potenzial von Kunden so groß wie das von Westeuropa. Die Zahl der Hypotheken für Immobilien steigt in Indien derzeit um 30 Prozent pro Jahr. Ende 2005 gab es vierzig Millionen Internetnutzer. Jeden Monat wächst das Heer der Besitzer von Mobiltelefonen nach einem Vertrag mit Ericsson nun wie in China um fünf Millionen, passierte im Herbst 2007 die Marke von 200 Millionen.

In den Großstädten hat mancher Rikschafahrer kein festes Dach über dem Kopf, aber ein Handy für Aufträge in der Tasche.

Es wird viel Geld umgesetzt und verdient in den überfüllten Ballungszentren und den dreißig Millionenstädten. Die Börse in der Megastadt Bombay, Indiens Handels- und Finanzzentrum mit 38 Prozent der gesamtindischen Steuerleistungen und angeblich mehr Millionären als Manhattan, feiert eine Rally nach der anderen. »Die Kriege des 21. Jahrhunderts werden um Parkplätze geführt«, bespöttelte Suketu Mehta in seinem Bestseller *Maximum City* den alltäglichen Überlebenskampf im Verkehrsdschungel des Molochs. »Urbs Prima in Indis« hatten die Briten auf einer Plakette beim Triumphbogen des Gateway of India ihr Juwel gerühmt. Damals konnte man sich im eleganten Multikulti-Ambiente noch manierlich bewegen und frische Luft von der Arabischen See her atmen. Heute ist Mumbai, wie Bombay nun heißt, ein Albtraum und verkraftet mit neunzehn Millionen bald mehr Einwohner als der gesamte Kontinent Australien. 60 Prozent davon sind dazu verdammt, in einer der tausend Slumsiedlungen dieser Metropole zu hausen. Von den Bewohnern Dharavis, Asiens größtem und widerlichstem Slum, ha-ben zwei Millionen Menschen keinerlei Zugang zu Latrinen. Sie müssen ihre Notdurft irgendwo im Freien verrichten, entlang der Bahndämme oder am Straßenrand. Hygieniker sagen dazu »verstreute Defäkation«.

Seit 2002 stiegen die Konsumausgaben von Indiens kaufkräftiger Mittelschicht in jedem Jahr um 15 Prozent. Dieser Rausch verschaffte auch der Luftfahrt rasanten Auftrieb. Bei den letzten Luftfahrtshows in Paris-Bourges stammte das Gros der Kauforder aus Indien. Die meisten kamen von privaten Fluggesellschaften, etwa von Kingfisher Airlines des Bierkönigs Vijay Mallya. Private Fluglinien nur für den innerindischen Bereich sind erst seit 1991 erlaubt. Ohne Subventionen wären die beiden staatlichen Gesellschaften Air-India und Indian Airlines nicht mehr wettbewerbsfähig. Mit ihrem besseren Service und neuen Maschinen fischen Privatfirmen wie Jet Airways, Indigo, SpiceJet, Air Sahara oder der Billigflieger Air Deccan in diesem weiterhin stark regulierten Wachstumsmarkt massenhaft Passagiere ab. Airbus rechnet damit, dass die Inder bis 2033 wenigstens 570 Maschinen kaufen, darunter zwanzig des Großraumtyps A 380, Boeing will ebenfalls 500 Maschinen absetzen. Allein in den nächsten fünf Jahren werden 4000 zusätzliche Piloten gebraucht. Nur die heruntergekommenen Airports hinken hinter dieser Entwicklung her, sind weit entfernt von internationalem Standard.

Die von einer kafkaesken Politbürokratie verzögerte Modernisierung und Privatisierung gleicht einer Farce. Ein Fortschritt immerhin, dass unterdessen die Frankfurter Fraport AG mit einem Konsortium den Zuschlag erhielt, den Flughafen in Delhi auszubauen, und Siemens in Bangalore einsteigen kann.

»Wir müssen die Tyrannei der Bürokratie beseitigen«, predigt deshalb stets aufs Neue Premierminister Manmohan Singh, Chef eines von der Kongresspartei geführten Mitte-Links-Kabinetts mit dem Anspruch, eine Reformregierung »mit menschlichem Antlitz« zu sein. Sollte zutreffen, dass Demokratien am besten funktionieren, wenn nicht Charismatiker an ihrer Spitze stehen, sondern bodenständige Naturen, dann ist dieser bescheidene Technokrat der richtige Steuermann in Zeiten eines turbulenten Umbruchs: Eine einsam strahlende Sonne am indischen Politfirmament, das ansonsten übersät ist von Gierlappen alles verschlingender Schwarzer Löcher. Singh, Oxford-Absolvent und promovierter Wirtschaftswissenschafter, ist der Architekt jener ökonomischen Reformen, mit denen zu Beginn der neunziger Jahre das Riesenreich aus seinem Tiefschlaf aufgeschreckt und angetrieben wurde zur globalen Aufholjagd. Der Sieg der Kongresspartei bei der Parlamentswahl im Mai 2004 und der überraschende, aber kluge Verzicht ihrer Spitzenkandidatin Sonia Gandhi brachte Manmohan Singh in das Amt des Premierministers.

Der Sikh mit dem taubenblauen Turban und dem weißen Kurta-Dress aus Khadi, der handgesponnenen Baumwolle, liebt kein Gewese um sich. Seine Residenz No. 7, Race Court Road, ist ein schlichter Bungalow im Kolonialstil, das Empfangszimmer ausgestattet mit braunen Holzpaneelen, spätviktorianischem Mobiliar und einem Gemälde, das helle Wolken zeigt vor der schwarzblauen Silhouette von Gipfeln des Himalaja. Singh wirkt scheu, als Mittsiebziger indes wach und aufgeschlossen. Er redet leise, mit warmer, melodischer Stimme. Sie nimmt ein leicht metallisches Timbre an, schildert der Premier die programmatischen Zielsetzungen »der größten demokratischen Marktwirtschaft der Welt«, wie er sein Land gerne etikettiert: Wirtschaftswachstum und Armutsminderung, Förderung der ländlichen Entwicklung,

Ausbau von Gesundheitswesen und Infrastruktur, Kampf gegen Bürokratie und Korruption. Allesamt Aufgaben für einen Herkules.

Daran hatten sich auch Singhs Amtsvorgänger versucht, mit unterschiedlichem Engagement und Erfolg. Zu Zeiten Nehrus orientierte sich Indiens Wirtschaftspolitik an den sozialistischen Konzepten der britischen Fabians wie der sowjetischen Planwirtschaft. Das bedeutete Investitionslenkung, Abschottung vom Weltmarkt, kapitalintensive Schwerindustrialisierung über Staatsbetriebe, um mit Staudämmen oder Stahlwerken »die Tempel des neuen Indien« zu errichten. Die Privatwirtschaft wurde durch ein innovationsfeindliches Lizenzsystem, durch hohe Steuern sowie wettbewerbshemmende Import- und Devisenbestimmungen geschurigelt. 70 Prozent aller Arbeitnehmer waren in Großbetrieben beschäftigt. Die verfügten über das Monopol für Schlüsselbereiche wie Stahl und Maschinenbau, Atomenergie und Elektrizität, für Rüstung, Eisenbahnen und Luftfahrt.

Immerhin kam es jedoch nicht zur Kollektivierung der Landwirtschaft, und unbeirrt festgehalten wurde am Kurs einer säkularen, pluralistischen Demokratie, die später auch mit den autoritären Eskapaden der Nehru-Tochter Indira Gandhi fertig zu werden verstand. Der Nehru-Sozialismus schuf einen gigantischen öffentlichen Sektor und einen gigantischen Beamtenapparat zu dessen Kontrolle. Zwar konnte die Getreideproduktion erheblich gesteigert werden, und es gab keine Hungersnöte mehr, auch die Lebenserwartung nahm beachtlich zu. Doch die Zuwachsrate des Bruttosozialprodukts war mickrig. Sie lag weit hinter der anderer Volkswirtschaften Asiens, war ein Desaster angesichts der Bevölkerungsexplosion. Unter Nehrus Erben wuchsen Misswirtschaft und Korruption, sie infizierten selbst Staatsstützen wie die ursprünglich redliche Administration und die politische Klasse gleich welcher Couleur. Naipauls Seufzer über die »verwundete Zivilisation« schien Indiens triste Realität treffend einzufangen.

Es gab verschiedene Versuche, Indiens offenkundiges Versagen, den Mangel an Wachstumsdynamik, zu erklären. Die psychischen Nachwirkungen von Invasionen, Fremdherrschaft und britischer Kolonialentmündigung wurden als Begründung angeführt. Oder auch die Kultur des Hinduismus mit seiner Kastenordnung, die eigentlich wenig gemein hat mit den materialistischen wie egalitären Triebkräften der Globalisierung. Auf solche Aspekte hatte seinerzeit schon Max Weber in seinen religionssoziologischen Überlegungen abgehoben. Er hielt die Hindu-Gesellschaft mit ihrem traditionalistischen Geist und den Ritualgesetzen zu einer autonomen kapitalistischen Wirtschaftsentfaltung, wie sie etwa Mitteleuropa durch die »protestantische Arbeitsethik« erfuhr, für vollkommen unfähig. Weber gelangte zu dem bissigen Verdikt: »Statt eines Antriebs zur rationalen ökonomischen Vermögensakkumulation und Kapitalverwertung schuf der Hinduismus irrationale Akkumulationschancen für Magier und Seelenhirten und Pfründen für Mystagogen und ritualistisch oder soteriologisch orientierte Intellektuellenschichten.« Einfacher lautete das Urteil von Mark Tully, dem langjährigen BBC-Korrespondenten. Der in Kalkutta geborene Landeskenner machte für Indiens Misere schlicht »schlechtes Regieren« verantwortlich, »bad governance«, und ortete als Hauptschuldigen die »Kleptokratie« von Politikern und Bürokraten.

Nehrus Enkel Rajiv Gandhi versuchte Mitte der achtziger Jahre die gemächliche Gangart des indischen Elefanten zu beschleunigen. Doch der junge Premier wurde von den sozialistischen Kadern seiner Kongresspartei ausgebremst und Anfang 1991 von einer tamilischen Terroristin in die Luft gesprengt. Danach schlitterte der Staat in eine Verschuldungskrise. Die Devisenreserven schrumpften auf eine Milliarde Dollar, die zweitgrößte Nation der Erde schien kaum mehr in der Lage, ihre internationalen Zahlungsverpflichtungen zu erfüllen, erhielt keine Kredite mehr. Nun war eine Rosskur überfällig, und das wurde die Stunde von Manmohan Singh. Als Finanzminister im Kabinett des eher schwächlichen Premiers P.V. Narasimha Rao setzte er in Kooperation mit Weltbank und Weltwährungsfonds eine marktwirtschaftliche Neuorientierung durch. Die dirigistische Bevormundung schwand, das Lizenzierungssystem fiel, die Rupie wurde abgewertet, die Zölle wurden drastisch gesenkt und Auslandsinvestitionen erleichtert. Diesen Kurs der Liberalisierung und Marktöffnung behielten auch die nachfolgenden Regierungen bei. Der Elefant streifte seine Fesseln ab und begann plötzlich zu laufen.

Das Tempo ist allerdings noch nicht schnell genug, um mit den Problemen fertig zu werden, die Indien weiterhin plagen. Die Kehrseite des Booms ist das Elend der Nachzügler mit der Horrorspirale von Bevölkerungswachstum und Massenarmut. »Wir versagen dabei, den Ärmsten auf dem Land eine Chance zu ermöglichen«, sagt der IT-

Milliardär Azim Premji. Auch der anglo-indische Schriftsteller Salman Rushdie sieht seine Heimat trotz aller optimistischen Prognosen, an die er gerne glauben möchte, nach wie vor »tief im Schlamassel, denn die Armen werden zahlreicher und die Reichen reicher«. Ähnlich klingt die Analyse von Amartya Sen, des Wirtschaftsnobelpreisträgers und Weltbürgers mit indischem Pass. Der Harvard-Professor sieht bei allem Fortschritt die Gefahr, dass Indien in eine Lage gerät, »wo die eine Hälfte das Niveau Kaliforniens erreicht, die andere jedoch im Zustand der Sub-Sahara verharrt«. Premji wie Rushdie und Sen sprechen ein grundlegendes Dilemma Indiens an: Seine Oberschicht kennt keine soziale Vorbildfunktion, keinerlei Mitgefühl für die Massen der Mittellosen. Dabei müsste sie spüren, dass sich hier ein verheerendes Unwetter auftürmt.

Zwar haben sich einige soziale Indikatoren seit der Reformpolitik verbessert, aber nach offizieller Lesart leben derzeit nach wie vor 26 Prozent der Inder, also annähernd 300 Millionen, unterhalb der Armutsgrenze von weniger als einem Dollar pro Tag. In Wahrheit besitzen sie noch weniger. Denn diese Grenze ist statistisch gekoppelt an die Versorgung mit 2095 Kalorien täglich. Auf dem Land lässt sich dies mit 25 Cent schaffen, in den Städten sind dafür 35 Cent nötig. Experten vermuten deswegen, dass wenigstens 400 Millionen in bitterster Armut vegetieren. Bei dieser Unterschicht ist der Segen der Wirtschaftsreformen bislang nicht angelangt. Deswegen ist auch kaum verwunderlich, dass Indien beim Lebensstandard-Index der Vereinten Nationen nach wie vor weit hinten rangiert – auf Platz 127, nach Botswana und Palästina.

Und es gibt andere Schattenseiten. Nicht einmal die Hälfte der Bevölkerung hat Zugang zu sauberem Trinkwasser und Strom. Über sechs Millionen sind an Aids erkrankt. Um wenigstens eine Mahlzeit am Tag zu ergattern, sind Millionen Heranwachsende zu Kinderarbeit gezwungen. Als Teppichknüpfer, Diamantenschleifer, Baumwollspinner. Die Hälfte aller Kinder ist unterernährt, zwei Drittel unter fünf Jahren sterben an Lungenentzündung und Diarrhö, jedes vierte geht nicht nur Schule. Und natürlich hat Indien auch die meisten Prostituierten der Welt. Seine Bordelle, so schrieb die *New York Times* treffend, »sind die Sklaven-Plantagen des 21. Jahrhunderts«.

Wenn in Deutschland Klagen angestimmt werden über die Erhöhung des Rentenalters, dann können sich die meisten Inder nach solchen Zumutungen nur sehnen. Es gibt auf dem Subkontinent keine sozialen Hängematten, nicht einmal eine Mindestabsicherung. 90 Prozent der Beschäftigten haben keinerlei Anspruch auf Rente. Sie müssen darauf hoffen, dass ihre Familie sie im Alter trägt und erträgt. Allein die vormaligen Staatsbediensteten beziehen eine kärgliche Pension. Wer nicht in Großbetrieben beschäftigt ist, die der Sozial- und Gewerkschaftsgesetzgebung unterliegen, sondern im so genannten nichtorganisierten Sektor der städtischen Ökonomie malocht, der kann jederzeit gefeuert werden. Das gilt praktisch für sämtliche Jobs in Handel, Kleingewerbe und Handwerk, die 60 Prozent des Bruttosozialprodukts schaffen. Hier agiert vielfach der Brachialkapitalismus von Gründerjahren, mit Niedriglöhnen, unzureichendem Arbeitsschutz und keinerlei Recht auf Streik.

Marktwirtschaftliche Puristen drängen Delhis Regenten zu noch rigoroseren Reformen, zu Deregulierung und zur Privatisierung von Staatsunternehmen, um das Wachstumstempo für die Überwindung der Massenarmut zu verschärfen. Bis 2020 dürfte sich das Angebot an Arbeitskräften um 250 Millionen Menschen erhöhen, durchschnittlich um fünfzehn Millionen im Jahr. Das entspricht in gut zwei Jahren demnach dem gesamten Beschäftigtenangebot Deutschlands. Die meisten ungelernten Erwerbsfähigen stammen aus den rückständigsten Bundesstaaten des Nordens, wo 40 Prozent der Inder leben, vor allem aus Uttar Pradesh, Jharkhand und Bihar. Ausländische Investoren fordern Zollsenkungen, wollen Sonderwirtschaftszonen für exportorientierte Industrie und erleichterten Zugang zu Sektoren, über die der Staat noch die Hand hält: die Banken- und Versicherungsbranche, Energieversorgung, Telekommunikation und Medien, den Flugverkehr und Einzelhandel.

Manmohan Singh konnte die Ankündigung, hier für eine stärkere Öffnung zu sorgen, zunächst nicht umsetzen. Es gab Widerstände in seiner Koalition und seitens der Kommunisten, auf deren Tolerierung der wirtschaftsliberale Premier angewiesen blieb. Die Skeptiker wittern Gefahren für die politische Stabilität durch eine Verschärfung der Armut, sollte es bei der Privatisierung von Schlüsselindustrien zu Massenentlassung kommen. Solche Einwände stützen sich auf die Erfahrung des zweiten Reformschubs nach 1997. Da hatte der öffentliche Sektor 4,5 Millionen Jobs, rund 15 Prozent seiner Beschäftigten, abge-

Lifting mit allen Schikanen: Shopping Mall in Delhi

schmolzen in der Erwartung, dass der private Arbeitsmarkt sie auffangen würde. Der glänzte zwar mit satten Zuwachsraten, baute aber ebenfalls eine Million Stellen ab. Aufschwung ohne Jobs – Indien hat schnell gelernt vom Westen.

Lernen müssen die Inder aber auch selber noch zur Genüge. Sie müssen das Analphabetentum abschaffen und die Grundschulausbildung revolutionieren. Hier ist ihnen der Rivale China weit voraus. Umgekehrt ist es hingegen bei den Hochschulen. Dort liegen die Inder vorn. Deren 380 Universitäten und 1500 Forschungsinstitute bilden in jedem Jahr allein 500 000 Ingenieure, Techniker und Informatiker aus – viermal mehr als die USA, das ist der größte Talentpool der Welt. Wer es sich aus der Mittelklasse leisten kann, der schickt sein Kind auf eine der Privatschulen oder in ein Internat. Auch hier ein Boom. Hunderte solcher Colleges säumen nördlich von Delhi die Straßen zu den »hills«, den Vorbergen des Himalaja, oft schmucke Zitadellen in der Kuhfladen-Ödnis. Allgemein ist, ähnlich wie in China, der Leistungsdruck auf die Schüler extrem, wollen sie den Zugang zu den Hochschulen schaffen. Die Zahl der psychischen Störungen, auch der Selbstmorde, bei den Heranwachsenden nimmt erschreckend zu. Eine Entwicklung, die ausgerechnet den Hightech-Guru Azim Premji zu der öffentlichen Klage bewegte: »Realität ist, dass unsere Kinder in Zwangsjacken stecken; sie tanzen nicht mehr auf den Straßen, wenn der erste Monsunregen fällt.«

Der Chef von Wipro schildert dazu gerne den Stress, unter dem die vierzehnjährige Tochter eines seiner Vorstandskollegen den Tag verbringt: Morgens um fünf Uhr wird der Teenager geweckt, um eine Stunde zu pauken. Gegen sieben macht er sich auf den Weg zum Besuch der neunten Klasse einer angesehenen Privatschule. Um vier Uhr nachmittags kommt das Mädchen zurück und eilt gleich weiter zum Vorbereitungskurs für die Zulassung zur Technischen Hochschule. Um sechs folgen zwei Stunden Privatunterricht. Nach dem Abendessen ist die Tochter gut eine Stunde mit Hausaufgaben beschäftigt. Auf Premjis Frage, wann sie denn Zeit zum Spielen habe, entgegnete sie: »Ich spiele nicht.« Sie habe aber jeden Tag eine halbe Stunde Freizeit, um ihre Lieblingsserie im Fernsehen anzuschauen. Die Zwischentests und Aufnahmeprüfungen seien sehr wichtig, fügte das Mädchen hinzu, »denn du hast nur eine Chance«.

Der Premierminister hat das Land dazu aufgerufen, in einem gemeinsamen Kraftakt von Zentralregierung und achtundzwanzig Bundesstaaten den Transformationsprozess zu gestalten, der in dreißig Jahren »das Indien unserer Träume« hervorbringen soll. »Wir brauchen ein menschlicheres und mitfühlendes Indien, das zugleich kreativer und wagemutiger ist«, lautet Manmohan Singhs Ansage. Er ist der Prophet, der weiß, dass er dieses gelobte Land nicht mehr erblicken wird. Massive Investitionen sollen den Weg dorthin ebnen. Für die kommenden zehn Jahre wird zur Erneuerung der maroden Infrastruktur von Verkehrswegen, Eisenbahnen, Flug- und Seehäfen, Kraftwerken, Telekommunikation und Bewässerungssystemen ein Bedarf von 440 Milliarden Dollar veranschlagt. 150 Milliarden davon sollen Auslandsinvestitionen beisteuern.

Die teilweise katastrophale Infrastruktur ist derzeit Indiens größtes Wachstumshemmnis auf dem Sprung zur Weltspitze. Bei kräftigem Monsunregen stehen in Metropolen wie Bangalore, Mumbai oder Chennai Stadtteile tagelang unter Wasser. Die Airports müssen geschlossen werden. U-Bahnen gibt es bislang nur in Dehli und Kalkutta. Auf dem Stand eines zurückgebliebenen Entwicklungslands ist der Energiesektor. Selbst in den Ballungszentren gibt es stundenlange Stromausfälle, brauchen Firmen zur Absicherung eigene Generatoren. Über ein Drittel der indischen Stromproduktion verflüchtigt sich bei der Übertragung durch miserable Leitungen.

Zudem hat Indien eines der gefährlichsten Straßennetze der Welt, wenigstens 80 000 Menschen sterben jedes Jahr bei Verkehrsunfällen. Ständige Wettkämpfe übernächtigter Lastwagenfahrer machen die Nutzung von Überlandstraßen zu einem Abenteuer. Fahrer, die in Dörfern einen schweren Unfall verursacht oder eine Kuh niedergestreckt haben, laufen schnell weg, um dem Lynchen zu entgehen. Meist wird dann ihr Laster abgefackelt. Die Nacht beschert auf vierspurigen Strecken laufend Geistererlebnisse mit unbeleuchteten Traktoren, Ochsengespannen oder Kamelfuhren, die auf der falschen Spur entgegenkommen. Es gilt das Gesetz des Dschungels: Wer dem Stärkeren nicht weicht, der wird platt gemacht. Womöglich hat ja das indische Verhalten im Straßenverkehr etwas zu tun mit der hinduistischen Lehre von Erfolg und berechtigtem Egoismus. Schon im Heldenepos *Mahabharata* wird in den »Sieben Arten, mit einem Nachbarn umzugehen«, der Rat erteilt: »Wenn dich die Leute für sanftmütig halten, werden sie dich verachten. Wenn es also an der Zeit ist, grausam zu sein, sei grausam.«

Was fährt, das fährt. Auch mit Reifen ohne Profil und kaputten Bremsen. Es gibt keinen TÜV für Privatfahrzeuge. Wer bei einem Unfall so übel zugerichtet wird, dass er auf die Hilfsbereitschaft anderer angewiesen ist, hat miserable Aussichten. Das Rettungssystem ist eine Lotterie. Der Durchschnittsinder hält sich da lieber heraus, weil er Verwicklungen mit der Polizei oder den um die Bezahlung bangenden Hospitälern vermeiden will. So kann es passieren, dass an der Unfallstätte Unzählige mit weit aufgerissenen Augen um die Opfer herumstehen, ohne eine Hand zu rühren. Der europäische Konsul, der seinerzeit zwischen Delhi und Jaipur nachts mit einem unbeleuchteten Lastzug kollidierte, wurde von Botschaftsangehörigen noch am nächsten Mittag hinter seinem Steuer hängend gefunden. Tot und ausgeraubt.

Mit der Modernisierung der alten Trassen von insgesamt 65 000 Kilometern Straße will die Regierung nun das wichtigste Infrastrukturprojekt seit dem Bau der Eisenbahnen durchziehen. Es soll zugleich Millionen Billiglöhnern vom Lande Beschäftigung bieten. Paradestück werden die 5800 Autobahnkilometer des »Goldenen Vierecks« zwischen Delhi, Kalkutta, Chennai und Mumbai sein. Welche katastrophalen Folgen indes die weitere Motorisierung und der rasant ansteigende Energieverbrauch – der Bedarf dürfte sich bis 2030 mehr als verdoppeln – mit der einhergehenden Verschmutzung womöglich für Klima und Umwelt haben werden, mag man sich lieber nicht ausmalen.

Auch die Hauptstadt selbst, die jährlich um 400 000 Bewohner zulegt, denkt in gewaltigen Dimensionen. Sie plant ein Lifting mit allen Schikanen nach dem hypermodernen Vorbild von Kuala Lumpur oder Schanghai, mit Schnellstraßen, U-Bahnen, weiteren Luxushotels und Sportstadien. Verschwinden sollen gut 50 000 Bettler. Denn als Gastgeber der Commonwealth-Spiele des Jahres 2010 will sich Delhi, so die Chefministerin Sheila Dikshit, »in eine Traumstadt verwandeln, die schön, sauber, grün und Weltklasse ist«.

In Delhi, der Stadt der Djinns, sind die Dämonen wieder am Werk. Aber heilige Kühe, Kamele, Rikschafahrer und Ochsengespanne, bei allem Chaos doch auch zu dem ganz speziellen Charme Indiens gehörend, haben dann zu dieser Metropole wohl keinen Zutritt mehr.

5

Die Dornen von Chota Naraina

Seit Wochen kann sich Pooran einmal pro Tag als Mahlzeit nur einen Napf mit dünner Mehlsuppe leisten. Zu mehr reichen die Lebensmittelvorräte nicht, die er mit seinen beiden Brüdern teilt. Sie finden als Landarbeiter keine Beschäftigung mehr. Denn drei der wohlhabendsten Bauern in Chota Naraina haben sich kürzlich Traktoren angeschafft. Dadurch wurden dreißig Tagelöhner arbeitslos.

Noch schwerwiegender sind die Auswirkungen der Dürre. Man hatte im Juli zur Ankunft des Sommermonsuns kaum das Teej-Fest zu feiern begonnen, da war der große Regen auch schon wieder zu Ende. Drei Tage Niederschläge genügten nicht, dem ausgetrockneten, stark salzigen Steppenboden neues Leben einzuhauchen. Die Ernte für »arme Leute«, wie das Einbringen der Karif-Frucht auch genannt wird, weil sie von den Launen des Monsuns abhängt, war ein Totalausfall. Es taugte nicht einmal zum Futtergetreide.

Für die kleinen Bauern, die über keine Reserven verfügen, sondern buchstäblich von der Hand in den Mund leben, ist dieser Verlust eine Katastrophe. Die Brunnen und Tanks, die im Oktober nahezu überlaufen müssten, sind halb leer. Für den Winter und die darauf folgende Trockenperiode wird das nicht langen.

»Über hundert von uns wissen nicht, wie sie ihre Familien durchbringen sollen«, kreischt auf dem Marktplatz vor Jatan Lals Teestube Motilal Ji, der Sarpanch und Sprecher des Dörfchens. »Ja, die Zeiten sind schwer«, stimmt der auf einer Bank dösende Ortsheilige mit dem ockerfarbenen Shivazeichen auf der Stirn dieser düsteren Schilderung zu. Die Bettelschale neben dem frommen Asketen ist leer.

»Das Schlimmste kommt erst noch«, zetert Motilal Ji. Vorsorglich hat die Landesregierung in Jaipur den Distrikt und die umliegenden Regionen zum »Notstandsgebiet« erklärt und damit die technische

Lebensstandard in unvorstellbaren Tiefen:
Lederarbeiter Pooran mit Sohn

Voraussetzung für das Anlaufen von Hilfsprogrammen geschaffen. Indiens Staatsbürokraten arbeiten langsam. Irgendwann, in einigen Monaten, werden wohl auch für Chota Naraina ein paar Sack Reis abfallen. Die Dörfler freilich sind an Hirse gewöhnt. Sie wissen nicht einmal, wie man Reis abkocht.

Pooran ist sechsundzwanzig Jahre alt. Vorletzten Sommer kam er aus Delhi nach Chota Naraina zurück. Wie viele andere Arbeiter aus Rajasthan hatte er dort für 13 Rupien pro Tag in der Straßenbaufirma eines reichen Punjabis Steine geklopft. Nach dem Tod seines Vaters musste Pooran die Führung der Familie übernehmen, deren wirtschaftliche Grundlage ein Morgen kärglichen Ackerbodens ist. Darauf wird mit Hilfe eines Büffels und eines Holzpflugs Bajra angebaut, Hirse. Kommt genügend Regen zur richtigen Zeit – den kostspieligen Anschluss an ein künstliches Bewässerungssystem können sich im Distrikt nur einige Großbauern leisten –, lassen sich aus dem Verkauf eines Teils der Hirse-Ernte gut 600 Rupien herausholen. Und die beiden Liter Milch von der armseligen Kuh, die Poorans Familie besitzt, brachten im Verkauf zwei Rupien täglich ein.

Doch das Schicksal meinte es nicht gut mit Pooran. Nach zwei Missernten wegen der Dürre verendete die Kuh. Eines Morgens wurden Poorans Frau und die einjährige Tochter tot im Brunnen am Dorfrand gefunden. »Ein Unglück«, hieß es offiziell. Jeder weiß, dass Brunnen im ländlichen Indien bevorzugte Plätze für Selbstmörder sind. Aber Pooran ist zum Aufgeben noch zu jung. Bei einem privaten Geldverleiher – denn keine Bank würde ihm einen Kredit geben – borgte er sich zum Wucherzins von 40 Prozent satte 5000 Rupien. Davon schaffte er für den Neubeginn eine Kuh, ein Dutzend Ziegen und Saatgut an. Der abermalige Ernteausfall und die anhaltende Dürre machten seine Zukunftshoffnungen jedoch zunichte. Um die Forderungen des Geldverleihers halbwegs zu erfüllen, musste Pooran zunächst die Ziegen verkaufen. Und er würde vermutlich wiederum in einen »Lebensstandard von unvorstellbaren Tiefen« abstürzen, wie Jawaharlal Nehru die Not in Indiens bäuerlichem Herzen einmal umschrieb, gäbe es da nicht ein Auffangnetz, das die Sozialhelfer von Sanjit »Bunker« Roy zu spannen versuchen.

Gut eine halbe Million Dörfer mit über einer halben Milliarde Menschen gibt es in Indien. Endlose Ansammlungen von strohgedeckten Lehmhütten und Katen, die im Norden des Subkontinents meist in einer öden Steppenlandschaft mit Dornbüschen liegen. Hier haben sich die Lebensformen über Jahrhunderte wenig verändert. Unter der Sonnenglut fließt der Tag träge dahin, mit der mühseligen Arbeit auf den Feldern, dem unentwegten Heranschleppen von Wasser in irdenen Krügen, dem Sammeln von Brennholz und dem Stapeln von Kuhmistfladen. Nicht der Traktor, sondern der zweirädrige Ochsenkarren bleibt das wichtigste Transportmittel dieser ländlichen Gebiete Indiens, die allesamt nicht einmal die Hälfte des Steueraufkommens der Metropole Delhi aufzubringen vermögen.

Chota Naraina im Silora-Distrikt zwischen Jaipur und Ajmer ist ein Durchschnittsdorf im nordwestlichen Rajasthan, das zu den größten wie ärmsten Bundesländern zählt. Und zu den trockensten. Hier findet sich nur ein Prozent allen indischen Grundwassers. Im vorigen Jahr kam eine Stromleitung als erste Segnung des technischen Zeitalters in den Ort, der fünfundzwanzig Kilometer von der nächsten asphaltierten Straße entfernt liegt. Doch von den 1500 Einwohnern können sich lediglich sechs Haushalte den abendlichen Luxus elektrischer Beleuchtung leisten: drei Großbauern, zwei Händler, ein Brahmane. Daneben hat nur der kleine Tempel, bei dem der Dorfheilige erwartungsvoll hockt, noch eine Glühbirne, nicht aber die Hütte des Dorfsprechers. Dabei verfügt der immerhin über ein Monatssalär von 150 Rupien, weil er den Postmeister macht.

Intakt ist in Chota Naraina noch die Kastenhierarchie, wenn auch Reibungen und Konflikte zunehmen. Aber das Aufbegehren der untersten Schichten gegen ein System, das ihre Ungleichheit als gottgegeben sanktioniert, hat in Rajasthan noch nicht zu jenen Funkenschlägen und blutigen Exzessen geführt, wie sie in den Bundesstaaten Bihar und Uttar Pradesh an der Tagesordnung sind. Es gibt vier Brunnen im Ort: einen für die höchste Kaste der wenigen Brahmanen, einen für die dominierenden Bauernkasten der Jats und Gujars, den dritten für die mittleren und den vierten für die unteren Kastengruppen. Zu letzteren zählt auch Pooran, weil er der Herkunft nach eigentlich ein »Regar« ist, ein Lederarbeiter. In der sozialen Pyramide rangiert er damit indes noch immer eine Stufe über jenen kastenlosen Harijans, für die es in Chota Naraina keine Wasserstelle gibt, weil deren Nutzung durch sie die anderen Bewohner »verunreinigen« würde. Die Frauen der Parias

Mauern des Misstrauens durchbrechen: Sozialhelfer »Bunker« Roy und Prinz Charles

müssen jeden Krug Wasser von einer Schöpfstelle herbeiholen, die zwei Kilometer vor dem Dorf liegt.

Der ferne Indien-Beobachter Karl Marx verglich Mitte des 19. Jahrhunderts in einer Analyse der Kastengesellschaft die Jats mit dem »Typ der alten Germanen« und die Brahmanen mit dem »Typ der alten Griechen«. Für das ländliche Nordindien gilt, dass die Brahmanen edler und gebildeter sein mögen. Die robusten Jats aber, aufgegliedert in zwölf Haupt- und 137 Unterklans, sind reicher und einflussreicher. Einige Führer der Jats, die ihre Herkunft von Rajputen-Fürsten der Kshatriya-Kriegerkaste herleiteten, starteten blutige Revolten gegen die indo-islamischen Mogulherrscher. Aditya Srinivasan, ein Arzt in Roys Sozialhelferteam, hält die Jats heute für die vitalste aller Kastengruppen. Sie zeigten die stärkste Aufgeschlossenheit gegenüber Neuerungen, bei den Frauen etwa in der Bereitschaft, moderne Medikamente auszuprobieren. Drei Jats-Mädchen, die einzigen am Ort, nehmen die Pille. Die meisten aber folgen noch immer dem Grundsatz, »dass man nicht aufhalten darf, was Gott schenkt«. Und Gott schenkt reichlich in Indien, die Geburtenraten sind entsprechend hoch.

Religiöse und familiäre Feste sind die einzige Abwechslung in Chota Naraina. Selbstverständlich werden auch diese Feste streng nach Kastenklans getrennt gefeiert. Wie überall in Rajasthan wird am Brauch der gesetzlich verbotenen Kinderehen festgehalten. Beinahe jedes zweite Mädchen aus den mittleren Kasten, das fröhlich durch die Dorfgassen tollt, trägt einen Silberbommel am Stirnband. Er zeigt an, dass die Kleine bereits vergeben ist. Bis zur Geschlechtsreife allerdings bleiben die früh verehelichten Jungfrauen im Hause ihrer Eltern.

»Es hat Jahre gedauert, bis es uns gelang, die Mauern des Misstrauens zu durchbrechen«, schildert Sanjit »Bunker« Roy die Kontaktschwierigkeiten, mit denen die Mitarbeiter seines Social Work and Research Center fertig werden mussten. Die Mentalitätsunterschiede zwischen Stadt und Land seien nach wie vor »nur in Jahrhunderten angehbar«. In Chota Naraina werden weiße Besucher, diese arischen Super-Brahmanen, noch wie Geister bestaunt. Sanjit Roy glaubt, dass ausländische Entwicklungshelfer kaum in der Lage wären, die komplizierte Psyche des indischen Dorflebens und das andere Zeitempfinden zu verstehen: »Hier, wo es doch im Grunde noch immer hauptsächlich um Tod oder Überleben geht, ist Einfühlungsvermögen oft wichtiger als Fachwissen.« Wie die Bewohner der 110 Dörfer, die sie betreuen, kommen Roys junge Sozialarbeiter, Lehrer, Krankenschwestern und Geologen ohne jeglichen Luxus aus. Sie haben in den Unterkünften ihrer Zentrale in Tilonia, die im Gebäude einer früheren Tuberkulosestation untergebracht ist, weder elektrisches Licht noch Kühlschränke, Ventilatoren oder Duschen. »Und wenn in unserer Behelfsklinik ein Patient statt auf der Pritsche lieber auf dem Boden liegen will, wie er das von zu Hause gewohnt ist, dann lassen wir ihn«, sagt der Arzt Srinivasan.

Roys Truppe hat im Silora-Distrikt Gesundheitsposten errichtet, kleine Handwerksbetriebe aufgezogen, Dutzende von Brunnen vor allem für die benachteiligten Kasten gebohrt und Handpumpen installiert. Sie hat Abendschulen für die tagsüber auf den Feldern mithelfenden Bauernkinder eingerichtet und vielen Mittellosen eine neue Existenz verschafft. Pooran zum Beispiel, der mit fünf anderen Regars jetzt in einer Heimkooperative Sandalen und Ledertaschen anfertigt, die in Delhi abgesetzt werden. Das sichert ihm wenigstens 150 Rupien im Monat, was zum Überleben reicht. Oder Roy und seine Crew starteten ein Hühnerzuchtexperiment mit Ramdev, einem Angehörigen der Bhageriya-Nomaden, früheren Jägern und Räubern. Mit seiner Großfamilie haust er in fünf Strohhütten am äußersten Rande von Chota Naraina. Dass der Außenseiter Ramdev auch noch einen eigenen Brunnen erhielt, versetzte die mittleren und oberen Kasten gehörig in Rage. Eine Protestdelegation erschien in Tilonia und beklagte sich, das Wirken der Sozialhelfer gefährde den sozialen Status quo im Dorf.

»Eine verdammt gute Sache«, reagierte »Bunker« Roy auf diese Vorhaltungen kühl und hält es mit Mahatma Gandhis Devise: »Erst beachten sie dich nicht, dann lachen sie über dich, dann bekämpfen sie dich, und dann gewinnst du.« Der einstige Englischlehrer entstammt einer angesehenen Brahmo-Familie, einer während des 19. Jahrhunderts in Bengalen entstandenen Hindu-Reformsekte, die das Kastensystem ablehnt. »Es geht uns nicht darum, irgendwelche Konfrontationen loszutreten«, sagt Roys Frau Aruna, eine Brahmanin. »Die unteren Schichten sollen nur zu dem Punkt gebracht werden, an dem ihre Stimme nicht mehr überhört werden kann. Was sie dann tun, ist ihr Ding.«

All das hier Geschilderte liegt weit zurück, es wurde niedergeschrieben in der *Süddeutschen Zeitung* nach meinem Besuch in Chota Naraina im Herbst 1980. »Das ländliche Indien braucht solch einen Zustrom an Dynamik und aufopferungsvollen harten Arbeitswillen«, pries Premierministerin Indira Gandhi damals das Tilonia-Projekt. Die Roys empfingen für ihre Arbeit Beistand von Regierungsstellen sowie Zuschüsse von karitativen Organisationen Europas und Amerikas, darunter der Deutschen Welthungerhilfe. Doch was hat sich in den fünfundzwanzig Jahren seitdem getan und verändert in Chota Naraina? Ist etwas zu spüren vom Wirtschaftsboom nun auch in Indiens bäuerlichem Herzen?

Chota Naraina im Herbst 2005: Der Weg dorthin führt noch immer über Schotterpisten. Vorbei an frisch beackerten Feldern und verdorrter Steppe mit Ziegenherden und Büffeln, die von zerlumpten Mädchen gehütet werden. Stille liegt über der Landschaft. Das Dorf hat sein Gesicht bewahrt, auch seine Macht- und Sozialstruktur. Es zählt mit 2000 jetzt 500 Einwohner mehr. Die reichen Jat-Bauern und die Brahmanen leben in verputzten Häusern aus Stein, die niederen Kasten weiter in Hütten. Etwa hundert Häuser, ein Fortschritt zweifellos, haben nun Elektrizitäts- und Wasseranschluss. Aber es gibt meist keinen Strom, und nach dem schwachen Monsun sind die Teiche und Wasserdepots fast leer. Die Großbauern besitzen jetzt zwölf Traktoren, zehn Dorfbewohner haben ein Handy. 70 Prozent der Kinder, durchweg aus den unteren Schichten, gehen nicht zur Grundschule, weil sie bei ihren Familien in der Landwirtschaft mithelfen müssen. Die Parias, die keinen Brunnen benutzen durften, haben Chota Naraina verlassen.

Der alte Sarpanch und der Dorfheilige sind schon lange tot, der neue Sarpanch lebt im Nachbardorf. Aber Pooran ist noch zu finden, ein wenig fülliger geworden und mit grauem Schnurrbart. Die Lederarbeit in der Kooperative musste er aufgeben, nachdem er an grauem Star auf dem linken Auge erblindete, weil sich kein Arzt fand. Jetzt schlägt er sich mit Heimarbeit durch, fertigt Puppen, Stofftiere, Glöckchen. Damit bringt er es auf 50 Rupien am Tag. Das ist umgerechnet ein Euro, »und damit komme ich zurecht«. Auch die zweite Frau ist Pooran weggestorben, aber sie hatte ihm noch einen Sohn geschenkt. Sita Ram ist dreizehn Jahre alt, besucht die Schule und ist

Ein Dasein in öder Steppenlandschaft: Frauen im Sandsturm

»sicher, dass ich hier mal weggehen werde«. Am liebsten nach Delhi, so wie einst der Vater. Als Ältester seiner Regar-Unterkaste trägt Pooran einen knallroten Rajasthani-Turban und verhandelt mit den Jats, geht es um Dorfprojekte. Viel zu verhandeln gibt es da nicht. »Die Jats sind die Herrscher hier«, sagt Pooran, und das klingt bitter.

Auch die Roys sind noch da, kämpfen von Tilonia aus weiter um bessere Lebensverhältnisse für die Armen. Staatsgäste schauen bisweilen bewundernd vorbei, sogar Prinz Charles war noch mit seiner Diana im neuen Campus der Sozialarbeiter. »Bunker« Roy ist nun ein dynamischer Sechziger und als exotischer Gast schon mal beim Weltwirtschaftsforum in Davos willkommen. Die engagierte Bürgerrechtlerin Aruna hat eine Bewegung zur Stärkung der Rechte von Bauern und Arbeitern gegründet, die Mazdoor Kisan Shakti Sangathan. Ihre Aktivisten streiten in vielen Distrikten für das »Recht auf Information«, um Korruption bei Behörden und lokalen Verwaltungen aufdecken zu können. Denn von den Entwicklungsleistungen, so die Erfahrung indischer Nichtregierungsorganisationen, kommen in der Regel nur 20 Prozent bei den Bedürftigen an. Die Kongresspartei hat inzwischen ein Right to Information Bill vom Bundesparlament verabschieden lassen. Aruna Roy sieht darin einen »bahnbrechenden Erfolg«.

Die neue Zeit ist auch auf dem Campus der Sozialarbeiter eingezogen. Eine Solaranlage von Siemens sorgt für Elektrizität, die noch immer in über 100 000 indischen Dörfern fehlt. »Bunker« Roy bietet in seinen Werkstätten nunmehr sechsmonatige Schulungskurse zur Nutzung von Sonnenenergie an, mit möglichst einfacher, robuster Technik und Ausstattung. Dazu reisen selbst Interessenten aus Afghanistan oder Äthiopien nach Tilonia.

Kernstück der Bildungsoffensive bleiben die 150 Abendschulen. Der Besuch dieser Night Schools hat bislang 50 000 Kindern der unteren Schichten in Rajasthan, die tagsüber nicht zum Unterricht gehen können oder dürfen, Grundkenntnisse in Schreiben und Rechnen verschafft. Davon profitierten vor allem Mädchen, die traditionell benachteiligt werden. Aber es geht nur langsam voran bei dem Bemühen, dörfliche Apathie und überkommene Sozialstrukturen zu überwinden. Bisweilen ertappt sich selbst »Bunker« Roy bei dem resignativen Gedanken: »Egal was man verändert, es bleibt doch alles beim Alten.«

6

Bedrohte Einheit, gefährliche Vielfalt

Unruhig flackerten die dunklen Augen im scharf geschnittenen Gesicht des Heiligen. Sie passten nicht zu der Pose abgeklärter Askese, mit der Sant Jarnail Singh Bhindranwale Besucher zu beeindrucken suchte. Hatte den Messias der fundamentalistischen Sikhs im nordwestindischen Bundesstaat Punjab etwa ein Fieber befallen? Oder war etwas dran an den bösen Gerüchten, die im Basar von Amritsar die Runde machten – dass die militanten Glaubenskrieger, die im heiligen Bezirk des Goldenen Tempels Quartier genommen hatten, sich mit harten Drogen aufputschen? Das wäre eine Verunglimpfung der puristischen Religion der Sikhs, die strikt diese Mittel ächtet.

Solch delikate Fragen könnten einen der gefürchteten Zornesausbrüche bei Bhindranwale provozieren. Doch der schwarzbärtige Sikh-Extremist, der im Guru-Nanak-Niwas Gäste auf dem Feldbett liegend empfing, war diesmal verträglicher Laune. Ruckartig richtete er sich auf, streifte seine weiße Chola-Tunika und Bundfaltenhose glatt, rückte bedächtig den safranfarbenen Wickelturban und den Patronengurt über der Brust zurecht, hängte sich feierlich den Kirpan-Dolch um. Ein spitzbübisches Grinsen huschte über sein Gesicht. »Nicht ich, sondern die Regierung hat Fieber«, sagte Bhindranwale, sprang vom Bett und stürzte aus dem Zimmer, um draußen vor der Tür lässig die Huldigungen seiner Verehrer entgegenzunehmen. Unter der devot auf dem Boden kauernden Schar waren auffallend viele junge Sikhs, manche mit erst spärlichem Bart, die den Sant anhimmelten.

Bhindranwale, noch unlängst ein unbekannter Dorfprediger, war der heimliche Herrscher der Sikhs. Der Sant galt als Mentor einer religiösen Erweckungsbewegung, die in den Sikhs eine eigene Rasse (»nasal«) sieht. Deren Verfechter träumten davon, mit dem Punjab als Herzstück einen von der Indischen Union abgetrennten, theokratischen Staat der Sikhs zu schaffen – Khalistan, das Land der Reinen.

Solch ein Reich, das sich bis nach Tibet und Afghanistan erstreckte, hatte der Kampforden bereits zu Zeiten Napoleons unter seinem bedeutendsten Herrscher Ranjit Singh erobert. Für die Zentralregierung in Delhi, die seit der Unabhängigkeit Indiens die Urangst des Separatismus und einer Balkanisierung plagt, war das eine unheilvolle Herausforderung. Indien werde von »starken, aber unsichtbaren Fäden zusammengehalten«, hatte einst der erste Premier Jawaharlal Nehru die Beharrungskräfte des Riesenlandes beschworen, Indien sei »ein Mythos und eine Idee«. Doch das sind hehre Wünsche, die Realität sieht oft anders aus. Indiens Grundstruktur ist synkretistisch. Auf diesem Kontinent der vielen Rassen, Religionen und Kulturen arbeiten überall zentrifugale Kräfte auf mehr Selbstständigkeit, gar Abspaltung hin. Und einige werden dazu von außen ermuntert und mit Waffen unterstützt. Schon die Geburt des neuen Staates aus der Konkursmasse von Britisch-Indien im Jahr 1947 war durch die gleichzeitige Gründung der Moslem-Heimat Pakistan, von Mahatma Gandhi vergeblich bekämpft, eine Zwangsamputation und blutige Tragödie gewesen mit einer Million Toten. Verselbstständigten sich nun als Nächste die Sikhs?

Delhi war Anfang der achtziger Jahre gleich mit drei sezessionistischen Krisen konfrontiert: Dem offenbar unlösbaren Dauerkonflikt mit den Muslimen und deren Protektor Pakistan in seiner Nordprovinz Kaschmir, der Aufstandsbewegung im östlichen Assam und dem Aufruhr der Sikhs im Punjab. Den hatte die Kongressregierung Indira Gandhis jedoch zum Teil selber geschürt. Denn um die offizielle Sikh-Partei Akali Dal zu schwächen, wurde der Kriegerpriester von ihr zunächst instrumentalisiert. Nur leider entglitt dann das fundamentalistische Ungeheuer seinen Förderern.

Bhindranwale war klug genug, nicht offen für die Sezessionisten einzutreten. Diese genossen indes sein Wohlwollen, auch wenn sie mit terroristischen Methoden stritten. Nach mehreren Mordanschlägen auf gemäßigte Sikh-Politiker führte die Spur die Fahnder in Bhindranwales Zuflucht, die Gästehäuser für Pilger im Tempelbereich. Doch noch wagte die Zentralregierung keinen Gewaltstreich gegen die heiligste Zitadelle der Sikhs. Sie befürchtete einen massenhaften Aufstand in der wohlhabenden Grenzprovinz, einen Religionskrieg mit den Hindus.

Die Angst, im Ozean des Hinduismus, aus dem zu Luthers Zeiten

»Furcht kenne ich nicht«: Sikh-Separatistenführer Bhindranwale

der Reformator Guru Nanak die Religion der Sikhs geschöpft hatte, wieder vollends unterzugehen, war die Haupttriebkraft für den Aufstieg des Fundamentalisten Bhindranwale. Dem Assimilierungsdruck im »Hindu-Reich des Brahmanen-Mädchens Indira Gandhi« konnten die Sikhs nach Ansicht dieses orthodoxen Eiferers nur entgehen, wenn sie sich auf die strengen Normen und traditionellen Riten der Khalsa, »der Reinen«, besannen. So hatte Guru Gobind Singh, der zehnte und letzte Religionsgelehrte der Sikhs, die Bruderschaft seiner todesmutigen Glaubenskrieger in der Auseinandersetzung mit dem indo-islamischen Großmogul Aurangzeb getauft. Fünf Symbole kennzeichnen den stolzen Sikh, der wie alle männlichen Mitglieder seiner Gemeinschaft den Ehrennamen Singh (Löwe) trägt: Kes, das unbeschnittene Haupthaar unter dem Turban; Kangha, der Kamm, um den das Haar geschlungen ist; Kacha, die kurze Unterhose; Kirpan, der gefürchtete Dolch, und Kara, der Stahlreif am Handgelenk.

Bhindranwale hielt sich für eine Reinkarnation von Gobind Singh. Wie der Guru trug er einen weißen Speer, wenn er sich mit waffenstarrender Eskorte im Areal des Goldenen Tempels bewegte und seinen Anhängern unverhohlen empfahl, »zum Schutze unserer Religion und Rechte den Weg des Schwertes zu wählen«. Scharen mittelalterlich aufgeputzter Kriegergestalten umschwirrten den Heiligen. Sie trugen Lanzen, Hellebarden und Schwerter, aber auch Pistolen und Maschinengewehre. Sie standen bereit, sich für ihren Messias bei einem Angriff der Polizei in Stücke hauen zu lassen. »Furcht kenne ich nicht«, nahm Bhindranwale seinen Kampftrupps den Treueeid für die Auseinandersetzung mit Delhi ab, »wer Angst hat, der ist kein Sikh.«

Lange vor den Selbstmordbrigaden des islamischen Dschihad demonstrierten in Amritsar radikale Sikhs die Bereitschaft, für ihren Glauben zu Märtyrern zu werden. Dieses Opfer wurde ihnen auch abverlangt. Anfang Juni 1984 ordnete Indira Gandhi die Erstürmung des Goldenen Tempels an, weil »die Integrität des Landes noch nie zuvor in dieser Weise herausgefordert wurde«. Stoßtrupps der Armee, die mit 70 000 Mann angerückt war, verübten bei der Operation »Blue Star« ein Massaker. Der religiöse Terrorist Bhindranwale starb, mit ihm etwa tausend seiner Anhänger. Aber auch die Regierungschefin, die stets eine Schwäche für die »virilen« Turbanträger besaß, war nunmehr eine Todgeweihte. Fünf Monate nach der Entehrung des größten

Heiligtums der Sikhs übten zwei ihrer Leibwächter Rache für die gedemütigte Minderheit. Die beiden Sikhs streckten Indira Gandhi mit Gewehrsalven vor ihrer Residenz in Safdarjung Road No. 1 nieder, nur wenige Straßenzüge von jenem Garten entfernt, in dem siebenunddreißig Jahre zuvor Mahatma Gandhi von einem Hindu-Brahmanen erschossen worden war. »Die Zugkraft der alten Barbarei« hatte wieder einmal gewirkt, notierte der Schriftsteller V. S. Naipaul mit Schaudern. Denn nun übten aufgebrachte, aber auch von Kongressabgeordneten aufgestachelte Hindus Vergeltung für den Mord an der Premierministerin. Ein landesweites Pogrom kostete viele Sikhs das Leben, über 2700 allein bei dem Blutrausch in Delhi, dessen Initiatoren nie zur Rechenschaft gezogen wurden. Und doch: Zwanzig Jahre darauf, nach der Wahl 2004, wurde mit Manmohan Singh erstmals ein Sikh Indiens Regierungschef. Dazu berufen hatte ihn die Kongresspartei Sonia Gandhis, der italienischen Schwiegertochter von Indira Gandhi.

Es gab schon viele Propheten, die dem Vielvölkerkonglomerat Indien ein Auseinanderbrechen voraussagten. Oder die größte Demokratie auf diesem Globus wie Pakistan in einer Militärdiktatur enden sahen. Alle diese düsteren Prognosen erwiesen sich bislang als falsch. Andere multiethnische Staaten zerfielen, etwa die Sowjetunion oder Titos Jugoslawien. Indien trotz seiner verwirrenden Vielfalt nicht.

Von Winston Churchill stammt das hochmütige Wort: »Indien ist nur ein geographischer Ausdruck, es ist so wenig ein Land wie der Äquator.« Der britische Kolonialherr übersah, dass dieses riesige Land, das siebtgrößte der Welt, in Wahrheit ein eigener Kontinent ist, der alles anzubieten hat, was es auf diesem Planeten an Klima und Vegetation gibt: die majestätischen Schneegipfel in den Gebirgszügen des Himalaja, doppelt so lang wie die Alpen und beginnend am Wendekreis des Krebses, mit den weltgrößten Eisflächen außerhalb der Polarregionen. Davor die grünen Vorberge und Dschungelgebiete mit Nationalparks, in denen noch Elefanten, Tiger und Leoparden überleben können. Dann die weiten Niederungen entlang dem mächtigen Ganges-Strom, fruchtbares Schwemmland und Ballungsgebiet für die Masse der Bevölkerung. Nahezu unbesiedelt dagegen im Nordwesten, nach Pakistan hin, die Wüster Thar. Sie umfasst acht Prozent der indischen Landfläche, hier liegt auch das Gelände für die Atombombentests. Schließlich, in der Mitte der Halbinsel, das Plateau des Dekkan, begrenzt von den treppenartigen Gebirgszügen der Western wie der Eastern Ghats, die kurz vor der Südspitze zusammenfinden bei den blauen Nilgiri-Bergen schon in Äquatornähe. Hier unten locken im tropischen Klima an Keralas Malabarküste palmenbestandene Traumstrände und Lagunen. Und bei den Felsenklippen des Kaps Kanyakumari, 3214 Kilometer entfernt von Kaschmirs eisiger Nordgrenze zu China, vereinigen sich der Golf von Bengalen und die Arabische See zum Indischen Ozean.

Ein Kontinent der Extreme ist Mata Bharat, die Mutter Indien. Mit Volksstämmen, die noch in der Steinzeit leben, mit Schlangenbeschwörern vor den Glaspalästen der IT-Dienstleister, mit Bauern, die neben Atommeilern ihren Acker mit dem Holzpflug bestellen. »Wenn es einen Ort gibt, wo alle Träume seit den ersten Tagen, da der Mensch zu träumen begann, eine Heimat gefunden haben, dann ist es Indien«, schwärmte der französische Schriftsteller Romain Rolland. Spötter haben zu Recht angemerkt, das mit der Heimat gelte dann auch für die Albträume.

Die Multikulti-Formel von der »Einheit in Vielfalt«, die Nehru oft gebrauchte, beschönigt bewusst das Irritationselement des Trennenden, das ihr zugrunde liegt. Auf einem Raum von der Größe der Europäischen Union drängen sich mehr Menschen, als Europa und Nordamerika gemeinsam haben. Sechs Religionen und zahllose Sekten gibt es in den achtundzwanzig Bundesstaaten der säkularen Union, die dominierende Glaubensgemeinschaft des Hinduismus kennt über 3600 Kasten und Unterkasten. Die Verfassung nennt achtzehn Hauptsprachen. Sie zerfallen in zwei etymologisch höchst verschiedene Gruppen, die der indo-arischen Sprachenfamilie des Nordens und der vier drawidischen des Südens. Hinzu kommen über 1600 Dialekte. Die eigentliche Nationalsprache Hindi ist nur im Kuhgürtel des Nordens vorherrschend, einige Regionalidiome wie Marathi, Tamil oder Telugu werden von mehr Menschen gesprochen als etwa das Polnische oder Italienische. Als der kurzzeitige Premierminister Deve Gowda 1996 zum Unabhängigkeitstag in Delhis Rotem Fort die traditionelle Ansprache hielt, verstand ihn kaum jemand. Weil er weder Hindi noch Englisch konnte, redete Gowda in Kannada (oder Kanaresisch), der Sprache seiner südindischen Heimat Karnataka. Verkehrssprache der Gebildeten und der Administration ist Englisch mit einem melodischen Akzent. In nicht allzu ferner Zukunft wird Indien die Vereinigten Staaten als größtes englischsprachiges Land überholen, gewiss kein Wettbewerbsnachteil in der globalisierten Welt.

Seine säkulare Verfassung verdankt Indien Gründervätern wie Nehru, die seinerzeit fürchteten, der Faschismus könne »in Form des Kommunalismus« ins Land gelangen. Der Begriff »Kommunalismus« hebt auf die religiöse oder ethnische Herkunft der Einwohner ab, markiert eine Abgrenzung gegenüber anderen Volksgruppen. Man fühlt sich also zunächst nicht als Inder, sondern als Hindu, Muslim oder Sikh, danach als Bengale, Tamile oder Gujarati. Dieser Partikularismus war schon von der britischen Kolonialverwaltung nach der bekannten Devise »divide et impera« gezielt gefördert und somit künstliche Zwietracht entfacht worden. Im unabhängigen Indien glich das Hochspielen konfessioneller Gegensätze dem Hantieren mit brennenden Zündhölzern an offenen Pulverfässern. Politiker aus dem Lager der Hindu-Nationalisten zündelten hier bedenkenlos und traten Religionsunruhen los, »communal riots«, die zu Ausschreitungen führten in widerwärtigster Barbarei. Das traf vor allem für die Auseinandersetzung mit den Muslimen zu, die nach den Dalits und Adivasis in der Union die am meisten benachteiligte Gemeinschaft sind: weitgehend verarmt, sehr konservativ und ohne intellektuelle Führungsschicht, weil die Elite seinerzeit ihre Aufgabe im neuen Staat Pakistan sah.

Knapp 13 Prozent der Bevölkerung bekennen sich zur Lehre des Propheten. Damit hat Indien mehr Muslime als der islamische Nachbar Pakistan und nach Indonesien mit 160 Millionen die meisten der Welt. Dies müsste eigentlich den 850 Millionen Hindus ein beruhigendes Gefühl demographischer Überlegenheit geben, zumal ihre muslimischen Landsleute sich bisher vom Virus der al-Qaida nicht anstecken ließen. Wäre es nämlich nicht zur Teilung Britisch-Indiens und der Schaffung von Pakistan – mit dem 1971 daraus entstandenen Ostteil Bangladesch – gekommen, hätte ein Groß-Indien es heute mit 450 Millionen Muslimen im Lande zu tun. Doch viele Kasten-Hindus sind frustriert. Sie machen den Säkularismus verantwortlich für die Protektion der Minderheiten, die sich wie die Anbeter Allahs ungestüm entfalten. Nicht nur wegen ihrer höheren Geburtenraten, sondern durch massenhaften Glaubenswechsel der Unterschichten legten die Muslim-Gemeinden im letzten Vierteljahrhundert kräftig zu. Schockiert über das »Konversionssyndrom«, schäumten die Hindu-Chauvinisten gegen das Entstehen »dieser Mini-Mekkas in unserem Herzen« und witterten eine durch Petrodollars aus den Golfstaaten gesteuerte Verschwörung mit dem Ziel, die Hindukultur zu zerstören. Geld als Anreiz mag in vielen Fällen den Trend zu Allah verstärkt haben, aber Hauptursache ist die soziale Diskriminierung durch das menschenunwürdige Kastensystem. »Die Moslems behandeln mich als Gleichen«, begründete etwa der kastenlose Landarbeiter Sethu aus Tamil Nadu seinen Übertritt zum Islam. Sethu ließ sich beschneiden, er trägt jetzt eine schwarze Wollkappe und heißt Syed Mohammed. Der Glaubenswechsel wird zur Waffe im Klassenkampf.

Und er befeuert periodisch wiederkehrende kommunalistische Konflikte, bei denen die meisten Opfer Muslime sind. So bei den wochenlangen Pogromen nach dem Niederreißen der Babri-Moschee in Ayodhya im Dezember 1991, die selbst die kosmopolitische Metropole Bombay erschütterten. Elf Jahre danach eine ähnliche Orgie des Hasses, ausgelöst von einem wahnwitzigen Moslem-Anschlag auf einen Zug mit Hindu-Pilgern, von denen achtundfünfzig verbrannten. Zur gleichen Zeit eskalierten die Spannungen zwischen den verfeindeten Brüdern Pakistan und Indien, sodass die Hindu-Fundis im Gewand des Patriotismus zusätzliche Gründe sahen für ihre Hatz auf potenzielle Vaterlandsverräter. Es kam zum neuerlichen Pogrom, diesmal im Bundesstaat Gujarat, Heimat des Apostels der Gewaltlosigkeit Mahatma Gandhi. Wieder griffen die Behörden zu spät ein gegen den Lynchmob, schauten Polizisten bei Massenvergewaltigungen zu und auch beim Verbrennen von Kindern. Entsetzt registrierte die indische Schriftstellerin Arundhati Roy den »Fußabdruck des Faschismus«. Über zweitausend Muslime wurden in Gujarat viehisch umgebracht, rund 150 000 verloren Hab und Gut.

Selbst der eher bedächtige Premier Atal Behari Vajpayee, das moderate Aushängeschild der hindu-nationalistischen Volkspartei BJP, ließ sich damals zu verantwortungsloser Stimmungsmache hinreißen. »Wo immer es Muslime gibt, sind sie nicht friedlich«, kollerte der Brahmane. Die Amokläufer durften sich bestätigt fühlen. Allerdings war der Hobby-Poet gesundheitlich bereits schwer angeschlagen. Wer ihn in seiner Residenz aufsuchte, traf auf einen erloschenen Vulkan. Später räumte Vajpayee immerhin vor Diplomaten bedauernd ein, »dass uns die Dinge in Gujarat aus dem Ruder gelaufen sind«.

Die Kampflosung der Hindu-Fundis lautete »Hindu Rashtra«, Land der Hindus. Das republikanisch-säkulare Staatsverständnis sollte ersetzt werden durch ein religiöses. Auch Missionierung war nicht länger ein Tabu. »Wir holen uns nur jene zurück, die sich zum Glaubenswechsel haben kaufen lassen«, verteidigte der Hindugelehrte Acharya Kishore diesen aggressiven Kurs. Die safrangelbe Revolution machte Fortschritte während der Regentschaft von Vajpayees BJP. Bisweilen mit skurrilen, aber auch mit talibanhaften Zügen. Um letzte Erinnerungen an die britische Kolonialzeit zu tilgen, wurden Städte umbenannt, etwa Bombay zu Mumbai, Madras zu Chennai. Im Erziehungsbereich sahen sich die Universitäten ermuntert, Kurse in vedischer Mathematik und Astrologie einzuführen. Die BJP-Ministerpräsidentin Uma Bharti pries im Bundesland Madhya Pradesh die Segnungen der Kuh-Ökonomie. Allen Ernstes empfahl die radikale Gläubige ihren Landeskindern, zum Schutz gegen einen etwaigen Atombombenangriff Pakistans die Häuserwände mit Kuhfladen zu bedecken. Nach fünf Jahren hatten auch viele Hindus genug von ihren überdrehten Einpeitschern, Vajpayee wurde 2004 abgewählt.

Land der Extreme und vielfältigen Kulturen: Indien hat die ältesten jüdischen wie später christlichen Gemeinden der Welt außerhalb des Nahen Ostens. Als Geflohene aus der babylonischen Gefangenschaft gelangten Juden bereits im sechsten vorchristlichen Jahrhundert nach Kerala. Dort gab es auch die ersten Christen seit den Besuchen des Apostels Thomas. In Kaschmir, so notierte schon Nehru, hält sich zudem »der feste Glaube, dass Jesus oder Issa einst hier herumgezogen ist«. Angeblich auf der Suche nach den verlorenen Stämmen Israels. Nach einer recht verwegenen Hypothese soll der heilige Schrein Rozabal in Srinagar für den Propheten Yuz Assaf aus Palästina sogar die Grabstätte Jesu sein. Der Gekreuzigte nämlich, so Hinweise in alten Sanskrit-Texten, dem apokryphen christlichen Schrifttum sowie Skripten in tibetischen Klöstern, sei ohnmächtig, aber nicht tot gewesen. Seine Anhänger hätten den Genesenen dann nach Kaschmir geschleust.

Bemerkenswert ist die Reaktion des im nordindischen Exil lebenden Dalai Lama zu diesem Thema. Der Gottkönig der Tibeter, gewöhnlich von überschwänglichem Frohsinn, weist jede Erörterung hierzu brüsk ab und sagt:»Ich will doch den ganzen Westen nicht gegen mich aufbringen.« Nicht auszuschließen aber, dass Jesus während seiner Lehr- und Wanderjahre, von denen die Evangelien nichts berichten, einen Trip nach Indien machte, um Brahmanen-Priestern, Yogis und tantrischen Gurus zu begegnen. Das war damals schon Zeitgeist und in. Zentrale Aussagen der Lehre Christi jedenfalls ähneln auffallend denen des Buddha.

Wie die Muslime haben auch die Christen, inzwischen zwei Prozent der Bevölkerung, an Anhängerschaft in Indien gewonnen. Vor allem unter den Unberührbaren. Sie sind im Staatsverband die drittgrößte Religionsgemeinschaft, werden mit ihrer Bekehrungsarbeit von den Hindu-Fundamentalisten indes argwöhnisch beäugt. Einige Bundesländer, etwa Tamil Nadu, Orissa oder Gujarat, erließen vom Obersten Verfassungsgericht bestätigte Gesetze, wonach Religionsübertritte der Genehmigung durch die Behörden bedürfen. Die Kirche ist in Indien Heimat der Armen und Ausgestoßenen, in Wirtschaft und Politik spielen die einundzwanzig Millionen Christen keine herausragende Rolle. Auch die Kirche des Paulus sei eine der Unterdrückten gewesen, predigen die Bischöfe selbstbewusst.

Alles überstrahlende Lichtgestalt war jahrzehntelang Mutter Teresa in Kalkutta. Die zierliche Ordensfrau vom Balkan setzte dem Hinduismus dort zu, wo er wirklich verwundbar ist: bei seinem Mangel an Solidarität, an tätiger Aufopferung für die Schwachen und Notleidenden. Gleich neben dem Tempel von Kalkuttas blutrünstiger Schutzpatronin Kali eröffneten die »Missionarinnen der Nächstenliebe« ihr Sterbeheim Nirmal Hriday, bengalisch für »Reines Herz«. Gespenstische Elendsgestalten, Krüppel, Ausgestoßene und Vergessene wurden hilflos in irgendeinem Slum aufgelesen und wie Abfall abgeladen vor diesem dämmrigen Wartesaal des Todes.»Bei uns sollen sie wenigstens in Würde, in Frieden mit Gott aus dem Leben scheiden können«, rechtfertigte die spätere Friedensnobelpreisträgerin die Einrichtung solcher Sterbestätten.

Die katholische Nonne stand unbeirrbar zu einem Glauben, der heute vielfach als altmodisch empfunden wird. Mutter Teresas Frauenbild war erschreckend reaktionär. Doch das mindert nicht ihr Werk, das auf dem Subkontinent ohnegleichen ist. Die Ordensschwestern im weißen Baumwollsari mit den blauen Randstreifen eröffnen auch heute weiter Hospitäler, Waisenhäuser, Schulen und Sterbeheime, betreuen Hungernde, Siechende und ausgesetzte Kinder. Mutter Teresa erlebte noch, als Hindu-Extremisten im Bundesparlament ein insbesondere gegen die christliche Missionsarbeit gerichtetes Gesetz durchdrücken wollten, das »die Ausbeutung indischer Armut für religiöse Zwecke« unter Androhung von Gefängnis zu stellen beabsichtigte. Zornig reiste die Nonne nach Delhi und hielt dem damaligen Premier Morarji Desai eine Gardinenpredigt. »Hast du keine Angst vor Gott?«, fragte die Ordensfrau den spröden Brahmanen. Desai erwiderte, er sei selber »praktizierender Christ«. Die Gesetzesvorlage verschwand.

Die kleinste und gebildetste indische Minderheit findet sich in einer der ältesten Religionsgemeinschaften der Welt, deren Zentrum heute die Hafen- und Bankenmetropole Bombay ist – die aussterbende Sekte der Parsen. Ihr Schöpfer war im achten vorchristlichen Jahrhundert der altiranische Prophet und Apokalyptiker Zarathustra. Persiens Herrscher, angefangen mit Darius, zählten zu den Anhängern seiner Lehre, die als Mithraismus auch in weiten Teilen des Römischen Reichs Verbreitung fand. Auf der Flucht vor dem Islam kamen im Jahr 785 sieben Schiffe mit Jüngern Zarathustras nach Gujarat, wo ihnen ein toleranter Hindu-Fürst Bleibe und Religionsfrieden gab. Nach ihrer Herkunft nannte man die Neuansiedler Parsen. Unter den Briten wurden sie mit dem Aufbau Bombays betraut und zu Gründern der indischen Industrie. Der Moralkodex dieser Glaubensgemeinschaft, die der Jenaer Forscher Ernst Haeckel bei seinem Bombay-Besuch Ende des 19. Jahrhunderts bewundernd als »eine der edelsten Naturreligionen« würdigte, ist auf eine einfache Lebensmaxime komprimiert: »Gute Gedanken, gute Worte, gute Taten.«

Auf dem Dungerwadi-Hügel, nun mitten in Bombay, liegt der Toten-Park der Parsen. Umwuchert von tropischer Vegetation stehen hier fünf Dakhmas, die »Türme des Schweigens«. Diese brunnenartigen Hohlbauten sind Bestattungsstätten. Hier werden auf einem hoch gelegenen Plateau die Leichen den Geiern zum Fraß dargeboten. Das Bestattungsritual, das so barbarisch erscheint, empfinden die Nachfahren Zarathustras als letzte Gabe an die Natur. Der entseelte Körper ist Abfall, er darf die heiligen Elemente Feuer, Erde, Wasser und Luft nicht beschmutzen. Der Indienbesucher Mark Twain begeisterte sich 1896 über dieses »perfekte System zum Schutz der Lebenden gegen Verseuchung durch ihre Toten«. Für die Anwohner der Hochhäuser ringsum, die Einblick haben auf die Horrorschau, sind die Türme weniger angenehm. Auch deponiert schon mal eine Krähe auf dem Balkon ein Stück Menschenhand.

An den Tempeln der Parsen prangt ihr Symbol, der männliche Engel mit den Adlerschwingen. Fremden ist der Zutritt streng verboten. Der Blick eines Ungläubigen würde das auf Sandelholzscheiten brennende Feuer verunreinigen, das als oberstes der heiligen Elemente ein Ausdruck Gottes ist. Bombays Gründer sind nach wie vor die Elite der Stadt. Sie gelten als weltaufgeschlossen, kreativ und bescheiden, stellen überproportional viele Wissenschaftler, Ärzte, Künstler von Rang. Von ihnen aufgebaute Konzerne, wie der von Tata oder Godrej, besitzen beeindruckende Sozialeinrichtungen. Der Vater der indischen Atombombe, Homi J. Bhabha, war Parse, ebenso Indiens einziger Feldmarschall Sam Manekshaw. Die Kaschmir-Brahmanin Indira Gandhi lebte in ihrer schnell erkaltenden Ehe mit dem parsischen Journalisten Feroze Gandhi zusammen. International derzeit bekanntester Repräsentant ist der in Indien geborene Dirigent Zubin Mehta, auch der Queen-Rocker Freddie Mercury zählte zu den Parsen.

Nie hat diese exklusive Religionsgemeinschaft sich um den Übertritt Andersgläubiger bemüht. Als »Arier Gottes« pflegen die Parsen einen elitären Rassenkult. Mischehen werden als Frevel empfunden. Als Folgen jahrtausendelanger Inzucht haben Zeugungsunfähigkeit und ein schwach entwickeltes Sexualleben die Gemeinschaft überaltern lassen. Durch Tod und Auswanderung schrumpfte die Zahl der Parsen in Indien auf unter 65 000, weltweit dürften es kaum 130 000 sein. Gleichwohl sind Konvertiten nicht willkommen. »Lieber sterben wir aus, als uns mit schlechtem Blut zu vermischen«, lautet das Reinheitsgebot der parsischen Priester. Deshalb wird es in wenigen Jahrzehnten kaum noch Jünger Zarathustras geben.

Weitgehend zurückgezogen in Wald- und Bergregionen leben die Adivasi, Angehörige der Stammesbevölkerung, die wohl die Ureinwohner des Subkontinents waren und von den eindringenden Ariern unterworfen wurden. Etwa neunzig Millionen, 8,6 Prozent der Gesamtbevölkerung, gehören nach der letzten Volkszählung diesen Stammesgruppen an, von denen es über 400 gibt mit 250 eigenständigen Sprachen. Der »tribal belt« der Adivasi-Gemeinschaften zieht sich auf etwa einem Fünftel der Fläche Indiens quer durch das Land. Kleinere Gruppen wie die von der Tsunami-Flut überrollten Onges auf den Inseln der Andamanen zählen nur wenige hundert Mitglieder. Fast überall sind die Adivasi in Bedrängnis, zerstört die moderne Zivilisation auf der Suche nach Rohstoffen oder mit riesigen Staudammprojekten ihren Lebensraum. Internationale Solidaritätskampagnen, wie etwa die gegen den Bauxitabbau in Kashipur (Orissa), vermögen wenig auszurichten gegen die Macht der großen Konzerne.

Die größte ethnische Vielfalt weist der Nordosten auf, mit Assam, Arunachal Pradesh, Nagaland oder Manipur eine Region blutigen Aufruhrs seit Jahrzehnten. In den sieben Bundesländern dort leben auf einem Territorium von der Größe der alten Bundesrepublik vierzig Millionen Menschen aus 130 verschiedenen Volksgruppen, Sippen und Stämmen vorwiegend tibeto-birmanischen Ursprungs. Die »sieben Schwestern« der Union im Dreieck zwischen China, Burma und Bangladesch sind nur durch eine schmale Landzunge mit dem indischen Hauptland verbunden. Als im Krieg mit China Maos Rote Armee 1962 über den Himalaja vordrang und auf das Tal des Brahmaputra zustieß, zogen sich die indischen Truppen demoralisiert durch den nur zwanzig Kilometer breiten Silguri-Korridor zurück, an dem der ganze Nordosten wie ein Zipfel hängt. »Mein Herz blutet für das Volk von Assam«, hörten die dem Zugriff der Chinesen Überlassenen ihren Premierminister Nehru in einer Rundfunkansprache klagen. Das klang wie ein Abschied. Die Chinesen aber marschierten nach der Demütigung der Inder wieder hinter die Bergbarriere zurück. In Assam ist diese Episode nicht vergessen.

Es gibt viele exotische Blüten im bunten Völkerstrauß des Nordostens. Etwa in Arunachal das Völkchen der Wanchos, noch vor kurzem als Kopfjäger gefürchtete Schädel-Fetischisten. Oder in Meghalaya den Stamm der Khasis, eine der letzten weithin intakten Matriarchat-Gesellschaften auf diesem Globus. Die Khasis haben in der Mehrzahl zwar den christlichen Glauben angenommen, lesen aber weiterhin gerne als Animisten die Zukunft aus Eierschalen, huldigen ihren Waldgöttern und zelebrieren Schlangenverehrung mit dem Opfern von Menschenblut. Die Männer sind eher traurige Erscheinungen, oft der Trunksucht verfallen, was wohl auf ihren kümmerlichen Familienstatus zurückzuführen ist. Denn bei den Khasis werden Macht und Besitz von Frau zu Frau vererbt, meist von der Mutter auf die jüngste Tochter. Vor Selbstbewusstsein strotzende Frauen sind das. Stets aufgeputzt, oft mit grellrot bemalten Lippen, schweren Rubinklunkern an den Ohren und einem goldenen Nasenreif. Männer, die sich nicht fügen oder wenig taugen, werden vor die Tür gesetzt. Ein Nachfolger findet sich immer, und sei es ein Stammesfremder, etwa ein zugewanderter Bengali. Khasi-Frauen, die fünf oder mehr Kinder von fünf oder mehr Männern haben, sind keine Seltenheit. An den Colleges wie an der Hill University in Shillong dominiert das weibliche Element.

Vernachlässigung durch Delhi und Überfremdung durch illegale Zuwanderer brachte die »sieben Schwestern« in Rage. Seit den fünfziger Jahren sickerten aus dem früheren Ostpakistan und jetzigen Bangladesch sechs Millionen Bengalis ein, die meisten davon Moslems. Das löste heftigen Widerstand aus bei den assamesischen Nationalisten, vorwiegend oberen Kasten-Hindus. Deren Agitation gab auch jenen separatistischen Kräften in den Stammesgebieten von Nagaland, Manipur und Mizoram neuen Auftrieb, die den Eliteeinheiten der mit äußerster Brutalität operierenden indischen Armee in den Dschungelbergwäldern zu Burma seit langem einen Guerilkampf liefern. Überall im Nordosten glüht das Fieber der Sezession. Mehr als fünfzig aufständische Gruppen, teilweise maoistisch geprägt, kämpfen gegen die indischen »Besatzer«. Allein im letzten Jahrzehnt kostete dies über 10 000 Menschen das Leben.

Nur ein Unionsstaat mit pluralistischer Demokratie kann die Koexistenz der vielfältigen Kulturen und Ethnien gewährleisten. Ohne den Einsatz des Militärs wären die sezessionistischen Krisen jedoch kaum zu meistern. Die Armee ist hoch angesehen und die einzige nationale Institution, die über allen religiösen, völkischen und politischen Gegensätzen als Garant der Einheit steht. Anders als bei den islamischen Nachbarn Pakistan und Bangladesch verspürte ihre Führung auch nie das Bedürfnis, durch einen Putsch selber in die Geschicke des Landes einzugreifen.

Es gibt Inseln imponierender Effizienz und Regionen von mittelalterlicher Rückständigkeit auf diesem Kontinent, Bundesländer mit westlichem Lebensstandard und andere mit unsäglicher Armut. Generell gilt bei einem vertikalen Schnitt durch die Halbinsel, dass der Westen und Süden fortschrittlicher, der Norden und Osten eher zurückgeblieben sind. Ganz vorne rangiert das südliche Kerala, seit Jahrtausenden offen für Einflüsse von außen und den Handel mit Arabern, Persern oder Chinesen. Kerala war der erste Unionsstaat, der schon 1957 eine kommunistisch geführte Landesregierung wählte. Hier werden die höchsten Löhne Indiens bezahlt, können 91 Prozent der dreiunddreißig Millionen Einwohner lesen und schreiben, gibt es die niedrigsten Geburtenraten und ist die Lebenserwartung mit siebzig Jahren fast so hoch wie in den USA. Mit ständigen Regierungswechseln zwischen Kongresspartei und Kommunisten überpolitisiert und wegen einer militanten Gewerkschaftsbewegung wenig industrialisiert, ist Kerala nach dem Urteil des Wirtschaftswissenschaftlers Amartya Sen »sozial der fortschrittlichste Bundesstaat Indiens«.

Das andere Extrem eines vollkommen verrotteten Bundeslandes ist Bihar. Satellitenaufnahmen bei Nacht zeigen, dass hier wirklich ein Reich der Finsternis liegt. Weite Regionen haben keinen Strom. Bihar ist der ärmste und korrupteste Staat der Union, mehr als die Hälfte seiner fünfundachtzig Millionen Einwohner sind Analphabeten. Hier gibt es die höchsten Geburtenraten, die schlimmsten Kastenkriege, die meisten Morde, eine blühende Kidnapping-Industrie und eine Mafia, auf deren Gehaltslisten viele Politiker stehen. Niemals werde er sein Schulförderungsprogramm auch auf Bihar ausdehnen, sagt der Wipro-Milliardär Azim Premji voller Ekel, »die Lage dort ist hoffnungslos«.

Die landesweite Anarchie und Zuspitzung der sozialen Konflikte in Bihar verschafften jenen sozialrevolutionären Kräften wieder Auftrieb, die viele schon auf dem Müllhaufen der Geschichte wähnten: den radikalen Linken, die sich als Erben der Naxaliten sehen. Im benachbarten Westbengalen mit seiner kommunistischen Dauerregierung war 1967 in den Teeplantagen bei Naxalbari der Humus für eine revolutionäre Bauernbewegung bereitet worden. Als »Frühlingsdonner über Indien« begrüßte die *Pekinger Volkszeitung* damals die vom Maoismus inspirierten Anführer. Ihr terroristisches Wirken war kurz und blutig. Doch der Funke zum Volkskrieg sprang nicht über. Die staatliche Verfolgungskampagne, vor allem durch Kalkuttas marxistische Regenten, kostete Tausende Naxaliten das Leben.

Aber die Untergrundbewegung hat sich regeneriert und erstaunlich ausgeweitet. Ihre bewaffneten Einheiten kontrollieren so genannte be-

Pol Pot in Reinkultur: Linksextreme Naxaliten beim Waffenbasteln

freite Gebiete, in denen Volksgerichte tagen und in rauschhaften Aktionen Staats- und Privatbesitz durch Landnahme in »Volkseigentum« umgewandelt wird. Das ist nicht mehr Mao, sondern Pol Pot in Reinkultur. Die Regierung nennt diese Aufstandsregionen rebellierender Bauern und Bambusfäller »disturbed areas«, dazu gehören inzwischen 170 Distrikte in vierzehn Bundesländern. An sie dachte V. S. Naipaul vor allem, als er seinem Indien-Buch den Titel *Eine Million Meutereien* gab.

Der rote Korridor reicht von den Grenzprovinzen Nepals über Bihar, Jharkhand, Orissa bis nach Andhra Pradesh, Maharashtra und hinunter nach Tamil Nadu. Hier gibt es die größte Armut, die meisten Kastenlosen. In einigen Gebieten verfügen die Naxaliten über Stellungs- und Bunkersysteme wie einst der Vietcong unweit von Saigon. Ihre Schlagkraft demonstrierten die Maoisten mit einem strategischen Meisterstück an einem Novembersonntag 2005 bei Bihars letzter Landtagswahl: Mit tausend Mann marschierten sie in der Stadt Jehanabad auf und stürmten das Hochsicherheitsgefängnis, um 350 ihrer Anhänger zu befreien und sechzehn einsitzende Milizionäre der oberen Kasten umzubringen.

Dieser dreiste Coup schockierte Delhi. Die Regierung spürt, dass ihr hier ein bedrohliches Sicherheitsproblem erwächst. Sie schickte Spezialeinheiten in die Unruhezonen. Attacken und Drohungen der Naxaliten, die in dicht bewaldeten Regionen sich die Interessen der Volksstämme zu Eigen machen, haben Millionenprojekte von Mittal wie Tata bei der Rohstoffgewinnung in Jharkhand gestoppt. Für Arun Shourie, den wachen Zeitgeschichtler und Publizisten, ist Indien bereits »ein von Termiten ausgehöhlter Baum«. Bis zu 40 Prozent des Landes leben unterdessen permanent in Unfrieden, die Bekämpfung des Aufruhrs forderte in den vergangenen zwanzig Jahren 64 000 Tote. Mehr noch als die sezessionistische Herausforderung durch die Muslime in Kaschmir oder der ethnische Fundamentalismus im Nordosten, so räumte Premier Manmohan Singh ein, sei der Terrorismus der Maoisten »die größte Gefahr für Indien«.

7

Verfeindete Brüder

Das zentrale Hochgebirgstal des nordindischen Kaschmir wirkt aus der Vogelperspektive, beim Anflug auf die Hauptstadt Srinagar, noch immer wie der sprichwörtliche Garten Eden. Unter stahlblauem Himmel, umringt von weißen Gletscherbergen des Himalaja, erstreckt sich eine grüne Idylle mit Safranfeldern, blühenden Apfel- und Aprikosenbäumen, Pappeln, Ahornstämmen und türkisfarben schimmernden Seen, auf denen Hausboote dümpeln. Hier legten vor 400 Jahren, um der Hitze Hindustans zu entfliehen, die indo-islamischen Mogulkaiser prächtige Lustgärten an, glaubte deren Herrscher Jehangir »das Paradies auf Erden« gefunden zu haben. Andere wähnten sich im sagenumwobenen Glücksland Shangri La.

Um dieses Paradies, das an Afghanistan und China grenzt, haben die verfeindeten Brüder Indien und Pakistan zwei Kriege geführt, und der Guerillakampf nach einem Volksaufstand verwandelte das idyllische Tal in eine Hölle, die wenigstens 65 000 Menschen das Leben kostete. Den »gefährlichsten Ort der Welt« nannte der amerikanische Präsident Bill Clinton diese Wetterecke. Denn die beiden Erzfeinde sind seit 1998 im Besitz von Atomwaffen. Die politischen Eliten der nuklearen Parvenüs, fanatisch bis zur Selbstzerstörung, haben einander bereits mehrmals damit gedroht, dieses Teufelszeug auch einzusetzen.

Kaschmir, das ist die noch immer blutende Wunde der Teilung des Subkontinents. Das Ende des britischen Kolonialregimes am 15. August 1947, vom letzten Vizekönig, dem eitlen Louis Mountbatten, administriert, geriet mit den nicht mehr kontrollierbaren Eruptionen von religiösem Fanatismus, Aufruhr und Barbarei zu einem Albtraum. Die Muslimliga des Advokaten Mohammed Ali Jinnah focht mit dem Slogan »zwei Nationen« erfolgreich für einen eigenständigen Staat der Anbeter Allahs. Das entwurzelte wenigstens siebzehn Millionen Menschen. Und im Namen der Freiheit von Indien und Pakistan kam bei den Umsiedlungen durch mörderische Gewalt mehr als eine Million ihrer Bürger um. Der Sikh-Autor Khushwant Singh hat in seinem Buch *Train to Pakistan* bedrückend beschrieben, was in diesen Monaten der erzwungenen Spaltung etwa mit dem Massakrieren aller Insassen eines ganzen Flüchtlingszuges an Grauenvollem geschah.

Das »Land der Reinen«, so Pakistans Anspruch, war ein Kunstgebilde ohne historische Tradition. Zusammengefügt wurde es aus fünf Völkern in zwei Landesteilen, weit über tausend Kilometer voneinander getrennt. Die siebzig Millionen Ostbengalen wollten überhaupt nicht dem von zwei Dutzend Großgrundbesitzern beherrschten Feudalstaat der Punjabis im Westen zugeschlagen werden, sie erkämpften sich ein Vierteljahrhundert später die Sezession. Unerfüllt blieb zudem der Wunsch, sämtliche Muslime des Subkontinents zu vereinen, denn fünfundsechzig Millionen folgten nicht dem religiösen Ruf, sondern blieben Bürger der säkular verfassten Indischen Union, die heute mehr Muslime zählt als der Rumpfstaat Pakistan. Seit seiner Geburtsstunde plagten das Land der Reinen Komplexe von Minderwertigkeit und die neurotische Angst, vom großen Bruder dereinst geschluckt zu werden. Dabei hat keine Regierung in Delhi die staatliche Existenz des neuen Nachbarn wirklich in Frage gestellt. »Pakistan hat nichts außer dem Islam, das der Schwerkraft der großen Masse Indiens widerstehen kann«, notierte seinerzeit der bengalische Schriftsteller Nirad Chaudhuri.

Gerettet werden sollten aus dieser großen Masse wenigstens noch die Glaubensbrüder im einstigen Fürstenstaat Kaschmir. Dessen Hindu-Maharaja, ein Rajpute aus der Dogra-Dynastie, herrschte über eine Mehrheit von 80 Prozent Muslimen mit einer Clique von Brahmanen, zu denen auch die Pandits des Kaul-Nehru-Clans zählten, wegen ihrer arischen Herkunft sehr hellhäutig und deswegen auch besonders vornehm. Pakistan drängte auf Anschluss, organisierte einen Aufstand und schickte zu seiner Unterstützung Banden von Paschtunen-Freischärlern sowie ausgemusterte Soldaten auf 300 Lastwagen ins Kaschmirtal. Es kam zu Plünderungen, Vergewaltigungen, Pogromen. Der Maharaja floh nach Delhi und unterstellte sein Fürstentum der Oberhoheit des neuen Indien, das nun seinerseits Truppen nach Srinagar beorderte.

Die Scharmützel und Kämpfe zogen sich über Monate hin. Auf Mountbattens Rat erklärte der indische Premier Jawaharlal Nehru schließlich die Bereitschaft seiner Regierung, den Fall Kaschmir vor die Vereinten Nationen zu bringen und eine Volksabstimmung durchzuführen. Zu der kam es nie. Seit Anfang 1949 ist das einstige Fürstentum durch den von der UNO vermittelten Waffenstillstand geteilt. Das nordwestliche Drittel Azad Kashmir (Freies Kaschmir) mit der Hauptstadt Muzaffarabad, einem elenden Nest, steht unter pakistanischer Verwaltung. Eine 720 Kilometer lange Demarkationslinie der Line of Control (LoC) trennt es vom indischen Territorium des Bundesstaates Jammu und Kaschmir mit den Sommer- und Winterhauptstädten Srinagar und Jammu.

Die Weigerung Indiens, das versprochene Plebiszit zuzulassen, verschaffte Pakistan auf der internationalen Bühne den Part des ständigen Anprangerers. Das war lästig, aber aus Delhis Sicht unvermeidlich. Kaschmir durfte keinesfalls von der Fahne gehen, sollten innerhalb der Indischen Union sich nicht auch andere Sezessionisten ermuntert fühlen. Als nach Nehrus Tod Indien mit Lal Bahadur Shastri einen eher schwächlichen Premier zu haben schien, entschlossen sich Pakistans Militärs im September 1965 zum überraschenden Schlag der »Operation Grand Slam«. Panzerverbände schnürten binnen Stunden Indiens einzige Zufahrtsstraße nach Kaschmir ab, doch die indische Armee startete einen Gegenangriff auf Lahore und erwies sich schnell als überlegen. Das Abenteuer endete für Pakistans Feldmarschall Ayub Khan in einem Desaster. Er musste bei den Vermittlungsverhandlungen in Taschkent, die der sowjetische Ministerpräsident Alexej Kossygin als kluger Schiedsrichter dirigierte, den indischen Truppenabzug mit einem Gewaltverzicht besiegeln. Nach dem diplomatischen Ringen starb Shastri noch in Taschkent an einem Herzschlag.

Zu seiner Erbin in Delhi wurde Nehrus Tochter Indira Gandhi gekürt, eine »Frau aus Seide und Stahl«, wie sie im Juni 1972 Pakistans spätere Ministerpräsidentin Benazir Bhutto bei den Friedensverhandlungen im Himalaja-Kurort Simla kennenlernte. Dort war sie als Tochter von Zulfikar Ali Bhutto zugegen, Pakistans erstem gewählten Premier. Dem fiel die Bürde zu, eine weitere, teils von ihm selbst mitverantwortete Katastrophe für sein Land zu bewältigen: den Abfall Ost-Pakistans mit der Gründung von Bangladesch, dem Land der Bengalen, nach einem Blutbad der Armee, das Indiens Truppen zum Eingreifen veranlasste. Die wurden beim Einzug in Dacca Mitte Dezember 1971 mit Jubel begrüßt. Der dritte indo-pakistanische Bruderkrieg innerhalb von vierundzwanzig Jahren war schnell entschieden, und er sah wie die beiden vorangegangenen Indien als Sieger. Die Islamische Republik Pakistan aber hatte innerhalb von vierzehn Tagen mehr als die Hälfte ihrer Bevölkerung verloren.

Demokratische Regentschaften blieben in Pakistan Episoden, meist regierten Militärs das Land der Reinen als Oberste Kriegsrechtsadministratoren. Auch Bhutto, dem Volkstribun mit despotischen Neigungen, war nur eine kurze Amtszeit beschieden. Er wurde von einer Junta seines frömmelnden Armeechefs Zia-ul-Haq entmachtet und nach einer Justizfarce zum Tode verurteilt wegen angeblicher Anstiftung zu einem politischen Mord. »Allah sei mir gnädig, ich sterbe unschuldig«, lauteten seine letzten Worte, als am frühen Morgen des 4. April 1979 auf einem gemauerten Galgen im Gefängnishof von Rawalpindi sich das Falltor unter seinen Füßen öffnete, betätigt von einem Henker, der zur Minderheit der Christen zählte. Eine nach Indien geschmuggelte letzte Rechtfertigungsschrift Bhuttos machte für dieses Ende eine »ausländische Verschwörung« gegen seine Nuklearpolitik verantwortlich, weil er die »islamische Bombe« anstrebte, »selbst wenn das Volk dafür jahrelang Gras fressen muss«. Immerhin hatte ihm kein Geringerer als Henry Kissinger gedroht: »Wir werden an Ihnen ein Exempel statuieren.« Allerdings ließen an dieser Bombe dann auch Bhuttos Nachfolger basteln, Demokraten wie Militärs. Und die Amerikaner, die Pakistan als Waffenschleuse zu den Glaubenskriegern im sowjetisch besetzten Afghanistan brauchten, taten so, als bemerkten sie diese Bastelarbeit nicht, die mit Chinas Hilfe betrieben wurde.

Indira Gandhi und Islamabads Militärherrscher Zia-ul-Haq mochten sich nicht sonderlich. Der General zog in Zeitungsinterviews über Indiens Premierministerin her, suchte aber bei der Begegnung auf einem internationalen Forum die Lady mit den Worten zu umschmeicheln: »Glauben Sie nicht alles, was Sie in den Zeitungen lesen.« Indira Gandhis schlagfertige Antwort ist klassisch: »Natürlich nicht, werden Sie von diesen Blättern nicht Demokrat genannt und ich eine Diktatorin?«

Vergeblich versuchte nach der Ermordung Indira Gandhis ihr Sohn Rajiv Ende der Achtziger eine Aussöhnung mit dem verfeindeten Bruder anzusteuern. Er hoffte dabei auf Benazir Bhutto, dynastischer Erbe der Macht wie er selber. Aber Benazir Bhutto war überfordert, sie wurde vom Militär abgeräumt, dessen Strategen ganz andere Ziele anvisierten. Mit tatkräftiger Unterstützung der Mudschaheddin war die sowjetische Supermacht aus Afghanistan vertrieben worden, und in die Bürgerkriegswirren der Glaubenskrieger danach hatte Pakistans Geheimdienst ISI als Sponsor einer neuen Extremistentruppe eingegriffen, der fundamentalistischen Taliban. Diese Koranschüler eroberten 1996 Kabul. Sie holten den ehemaligen Staats- und Parteichef Nadschibullah, der Pakistan stets mit seinen Reden von einem Groß-Paschtunistan verunsichert hatte, aus seiner Zuflucht in der UNO-Vertretung, schlugen ihn tot und hängten ihn an einer belebten Straßenkreuzung auf. Dass die Taliban am Hindukusch einen islamischen Gottesstaat nach den Geboten der Scharia errichteten, scherte Islamabad wenig. Und zunächst auch nicht, dass sich dort als Dauergast der saudi-arabische Multimillionär Osama bin Laden mit seinem Gefolge etablierte und die »Welt-Islam-Front für den Dschihad« schuf. In deren Ausbildungscamps gab es genügend Freiwillige, die bereit waren, in die nächste Schlacht für den Islam zu ziehen: in das benachbarte Kaschmir, um hier nun auch den indischen Riesen in die Knie zu zwingen.

Etwa 10 000 Guerillakämpfer aus Pakistan sickerten seit 1989 in den indischen Teil Kaschmirs ein, wo die von der Zentralregierung entsandten Soldaten und Sicherheitskräfte, zeitweise über 500 000 Mann, nur mit brutalsten Repressionen den Aufstand muslimischer Separatistengruppen niederhalten konnten. Die Strafaktionen kosteten Zehntausende das Leben, verschafften den Unabhängigkeitskämpfern wachsenden Zulauf und ließen über 400 000 Hindus fliehen, sodass nach diesem Exodus im eigentlichen Kaschmir-Tal außer den Besatzern nur noch Muslime wohnen. Salman Rushdie, dessen Großeltern Kaschmiri waren, schildert in seinem Roman *Shalimar der Narr* den Blutrausch der Auseinandersetzung zwischen den Selbstmordattentätern um den Eisernen Mullah und dem indischen Militär, das mit seiner Taktik der verbrannten Erde systematisch Dörfer auslöscht. Das einstige Paradies, so der traurige Befund des Schriftstellers, sei zerstört worden »durch Gier nach Besitz, sowohl von Indien wie von Pakistan«.

Und, schlimmer noch, Kaschmir wurde zum Sprungbrett kampferprobter Dschihadisten Osama bin Ladens, die den ganz großen Konflikt zwischen Indien und Pakistan auszulösen versuchten, den ersten Atomkrieg des 21. Jahrhunderts. So am 13. Dezember 2001, nur drei Monate nach den Terroranschlägen von New York, mit dem Angriff eines Selbstmordkommandos auf das Parlament in Delhi. Die fünf Männer führten neben Maschinenpistolen, Handgranaten und Sprengsätzen in ihrer weißen Ambassador-Limousine eine große Ammoniumnitrat-Bombe mit sich, um den massiven Rundbau aus der Kolonialzeit, in dem gerade beide Kammern des Parlaments tagten, in die Luft zu jagen. Auf einen Schlag sollten die gewählten Vertreter von Indiens politischer Elite vernichtet werden. Aber die Terroristen schafften es in einem halbstündigen Feuergefecht nicht, bis zu den inneren Hallen vorzudringen und die Sprengkörper zu zünden. Acht Sicherheitsleute stellten sich ihnen entgegen und starben, genauso wie sämtliche Angreifer.

Indiens Regierung vermutete Pakistans Geheimdienst ISI hinter dem Anschlag, Premier Vajpayee ließ die Mobilmachung der Streitkräfte anordnen. Entlang der gesamten indisch-pakistanischen Grenze marschierte über eine Million Soldaten auf. Die CIA warnte Präsident Bush, der hauptsächlich damit beschäftigt war, Osama bin Laden im afghanisch-pakistanischen Grenzgebiet bei Tora Bora zu ergreifen, vor einer wesentlich dramatischeren Zuspitzung in unmittelbarer Nachbarschaft: Die militärischen Planungen sowohl der Inder wie auch der Pakistaner seien dermaßen konfus, dass mit der Eskalation eines konventionellen Konflikts die Gefahr des ersten Einsatzes einer Atombombe seit dem Auslöschen von Nagasaki bestehe.

Zweimal im Jahr 2002 stand Indien kurz vor einem Angriff auf Pakistan, der Subkontinent womöglich vor einem Inferno. Mitte Januar sollten als Vergeltung für den Anschlag auf das Parlament Terroristencamps im pakistanischen Teil von Kaschmir mit Mirages und MiGs bombardiert und danach von Spezialeinheiten vollends zerstört werden. Bush und einige Europäer intervenierten massiv und mahnten Delhi zur Zurückhaltung. Gleichzeitig brachten die Amerikaner Pakistans Präsident Pervez Musharraf dazu, sich öffentlich von terroristischen Operationen in Kaschmir zu distanzieren sowie zwei der wichtigsten Islamisten-Organisationen in Acht und Bann zu stellen. Washington wies Indien zudem auf die Gefahr hin, dass Pakistan sich zu einem nuklearen Erstschlag gezwungen sehen könnte, sollte der große dem kleinen Bruder allzu heftig zusetzen und etwa auf Lahore zumarschieren.

Diese Warnung war durchaus berechtigt. Wer damals, im April, als Journalist Gelegenheit erhielt zu einem Gespräch mit Präsident Musharraf in dessen Residenz im Army-Cantonement von Rawalpindi, nahm den Eindruck finsterer Entschlossenheit mit. Stolz wies der General, 1999 durch einen Putsch an die Macht gekommen, auf einen Quarzbrocken in der Eingangsvitrine, der aus den Ras Koh-Bergen der unterirdischen Atomtests von Belutschistan stammte. »Kaschmirs Blut fließt durch unsere Herzen«, verteidigte Pakistans Militärherrscher die Widerstandsbewegung im Himalajatal als legitim, und ziemlich geschmacklos mokierte er sich gar über den Anschlag auf das indische Parlament: »Vielleicht waren es Delhis eigene Agenten?« Da sprach ein Staatsmann, der voll auf Konfrontationskurs zu steuern schien, und bekannte: »Wir waren einem großen Krieg sehr nahe.« Schließlich, am Ende des Gesprächs, gleichsam als Rausschmeißer, ein bewusst abgefeuerter verbaler Knaller: Gegen den »Großmachtwahn der Inder« bleibe der Einsatz von Nuklearwaffen die allerletzte Möglichkeit, dozierte der General, dabei jedes Wort ruhig wägend: »Wenn ganz Pakistan von der Landkarte zu verschwinden droht, dann würde der Druck unserer Landsleute zu groß, auch diese Option wahrzunehmen. Dann gilt: Im Notfall auch die Atombombe.«

Das *Spiegel*-Interview mit Musharrafs nuklearem Säbelrasseln sorgte für Aufregung in Delhi. Die Nachricht veranlasste, so schrieb das Magazin *India Today*, das Kriegskabinett der nationalkonservativen Regierung Vajpayee, alle Vorbereitungen auch für einen atomaren Schlagabtausch zu treffen. Mitte Mai verschärfte sich die Lage weiter durch einen neuerlichen Selbstmordanschlag islamistischer Terroristen bei Jammu auf Hindus mit zweiundzwanzig Toten, vornehmlich Frauen und Kinder. Unmittelbar danach testete Pakistan Ghauri-Raketen, die mit Atomsprengköpfen bestückt werden können und über eine Reichweite von bis zu 2500 Kilometer verfügen, also sämtliche Zentren Indiens zu zerstören vermögen. »Wir mussten zeigen, dass wir nicht bluffen«, sagte Musharraf später. Einer seiner Generäle, das war wohl Teil des Nervenkriegs, debattierte bei einem Treffen mit Indern in London ganz offen über die Folgen eines atomaren Showdowns. »Wir können damit leben, Delhi, Bombay und Kalkutta zu verlieren, aber dann bleibt von Pakistan nichts mehr übrig«, gaben die Inder zu bedenken. Der General erwiderte kühl: »Das ist leichter gesagt als getan. Ohne Delhi, Kalkutta und Bombay wird für Indien das Überleben nicht so einfach sein.«

Nunmehr verlor auch der besonnene Vajpayee die Geduld. »Wir werden etwas tun müssen«, kündigte der Premier vor dem Parlament an. In Schreiben an Präsident Bush, Britanniens Premier Blair, Russlands Präsident Putin und Frankreichs Staatschef Chirac beschuldigte er Musharraf, ein doppeltes Spiel zu treiben. Die indische Armee forcierte die größte Mobilmachung ihrer Geschichte, mehrere westliche Staaten forderten ihre Bürger zum Verlassen der Region auf und reduzierten ihr Botschaftspersonal. Es war nun wirklich kaum mehr zu übersehen, dass die verfeindeten Brüder auf dem Subkontinent am Rande eines großen Krieges standen.

George W. Bush, seit dem 11. September mit der Afghanistan-Intervention auf Pakistans Mitwirken angewiesen, schickte eilends Sonderemissäre zu einer Shuttle-Mission nach Islamabad und Delhi, westliche Staatsmänner bestürmten die Inder, es nicht zum Äußersten kommen zu lassen. Doch erst die Zusicherung Washingtons, Musharraf werde der Unterstützung von Terroristen in Kaschmir öffentlich abschwören, sowie letztlich wohl auch die Angst, in die nukleare Apokalypse zu schlittern, ließen die Inder vor dem geplanten Schlag zurückschrecken. Dann kam, wirklich ein Segen, der Monsun. Die Gemüter beruhigten sich.

Seitdem stand wieder die Diplomatie im Vordergrund und das Bemühen, zu einem »strukturellen Dialog« mit vertrauensbildenden Maßnahmen zu finden. Dazu gehörten Cricketspiele, die Freilassung von Gefangenen, eine Wiederaufnahme des Flugverkehrs sowie der Buslinie zwischen Delhi und Lahore. Insbesondere die Regierung von Manmohan Singh versuchte, dem Entspannungskurs mit Pakistan frische Impulse zu geben in dem Bewusstsein, dass beide Länder dringend Ruhe benötigen, um ihre enormen Probleme im Innern zu bewältigen, das heißt vordringlich für mehr Wirtschaftswachstum und Arbeitsplätze zu sorgen. Denn bis zur Jahrhundertmitte wird Indien zur größten Nation auf diesem Erdball heranwachsen und Pakistan mit dann 350 Millionen an vierter Stelle liegen. Dabei hat das Land der Reinen eine denkbar schlechte Ausgangsposition. Die Alphabetisie-

»Im Notfall auch die Atombombe«:
Pakistans Präsident Musharraf und Indiens Premier Vajpayee

rungsquote liegt mit 45 Prozent noch erheblich unter der von Indien. Anders als der große Bruder im IT-Bereich oder der Pharmazie, hat Pakistan überdies nirgendwo Spitzenleistungen vorzuweisen, verplempert gut ein Viertel seines Staatshaushalts für Militärausgaben. Singh, der ja aus dem heute zu Pakistan gehörenden westlichen Punjab stammt, sähe nach einem Überwinden des Terrorismus für beide Länder ein enormes Potenzial an Kooperationsmöglichkeiten, etwa nach dem Vorbild der Europäischen Wirtschaftsgemeinschaft: »Wir könnten mit unseren über 1,5 Milliarden Menschen und einem gemeinsamen Markt Südasien vollständig verändern.«

Soweit der zur Schau getragene Optimismus. Doch untergründig blubbert unvermindert das wechselseitige Misstrauen, sind die Erzfeinde von einer Aussöhnung, wie sie einst Deutschland und Frankreich schafften, weit entfernt. Natürlich würde das demokratische und säkulare Indien lieber mit einer Zivilregierung der Islamischen Republik Pakistan verhandeln. Es verdächtigt Islamabads Militärmachthaber nach wie vor eines doppelten Spiels im Friedenspoker. Mehrmals hatte der zu eitler Selbstdarstellung neigende Musharraf beteuert, er werde die etwa siebzig islamistischen Trainingscamps im pakistanischen Sektor Kaschmirs auflösen und jegliche Infiltration von Terroristen unterbinden. Doch Indiens Geheimdienstchef konnte seinem pakistanischen Gegenüber die präzisen Koordinaten weiterhin bestehender Lager übermitteln sowie die Frequenzen des Funkverkehrs mit den im indischen Kaschmirtal operierenden Dschihadis.

Der General, den Delhi immerhin vor einem der zahlreichen Attentatsversuche warnen ließ, steht zudem im Geruch, heimlich an Destabilisierungsaktionen in Indiens Unruhestaaten zu werkeln. Nach Erkenntnissen auch westlicher Spionagedienste nutzt der pakistanische Geheimdienst ISI Bangladesch als Operationsbasis für seine antiindische Subversion. Über den Hafen Chittagong werden Schiffsladungen von Waffen, Munition und Sprengstoff ins Land geschmuggelt und an Rebellengruppen weitergeleitet, die Indiens wilden Nordosten in Aufruhr halten. Ein Teil der Waffen gelangt auch zu den maoistischen Naxaliten in Nordindiens »rotem Korridor« und weiter zur islamistischen Guerilla Kaschmirs.

Mit der ihm eigenen Chuzpe wird Musharraf solche Anschuldigungen als »Bockmist« abtun, so wie er das regelmäßig mit ähnlichen Vorwürfen aus Afghanistan zu tun pflegt. Dessen Staatschef Hamid Karzai, der Import der Amerikaner, beklagt sich fast in jedem Interview über den fahrlässigen Umgang mit Terroristen in Pakistan und wirft Islamabads Militärherrscher vor, auf seinem Territorium »Schlangen zu hüten und auszubilden«. Die wieder erstarkenden Taliban, die dem Regenten von Kabulistan zusetzen, haben ihre Ruheräume und Waffendepots im pakistanischen Grenzgebiet bei ihren Verwandten in der kriegerischen Feudalgesellschaft der Belutschen und Paschtunen. Noch keine pakistanische Zentralregierung hat es vermocht, die Provinzfürsten dieser Stämme zu domestizieren, obwohl es immer wieder, auch unter Musharraf, Feldzüge gegen die Privatarmeen aufständischer Warlords und deren Zusammenspiel mit militanten Islamisten gab.

Zuletzt etwa gegen einen der schillernsten Separatisten in der rohstoffreichen Küstenprovinz Belutschistan, den Nawab Akbar Khan Bugti. Ein charismatischer, um Selbstbestimmung ringender Regionalfürst mit schlohweißem Haar. Seit Jahrzehnten behauptete sich dieser Sardar mit seinen 200 000 Stammesangehörigen und einer Kriegertruppe von gut 5000 Mann, notfalls zurückgezogen in einer seiner Höhlenfesten der Berge von Dera Bugti, gegen den Zugriff der verhassten Punjabis. Er beugte sich nie vor der pakistanischen Flagge. Vor seinen teilweise noch nomadisierenden Stammesuntertanen bewegte sich Akbar Bugti genauso souverän wie in einem Londoner Club oder im Pariser Maxim, wo er bei Europareisen gelegentlich speiste. Und wenn es spät geworden war, nach einem reichlichen Mahl in seinem Hauptquartier, dann pflegte der Sardar vor Besuchern gerne die Ballade von Baalaach zu verlesen, einem der »ersten Guerillakämpfer« der Belutschen vom Stamme der Gorgezh. Der tötete vor 400 Jahren in einem erfüllten Räuberleben zweiundsechzig Männer und scheiterte erst am dreiundsechzigsten Gegner. Ergriffen deklamierte Bugti: »Die Berge sind der Belutschen Festung / besser als jeder andere Schutz / die erhabenen Gipfel unsere Gefährten / die Höhen besser als jede Armee / die weglosen Schluchten sind unsere Freunde. / Ich habe nie Krieg geführt wie ein Schakal, / sondern wie der Tiger bin ich zwischen meine Feinde gefahren.« Der Tiger Bugti, mittlerweile neunundsiebzig geworden, wollte »lieber schnell in den Bergen sterben, als langsam im Bett«. Dafür sorgten Ende August 2006 Spezialeinheiten der pakistanischen Armee. Sie zerbombten eine der Fluchthöhlen in den Bergen von Kohlu und begruben darin den Sardar und drei Dutzend seiner Getreuen. Nun war Bugti zum Märtyrer aller Belutschen geworden. Die, so die Warnung Benazir Bhuttos aus dem Exil, würden dem Staat Pakistan »nun noch mehr entfremdet«.

Pakistan verdächtigt den indischen Geheimdienst, die Rebellion in seinen Unruheprovinzen gezielt zu schüren. Auszuschließen ist dies keineswegs. Das Hochputschen der Nationalitätenprobleme, vor allem die Ermunterung sezessionistischer Belutschen und Paschtunen, war von jeher ein Hebel, um Druck auf das Militärregime in Islamabad auszuüben. Vergeblich versuchte dies Kabuls Herrscher Nadschibullah, selber ein Paschtune, mit dem Segen der Sowjets, die bei einem staatlichen Zerfall Pakistans auf Zugang zum Arabischen Meer beim Fischerort Gwadar hofften, direkt an der Ölroute. Dort baut nun Pakistans bewährter Alliierter China einen Tiefseehafen, um ihn als Terminal für die Energieversorgung aus dem Nahen Osten zu nutzen. Die Inder beobachten dieses Aufkreuzen der Chinesen mit Argwohn.

Misstrauen wird trotz aller hübschen Entspannungsgesten auch weiterhin die Beziehungen zwischen den beiden Atommächten auf dem Subkontinent bestimmen. Jederzeit kann eine Serie von Massakern, gar ein monströser Terroranschlag, die Friedensschalmeien zum Verstummen bringen. Bitter blickte Premier Singh nach dem jüngsten Bombenterror in Bombay, der im Juli 2006 dort 207 Menschen tötete und mehr als 700 verletzte, in Richtung Pakistan mit seiner Bemerkung: »Terroristische Zellen werden angestiftet, ermuntert und unterstützt von Elementen jenseits der Grenze.«

Keiner wagt etwa einen ersten Schritt, um den ebenso absurden wie kostspieligen Stellungskrieg auf dem Siachen-Gletscher im nördlichen Kaschmir zu beenden. Dort stehen sich in 5500 Meter Höhe 7000 indische und 4000 pakistanische Soldaten gegenüber, kaum fähig zur Bewegung, unter Höhenkrankheit und Erfrierungen mehr leidend als durch feindliches Gewehrfeuer. Die Verhandlungen über einen Rückzug sind hier so festgefahren wie für ganz Kaschmir, und es gilt noch immer das Wort, mit dem Salman Rushdie den Streit der verfeindeten Brüder beschrieb: »Pakistan und Indien sind ineinander verkeilt wie zwei alte Ringer, die auf einem hohen Felsen miteinander kämpfen und dem Abgrund immer näher kommen.«

8

Auf dem Weg zur Weltmacht

Der oberste Repräsentant der europäisch-asiatischen Supermacht hoppelte an der aufgereihten Ehrengarde der Inder vorbei wie ein aufgezogener Spielzeugteddy. Mit wächsernem Gesicht absolvierte Leonid Breschnew keuchend das Begrüßungszeremoniell auf dem Militärflughafen von Delhi, die besorgte Gastgeberin Indira Gandhi neben sich. Man sah dem Kreml-Boss kurz vor dessen vierundsiebzigstem Geburtstag den angegriffenen Gesundheitszustand deutlich an, als er im Dezember 1980 Moskaus bedeutendsten Freund in der Dritten Welt besuchte. Ein Jahr zuvor hatten die Russen Afghanistan besetzt und einen internationalen Proteststurm ausgelöst. Von Delhi, offiziell immerhin Verfechter einer blockfreien Politik, war nach der kurz darauf erfolgten Wiederwahl Indira Gandhis zu dieser Invasion kein Wort des Tadels zu hören gewesen.

Dabei konnte den Indern der Konflikt an der Peripherie des Subkontinents kaum recht sein. Schlagartig verdeutlichte er erneut, dass mit Ende des Zweiten Weltkriegs, dem das Riesenland seine Unabhängigkeit von der geschwächten britischen Kolonialmacht verdankte, der Schwerpunkt der Weltpolitik sich nach Asien verlagert hatte. Nun wurden um Indien herum von anderen Mächten Koordinaten gesetzt, die den eigenen Bewegungsraum einschränkten. Ja, es kam sogar zu einer Neuauflage des »Great Game«, des Großen Spiels aus dem 19. Jahrhundert, mit dem Ringen um Vorherrschaft in West- und Zentralasien. Für die Briten war Afghanistan der Puffer gewesen gegen das zum Indischen Ozean strebende Russland der Zaren wie auch der Revolutionäre. So hatte noch Lenin 1917 in Petersburg der Menge zugerufen: »Und dann weiter nach Indien!« Jetzt schnappte sich der sowjetische Bär das Land am Hindukusch.

Das Vorrücken russischer Truppen an den Khyber-Pass, dem klassischen Einfallstor zum Subkontinent, sorgte in Westasien für eine

*Blockfreier Kurs im Kalten Krieg: Premierministerin Indira Gandhi mit
Sohn Rajiv*

grundlegend veränderte Machtkonstellation. In der Nachfolge der Briten als westliche Führungsmacht organisierten die Vereinigten Staaten von Amerika den Widerstand gegen dieses Vorpreschen, begleitet von einem internationalen Flottenaufmarsch im Indischen Ozean.

Diese Konfrontation musste alle Hegemonialansprüche Delhis in der Region illusorisch machen. Weil aber Moskau seit Abschluss des Freundschaftsvertrags im Jahre 1971 gleichsam die außenpolitische Versicherungspolice Delhis gegenüber den Erzfeinden Pakistan und China mit indirektem Nuklearschutz war, setzte Indira Gandhi ihren Besucher öffentlich nicht unter Druck. Die Premierministerin äußerte Verständnis »für die Sorgen der Sowjetunion«, ohne jedoch deren Eingreifen in Afghanistan zu beschönigen. Dabei konnte sie sich in der politischen Elite ihres Landes auf eine mächtige russophile Lobby stützen, die fest auf die Zukunft des Sozialismus und das Bündnis mit dessen Vormacht baute.

Sechsundzwanzig Jahre später, Anfang März 2006, besucht erneut der oberste Repräsentant einer Supermacht Delhi, diesmal des Welthegemons USA. Lächelnd schreitet George W. Bush im Vorhof des Präsidentenpalais Rashtrapati Bhavan die Ehrengarde der Elitesoldaten ab, ein Regiment von Sikhs im schwarzen Kampfdress mit rot-gelb gemusterten Turbanen. Es ist ein Besuch, der die Welt auf eine politische Zäsur einstimmt, auf einen fundamentalen Umbruch und die Verschiebung der globalen Machtgewichte. Denn der Chef der letzten verbliebenen Supermacht ist nicht nur nach Delhi gekommen, um der zweitgrößten Nation dieser Erde seine Reverenz zu erweisen. Mit einem erstaunlichen Atom-Abkommen befreit Bush die Inder aus der nuklearen Quarantäne und bietet ihnen eine privilegierte Energiekooperation mit Lieferung von Nukleartreibstoff und modernster Reaktortechnologie an. In einem beispiellosen außenpolitischen Schulterschluss verkündet der amerikanische Präsident sodann mit Blick auf das heraufziehende Zeitalter drohender Energiekonflikte die strategische Partnerschaft zwischen »der ältesten und der größten Demokratie der Welt« und die Erhebung Indiens »zu einer Weltmacht«. Das tut der nach Anerkennung dürstenden Seele indischer Patrioten wohl. Bewegt erklärt der ansonsten emotional sperrige Premier Manmohan Singh nach Abschluss der Gespräche: »Wir haben heute Geschichte geschrieben.«

Was für eine Kür, was für ein Wandel, was für ein Kurswechsel: Indien in einer historischen Weichenstellung an der Seite der Vereinigten Staaten, von denen es über Jahrzehnte eine tiefe kulturelle wie politische Kluft trennte. Es war die Zeit des Kalten Kriegs zwischen Ost und West, in der nach dem Urteil von Henry Kissinger für die amerikanische Asienpolitik Delhi »meist nur eine Statistenrolle spielte«. Washington habe seinerzeit große Schwierigkeiten gehabt, fand der Großstratege, mit dem indischen Verständnis von bündnisfreier Außenpolitik zurechtzukommen. Das lässt sich nachvollziehen. So trat Indien gerne als moralischer Hohepriester und Schiedsrichter der Weltpolitik auf, scheute sich in Verfolgung seiner eigenen Sicherheitsinteressen indes keineswegs, Gewalt anzuwenden oder damit zu drohen – gegenüber Goa, Sikkim, Sri Lanka, Nepal oder Bangladesch. Im Vermischen von Real- und Moralpolitik war Delhi stets ein gewiefter Akteur: Für den idealistischen Part konnte das moderne Indien sich dabei kaum auf seine Vorfahren berufen. Die huldigten nämlich kruder Machtpolitik, Machiavelli hätte daran seine Freude gehabt. Von dieser durchaus zeitgemäßen Gesinnung zeugt das Heldenepos *Mahabharata* ebenso wie das diplomatische Brevier *Arthashastra* des genialen Brahmanen Kautilya, Urvater aller Realpolitiker. Der gab seinem Herrscher Ratschläge zur Staatskunst der Erhaltung eines Gleichgewichts der Kräfte, ausgehend von der Devise: Der Nachbar ist mein natürlicher Feind, der Feind meines Feindes aber ein Freund, mit dem man sich verbünden sollte. Kautilya stammte aus Taxila, war Zeitzeuge des Alexanderzugs zum Indus und diente dem Begründer der Maurya-Dynastie Chandragupta, der das erste Großreich im Norden des Subkontinents schuf. Das agierte als Global Player in der damaligen asiatisch-europäischen Politik, vertrieb die mazedonisch-persischen Eindringlinge aus dem Indusgebiet und schuf sich ein Glacis mit Belutschistan und dem Westen des heutigen Afghanistan. Chandraguptas Imperium erstreckte sich über 3000 Kilometer bis zur Gangesmündung, es hatte mehr Einwohner und war wirtschaftlich potenter als das Alexanderreich.

Ihren Höhepunkt erreichten die Mauryas im zweiten vorchristlichen Jahrhundert mit der siebenunddreißigjährigen Regentschaft Ashokas. Aus Reue über die blutrünstige Niederwerfung des Volks der Kalinga in Orissa wandelte sich dieser Kaiser zum sanftmütigen

Buddhisten und bescherte seinen Untertanen dreißig Jahre Frieden. Mit einem universalistischen Sendungsbewusstsein schickte Ashoka von seiner Residenz Pataliputra, dem heutigen Patna im Bundesstaat Bihar, Missionare aus bis zum Mittelmeer und nach Ostasien, freilich im Westen ohne nachhaltigen Erfolg. Indiens Staatswappen ist das Löwen-Kapitell der Ashoka-Säule von Sarnath bei Varanasi. In einem Garten dort hatte der erleuchtete Buddha seine Botschaft erstmals fünf Asketen vorgetragen und damit das »Rad der Lehre« in Bewegung gesetzt. Dieses marineblaue Rad, das Dharma Chakra, ziert nunmehr die indische Staatsflagge mit der Farbe Safrangelb für Opfer und Verzicht, Weiß für Reinheit und Wahrheit sowie Dunkelgrün für Glauben und Fruchtbarkeit.

Ashokas Politik des Gewaltverzichts führte mit der Zunahme zentrifugaler Tendenzen unter seinen Nachfolgern zum Zerfall des Imperiums, zu Jahrhunderten politischer Apathie und Wirren zwischen Kleinstaaten. Erst die Guptas schufen um 320 nach Christus im Gangestal mit einem erneuerten Hinduismus wieder ein Großreich und Indiens zweites goldenes Zeitalter. Es endete im sechsten Jahrhundert mit den Barbareneinfällen aus dem Nordwesten, der Hunnen, der Kushan und anderer Völkerschaften. Wie in Europa nach der Zerstörung Roms und der Völkerwanderung folgte auch in Indien eine bleierne Zeit.

Ein einheitliches Indien als Großmacht, gar ein indisches Reichsvolk gab es nie. Wohl aber über tausend Jahre Großreiche an Indus und Ganges, deren Bedeutung patriotische Großmannssucht der indischen Elite heute oft verklärt. Dabei ist unbestreitbar, dass in Indien bereits eine blühende Zivilisation bestand, als die Menschheit woanders noch auf den Bäumen hockte. Hier lagen die ältesten Städte der Welt, wurde das dezimale Zahlensystem erfunden, das dann über die Araber in den Westen gelangte, und auch das Schachspiel. Hier operierten Pioniere der Chirurgie erfolgreich und versorgten Amputierte mit Prothesen. Auf dem Subkontinent verkündeten Texte der *Upanishaden* lange vor der philosophischen Blüte Athens erkenntnistheoretische Lehren. Und tausend Jahre vor Galileo wies der Himmelsforscher Aryabhatta nach, dass die Erde rund ist und sich um die Sonne dreht.

Aus Indiens Wetterecke, über die Pässe des Nordwestens, brandeten ab der Jahrtausendwende verheerende Wogen von Invasoren in das Tiefland. Die in über zweitausend Jahren Zivilisation ermattete Bevölkerung hatte der Fremdherrschaft nichts mehr entgegenzusetzen. Mit Berg- und Steppenvölkern, Abenteurern, Landsknechten und entlassenen Sklaven erfolgte der Einbruch des Islam. Zu den Heimsuchungen gehörten die Raubzüge des Despoten Mahmud von Ghazni, Dschingis Khans Vorstoß bis zum Indus und Delhis Eroberung durch Timur den Lahmen, den Weltenvernichter. Sein Enkel Babur, »der Löwe«, ein großer und grausamer Herrscher, wurde dann zum Begründer der indoislamischen Moguldynastie. Der Soldatenpoet, Zeitgenosse Luthers und schwerer Zecher, hasste die fiebrigen Ebenen Hindustans, sehnte sich nach der seidigen Höhenluft Kabuls. Dort befindet sich auch sein Grabschrein.

Ganz anders Akbar, der bedeutendste Regent der Moguln und erste auf indischem Boden geborene Timuride. In der zweiten Hälfte des 16. Jahrhunderts machte dieser Sunnit sich zum Kalifen eines aufgeklärten Islam und hielt in seiner Residenzstadt Fatehpur Sikri Religionsgespräche ab, an denen Muslime, Hindus, Buddhisten und Jesuiten aus Goa teilnahmen. Die »Säule der Weisheit« trug die Symbole aller Religionen in seinem Reich. Schließlich verkündete Akbar eine selbstgeschaffene Glaubensgemeinschaft, ließ den Namen Mohammeds aus dem Freitagsgebet streichen und sich in Glaubenssachen für unfehlbar erklären – ein multireligiöser Papst im Gangesland. Die Herrschaft dieses toleranten Genies blieb eine Episode. Akbars engstirnige Nachfolger verspielten als muslimische Eiferer das Reich der Moguln in den folgenden hundert Jahren.

Zu ihren staatspolitischen Erben wurden die Gerissensten der ins Land drängenden Kolonialisten aus Europa, die sich anfangs wie die Faktoreien von Franzosen, Portugiesen, Holländern als Kaufleute mit der Ostindischen Kompanie eingenistet hatten – die Briten. Bis zum Jahr 1800 sicherten sie die Kontrolle über das gesamte Land militärisch ab und stellten an die Spitze ihrer Ausbeuterkolonie zunächst Generalgouverneure, später sogar Vizekönige. Einer der bekanntesten, Lord Curzon, hatte schon 1909 eine seherische Ahnung von der künftigen Führungsrolle des ihm anvertrauten Kolosses. Im Zenit der Machtentfaltung des Britischen Empire räsonierte Londons späterer Außenminister mit Blick auf die Region zwischen Aden und Singapur sowie die maritimen Handelswege über die »unschätzbaren Aktivposten« des Subkontinents. Curzon gelangte zu einer Erkenntnis, wie sie sich nun auch dem Amerikaner George W. Bush aufdrängte: »Es ist wirklich offenkundig, dass Meister Indien unter modernen Bedingungen zur größten Macht auf dem asiatischen Kontinent wird – und damit, dies sei hinzugefügt, in der Welt.«

Solche Träume hatte insgeheim auch Jawaharlal Nehru, der Anwaltssohn aus einer Familie von Kaschmir-Brahmanen, die über Generationen Indiens Politik prägte. Nach siebenjährigem Studium in England und später ausgedehnten Reisen durch Europa, darunter Besuchen in Hitlers Deutschland und Stalins Russland, gelangte der Pandit (»Gelehrte«) zu der Überzeugung, dass ein von der kolonialen Bevormundung befreiter Subkontinent nicht nur eine Schlüsselrolle in Asien, sondern auch in der Weltpolitik spielen müsste. Grundvoraussetzung dafür sei, keinerlei Bindungen an bestimmte Bündnisse einzugehen. Noch bevor Indien seine Unabhängigkeit erlangte, lud Nehru im März 1947 nach Delhi ein zu einer Konferenz asiatischer Staaten, die bereits Vorstellungen über ein blockfreies Lager zwischen den nunmehr verfeindeten Weltkriegssiegern USA und Sowjetunion debattierte. »Zu lange sind wir Asiaten als Bittsteller vor Herrschern und Ministern des Westens aufgetreten«, dozierte Nehru und forderte: »Das muss jetzt ein Ende haben.«

Der indische Premier gehörte auch zu den Initiatoren der afro-asiatischen Konferenz 1955 in Bandung, die mit dem Antikolonialismus als Triebkraft zum wichtigsten Vorläufer wurde für das dann 1961 von dem Triumvirat Tito, Nehru und Nasser nach Belgrad einberufene erste Gipfeltreffen von fünfundzwanzig bündnisfreien Staaten. Nehru war nicht unbedingt darauf erpicht gewesen, einen neuen Block von Dritte-Welt-Ländern zu schaffen. Aber er glaubte an die Notwendigkeit eines kollektiven Sicherheitssystems und des Kampfes gegen das atomare Wettrüsten der Supermächte. Auf sein Drängen hin verabschiedete die Belgrader Konferenz einen an die Staatschefs Amerikas und der Sowjetunion gerichteten Appell zur friedlichen Koexistenz.

Dass es ein Jahr darauf zum Himalaja-Krieg mit der Volksrepublik China kam, die von Indien 1949 als erstem Land überhaupt anerkannt und zum Treffen in Bandung bugsiert worden war, traf Delhis Regierungschef wie ein Schock. Das Konzept einer pan-asiatischen Solidarität hatte sich ebenso als Blendwerk erwiesen wie die Bündnisfreiheit, denn angesichts der Niederlage musste Nehru Großbritannien um Vermittlung und ausgerechnet die USA um Militärhilfe bitten. Zwar zog sich China dann mit Verkündung eines Waffenstillstands überraschend aus Assam zurück, aber die Demütigung hatte dem Premier dermaßen zugesetzt, dass er zermürbt achtzehn Monate danach verstarb.

Der Kalte Krieg verschaffte den Blockfreien weiter Konjunktur. Sie empfanden sich als das »Gewissen der Menschheit«, stellten zwei Drittel der UNO-Mitglieder, wussten Superreiche und Bettelarme in ihren Reihen. Ihre Führer, wie Jugoslawiens Tito oder auch Nehrus Tochter und politische Erbin Indira Gandhi, vermochten indes nicht zu verhindern, dass der antiimperialistische Kurs die Bewegung der paktungebundenen Staaten zunehmend in sowjetisches Fahrwasser abdriften ließ. Schließlich spielte Indira Gandhi selber die sowjetische Karte. Um ein strategisches Gegengewicht zu China und Pakistan zu schaffen, das wiederum Alliierter der USA war, schloss sie 1971 mit Moskau einen Freundschaftsvertrag. Hierzu trieb die Inder nicht nur die Furcht vor Umzingelung, sondern auch die Angst, mit der von US-Präsident Richard Nixon forcierten Annäherung an China und einer Umschichtung der Allianzen könnten die Supermächte erneut in den Kalten Krieg schlittern. Zudem vertrug sich die Globalstrategie der Sowjets, die seit dem großen Bruch mit China nach neuem strategischen Terrain in Asien suchten, recht gut mit den Hegemonialansprüchen der Inder. Beiden ging es darum, den Einfluss Chinas wie den der USA im Süden Asiens in Schach zu halten.

Drei Jahre nach dem Pakt mit Moskau, im Mai 1974, zündete Delhi in der Wüste Thar seine erste Atombombe. Es war die verspätete Antwort auf Chinas Nukleartest eine Dekade zuvor. Aber damit hatte Indien sich dem Westen weiter entfremdet.

Zwar spürten die Nachfolger der 1984 ermordeten Premierministerin, vor allem ihr Sohn Rajiv Gandhi, dass sich die Politik der Blockfreiheit mit ihren inneren Widersprüchen überlebt hatte. Doch die Vormacht des Westens schmollte, zeigte wenig Verständnis für Indiens Sicherheitsbedürfnisse. Stattdessen kooperierte sie lieber mit dem kommunistischen China und der Militärdiktatur Pakistan. Das konnte so lange einleuchten, wie die Sowjettruppen noch am Hindukusch kampierten. Aber mit dem von Michail Gorbatschow verfügten Abzug der letzten russischen Soldaten aus dem zerklüfteten Bergland im Frühjahr 1989 war auch das sozialrevolutionäre Regime ihres Statthalters Nadschibullah bald am Ende. Washingtons Schützlinge, die Mudschaheddin, übernahmen nach einem gnadenlosen Bürgerkrieg in Kabul die Macht. Dass zum Gefolge der Glaubenskrieger dann in einer zweiten Welle mit den Taliban die schlimmste Brut islamistischer Fundamentalisten gehörte, die zudem den saudi-arabischen Multimillionär Osama bin Laden beherbergte, war eine groteske strategische Fehleinschätzung der Amerikaner. Das wurde der überraschten Supermacht erst mit den Terroranschlägen der al-Qaida auf die Twin Towers in New York voll bewusst. Die Inder waren durch ihre Geheimdienste über das Geschehen am Hindukusch gut im Bilde. Sie hatten den Westen auf das luzide Zusammenspiel zwischen den »Koranschülern« und dem pakistanischen Geheimdienst ISI als deren williger Sponsor sowie auf die grenzüberschreitende terroristische Gefahr mehrfach hingewiesen. Vergebens.

Auf Moskaus Abmarsch aus Afghanistan folgte die Implosion der Sowjetunion. Über vier Jahrzehnte war sie Indiens Richtpfeiler gewesen als wichtigster diplomatischer Verbündeter, als Handels- und Rüstungspartner. Delhi stand nun da mit einem impotenten Schutzpatron sowie einer Wirtschaftskrise, die das Gebäude des gemäßigten Staatssozialismus einstürzen ließ. Radikales Umdenken an vielen Fronten war angesagt. Wirtschaftlich mit der Abkehr von staatlicher Bevormundung und einer Öffnung für marktwirtschaftliche Zugluft. Außenpolitisch trotz aller Blockfreien-Nostalgie mit der Annäherung an Positionen des Westens. Eigentlich seien sie doch »natürliche Verbündete«, umwarb Atal Behari Vajpayee, Regierungschef der neuen nationalkonservativen Regierung der Bharatiya Janata Party (BJP), bei seinem Besuch in New York Ende 1998 die Supermacht. Das war wohlgemerkt noch vor den Terroranschlägen, vor Amerikas Herausforderung durch Osama bin Laden und dem Abenteuer Irak. Aber die Offerte machte schon damals Sinn aus mehreren Gründen: Wollte Washington verhindern, dass Asien als Zukunftskontinent der Menschheit nur von einer einzigen Macht beherrscht wird, nämlich durch den kommunistischen Giganten China, dann brauchte es außer dem Bündnis mit Japan ein weiteres Gegengewicht. Da bot sich Indien als

Partner geradezu zwangsläufig an, zumal es noch die Affinität gemeinsamer Grundwerte mit den USA gibt: das Bekenntnis zu Demokratie und Rechtsstaat in einer offenen Gesellschaft mit religiösem wie rassischem Pluralismus. Überdies konnten beide Länder kein Interesse daran haben, dass die westasiatische Region von einem fundamentalistischen Islam kontrolliert wird.

In ihrem Stolz getroffen fühlen sich Inder besonders, wenn der Westen ihr demokratisches Engagement anzweifelt. Wenn gar die Selbstpreisung von »der größten Demokratie der Erde« als Schimäre bespöttelt wird. Natürlich gibt es hier noch immer widerwärtige Auswüchse von Korruption, Bestechung und Nepotismus, aber dagegen sind gewachsene Demokratien in Europa ebenfalls nicht gefeit. Natürlich gibt es unfähige, kriminelle Politiker, einen kastenorientierten Stimmenmarkt, den Hang zum Populismus, der Indienliebhaber wie Tiziano Terzani über ein verkommenes System jammern ließ, »in dem Seichtheit und medienwirksame Verlogenheit prämiert werden, nicht aber Klugheit, Weitsicht und moralische Integrität«. Dieser Hexenspiegel ließe sich Europa nicht minder vorhalten. Denn wahr ist eben auch dies: Als viele Länder der Dritten Welt ihr Fortkommen nur als Entwicklungsdiktatur zu schaffen glaubten, entschied sich der Staat mit den meisten Armen und Analphabeten der Erde für den schwierigeren Weg einer Vielparteiendemokratie. Denn es ist gewiss nicht einfach, in einem föderalen System mit rund 500 angemeldeten politischen Parteien und achtundzwanzig Bundesländern, in denen ständig irgendwo Wahlkampf geführt wird, eine effektive Regierung zu organisieren, Privilegien abzuschaffen, Subventionen abzubauen oder schnelle Investitionsentscheidungen zu treffen.

In den sechzig Jahren seit der Unabhängigkeit gab es als politische Konstante auf nationaler Ebene die Kongresspartei. Sie dominierte ein halbes Jahrhundert in Delhi. Das Erstarken von Regionalparteien und Kasten-Bündnissen zwingt hingegen auch sie nun zum Konsens mit Partnern in einer Koalitionsregierung. Ministerpräsident Singh musste sich die Unterstützung von siebzehn Parteien sichern. Gelegentlich wurde in der Oberschicht die Schwerfälligkeit des demokratischen Systems bemäkelt und mit der Sehnsucht nach einem aufgeklärten Despoten geliebäugelt. Als Indira Gandhi sich aber zur Notstandsherrscherin aufschwang, fegte das Volk sie bei der nächsten Wahl aus dem

Parlament. Auch andere politische Manipulatoren scheiterten an der Skepsis und dem Stimmengewicht der Massen, die Wahltage zelebrieren wie religiöse Feste. Mit dem Slogan »Indien leuchtet« glaubten etwa die Hindu-Nationalisten um Premier Vajpayee bei den Wahlen 2004 ein leichtes Spiel zu haben, denn die Städte schwelgten im Wirtschaftsboom. Nur hatte davon die Landbevölkerung wenig abbekommen. Sie aber stellte die Mehrheit und gab der Regierung den Laufpass.

Manmohan Singh, der danach gekürte Premier, erlaubt sich gelegentlich, so ambitiös wie einst Nehru, in Indien einen »Lehrer der Menschheit« zu sehen. Mit Blick auf die überwiegend autoritär regierte Nachbarschaft lässt sich Indiens Erfolg als offener und multikultureller Vielvölkerstaat schwerlich bestreiten. Singh leitet daraus die Verpflichtung ab, »gegenüber der Geschichte und der Menschheit zu zeigen, dass Pluralismus gedeihen kann, dass Demokratie für Entwicklung sorgen und Zurückgebliebene voranbringen kann«. Vier Fünftel der über 1,1 Milliarden Inder bekennen sich zur Religion des Hinduismus. Gleichwohl war im Sommer 2006 mit dem Raketenwissenschaftler Abdul Kalam ein Muslim Indiens Präsident, mit dem Wirtschaftsexperten Manmohan Singh ein Sikh Regierungschef und mit Sonia Gandhi eine katholische Italienerin die Führerin der wichtigsten Partei – wäre solch ein Pluralismus denkbar an der Staatsspitze in einem islamischen Land?

Das veränderte geopolitische Umfeld zwang Indiens Politiker seit Beginn der neunziger Jahre zu einem außenpolitischen Pragmatismus mit der Suche nach neuen Handlungsspielräumen und Partnern. Vor allem aber zu Entscheidungen über die nukleare Option. Denn aus der Sicht Delhis war das System des Atomwaffensperrvertrags und der Nichtweitergabe von Nukleartechnologie längst zusammengebrochen. Mit chinesischer Hilfe forcierte der Erzfeind Pakistan die Arbeiten an der schon von Zulfikar Ali Bhutto großsprecherisch angekündigten »islamischen Bombe«. Peking lieferte Islamabad Modelle für Sprengköpfe und Raketen. Die Amerikaner wussten von dieser Proliferation, prangerten sie jedoch nicht an, weil Pakistan als Alliierter gegen die Sowjets am Hindukusch gebraucht wurde. Ursprünglich hatte Indien zu den internationalen Wortführern einer universellen atomaren Abrüstung gehört. Es war aber sämtlichen Kontrollabkommen ferngeblieben, wollte sich nicht dem »Apartheidregime« des Fünfer-Clubs der offiziellen Besitzer von Massenvernichtungswaffen unterwerfen – zumal angesichts des strategischen Ungleichgewichts zugunsten Chinas bei einem fortdauernden Grenzdisput. Dass Peking bereit war, mit dem Einsatz von Nuklearwaffen zu drohen, hatte 1971 der Krieg mit Pakistan gezeigt. Damals gab es noch den Atomschirm der Sowjetunion, der war nun weggefallen.

Dass die Amerikaner unter George Bush Senior dann Anfang der Neunziger Delhi vorschlugen, mit Pakistan einer atomwaffenfreien Zone auf dem Subkontinent zuzustimmen, zu deren Garantiemächten neben Amerika und Russland auch China gehören sollte, empfanden die Inder als Brüskierung, ja geradezu als eine Verhöhnung ihres Anspruchs auf Gleichrangigkeit. Die Kongressregierung von Narasimha Rao ordnete Vorbereitungen für einen Atomtest an, Ende 1995 waren die Wissenschaftler in der Wüste Thar dazu bereit. Aber amerikanischen Spionagesatelliten blieben die Aktivitäten an den Tunnels von Pokhran II nicht verborgen. Der US-Botschafter erschien bei Premier Rao mit den entsprechenden Fotos, Zeitungen wurden informiert. Delhi, das sich gerade von einer Wirtschaftskrise erholte, scheute den internationalen Aufschrei mit den zu erwartenden Sanktionen. Der Test wurde abgeblasen.

Erst die nationalkonservative Regierung Vajpayee überschritt den atomaren Rubikon, so wie sie es in ihrem Wahlprogramm angekündigt hatte. Indien sollte endlich von den Großen der Welt als gleichberechtigt respektiert werden, das galt als eine Frage der Selbstachtung. Außerdem deutete nun Indiens Verteidigungsminister George Fernandes auf die Nuklearmacht China als »die wahre Bedrohung für Indien« hin. Zu Buddhas Geburtstag, im Mai 1998, wurden fünf unterirdische Atombomben im Wüstengebiet von Rajasthan gezündet, darunter eine Wasserstoffbombe. »Jetzt wird uns niemand mehr herumschubsen«, jubelten Delhis Patrioten. »Wir haben der Welt gezeigt, was wir können.« Kurz darauf zog Pakistan, das bereits Mittelstreckenraketen erprobt hatte, mit eigenen Atomtests in den Bergen von Belutschistan nach. Der Subkontinent stand vor einem Wettrüsten, und Anfang 2002 schrammten die nuklearen Parvenüs dicht an der Apokalypse eines atomaren Schlagabtauschs vorbei.

Anders als das extrem nationalistische China, das gegenüber mehreren Nachbarn Territorialansprüche erhebt und bisweilen wie ein

Grobian auftritt, treiben Indien keinerlei Expansionsgelüste an. Bismarck hätte von einem »saturierten« Land gesprochen. Zentrale politische Determinanten Indiens bleiben die Absicherung des Vielvölkerstaats gegen Destabilisierung von außen, Ruhe in seinem Hinterhof und eine Position des Gleichgewichts mit China im asiatischen Kräftespiel. Das Nuklearpotenzial, nach Schätzung von Militärexperten derzeit etwa 120 einsatzfähige Sprengköpfe, dient einer glaubwürdigen Abschreckung, es ist nicht als Offensivwaffe für den Erstschlag gedacht. Nukleare Parität mit Peking wird nicht angestrebt. Auch sollen keine Atomtests mehr stattfinden, denn die nächste Generation der Massenvernichtungswaffen kann über Simulationsprogramme am Computer erprobt werden. So wurden inzwischen so genannte Mini-Nukes entwickelt. Sie sollen insbesondere Pakistan, dem Gegner in drei Kriegen, technisch demonstrieren, dass Delhi im Notfall einen begrenzten Atomkrieg führen könnte.

Da jedoch unterhalb der nuklearen Abschreckungsschwelle konventionelle Kriege weiter denkbar sind, suchte Delhi von jeher seine Streitkräfte, die überwiegend mit russischem Rüstungsmaterial operieren, durch Technologietransfer aus dem Westen zu modernisieren. Geordert wurden Mirage-Maschinen aus Frankreich, Bofors-Kanonen aus Schweden, U-Boote aus Deutschland. Seit Jahren ist Indien der Welt größter Waffenimporteur. Mit 1,3 Millionen Soldaten und einer halben Million Paramilitärs stellt es nach China die zweitgrößte Armee in Asien, nach Meinung des Londoner Internationalen Instituts für Strategische Studien (IISS) auch seine »schlagkräftigste Streitmacht«. Das offizielle Verteidigungsbudget mit einem Volumen von 18,5 Milliarden Dollar entspricht einem Anteil von 14 Prozent am Gesamthaushalt und von 2,3 Prozent des Bruttosozialprodukts. Das ist nicht gerade exzessiv, lässt man den Einwand außer Acht, die Massenarmut zwinge diesem Land doch eigentlich eine andere Prioritätensetzung auf.

Mit Washington wurde schon vor der Visite Bushs ein Abkommen über verteidigungspolitische Zusammenarbeit geschlossen. Die USA bieten erstmals moderne Kampfflugzeuge des Typs F-16 und F-18 an, dazu Lizenzen zur gemeinsamen Produktion, woran Indien besonders liegt. Denn die Luftwaffe mit rund 800 Kampfjets gilt als veraltet, laufend fallen die russischen MiGs vom Himmel. Vorrang genießt die weitere Entwicklung von Kurz- und Mittelstreckenraketen mit Nuklearkapazität. Die Version 3 der Rakete mit dem unheilverkündenden Namen Agni (»Feuer«) hat eine Reichweite von 3500 Kilometern, kann damit Ballungszentren in China treffen. Das indische Weltraumprogramm wird zur Produktion interkontinentaler Raketen führen. Auch die Hochsee-Kriegsmarine soll demnächst über seegestützte Nuklearraketen verfügen, langfristig angestrebt wird zudem ein eigenes Raketenabwehrsystem. Zweitgrößter Lieferant von Rüstungsgütern – nach Russland – ist Israel, mit dem Indien 1992 diplomatische Beziehungen aufnahm. Die Geheimdienste beider Länder arbeiten eng zusammen.

Mit den Atomtests zeigte Indien, dass es in seiner Sicherheits- und Verteidigungspolitik einen unilateralistischen Weg zu gehen bereit ist mit dem Risiko, sich ins weltpolitische Abseits zu manövrieren. Ähnlich rigide ist die Haltung im Kaschmir-Konflikt mit Pakistan. Hier blockt Delhi jeglichen Versuch der Vereinten Nationen brüsk ab, mit einer Internationalisierung der Frage womöglich einen Ausgleich anzusteuern. Die Sanktionen der USA und anderer Industrieländer des Westens wegen der Nukleartests trafen Indiens Wirtschaft nicht sonderlich. Bill Clinton lamentierte zwar mächtig über den Alleingang und erhob spontan China zum strategischen Partner. Doch der scheidende US-Präsident hatte dann noch einmal einen blendenden Auftritt in Delhi. Der große Kommunikator sorgte im März 2000 mit einer respektvollen Rede vor dem Parlament, der Lok Sabha, für eine Atmosphäre, in der eine neue Partnerschaft reifen konnte.

Mit Bushs Republikanern im Weißen Haus verbesserte sich das Verhältnis zu Delhi rapide. China wurde von Washington nun nicht mehr als Partner angesehen, sondern als »strategischer Wettbewerber«, mit dem es »komplizierte Beziehungen« gebe. Diese Sicht kam einer düsteren Prognose des britischen Universalgelehrten Eric Hobsbawm bedenklich nahe, der im chinesisch-amerikanischen Gegensatz bereits »den Kern eines neuen Weltkriegs« ausmachte. Für die Bushisten ging es darum, dem Giganten China ein neues System von Gegengewichten entgegenzustellen, um eine Machtbalance in Asien zu schaffen. Neben Japan und Südkorea bot sich dafür das wirtschaftlich aufstrebende Indien mit seinem enormen Menschenpotenzial an, als Ordnungsfaktor in einem chaotischen Umfeld. Washington teilte mit Delhi zudem das gemeinsame Interesse an einer gesicherten Energie-

Ungemeiner Zuwachs an Macht: Indische Militärparade mit Atomraketen

versorgung aus dem Nahen Osten, einer unbehinderten Schifffahrt durch den Indischen Ozean sowie der Bekämpfung des islamischen Terrorismus. Geradezu ranschmeißerisch hatte Premier Vajpayee nach den New Yorker Terroranschlägen der Supermacht sogar Stützpunkte in Indien angeboten für den Kreuzzug gegen bin Ladens al-Qaida. Doch für die Militäraktionen in Afghanistan war Pakistan als Operationsfeld geeigneter.

Die Erben des hinduistischen Realpolitikers Kautilya umfingen den Führer der westlichen Welt mit einer Offensive des Charmes. Während etwa Russland und manche NATO-Verbündeten Bushs außenpolitische Wortmeldungen mit Skepsis bedachten oder abstrus nannten, gab es aus Delhi Beifall – für Pläne zur Raketenabwehr, das Recht auf Präventivschläge, die negative Haltung zur Weltklima-Konferenz, die Ablehnung des Internationalen Gerichtshofs. Die Regierung Bush wiederum war bereit, die nukleare Realität auf dem Subkontinent hinzunehmen und Indien als Sonderfall in den Kreis der anerkannten Atommächte einzugliedern. Denn Delhi konnte überdies für sich ins Feld führen, Zurückhaltung geübt zu haben bei der gefährlichen Eskalation der Spannungen mit Pakistan Anfang 2002. Und es besaß in Sachen Proliferation eine blütenweiße Weste. Das aber galt nun gar nicht für Washingtons Partner Pakistan. Der sah sich dabei ertappt, Nukleartechnologie ausgerechnet an Bushs Intimfeinde Iran und Libyen verscherbelt zu haben.

Indiens Streben nach einer besonderen Rolle in der Weltpolitik würdigte die Bush-Administration erstmals im September 2002 mit der Aufwertung zur »Großmacht«. Amerikanische Interessen erforderten eine enge Beziehung zu Indien, hieß es in einem in Washington veröffentlichten Statement, »wir sind die beiden größten Demokratien, der politischen Freiheit verpflichtet unter dem Schutz repräsentativer Regierungen«. Immer deutlicher wurde nun, dass die Vereinigten Staaten bei der Neugestaltung der globalen Beziehungen in einem großen Netzwerk Indien zu ihrem wichtigsten Verbündeten in Asien neben Japan machen wollten. Die Supermacht schien, so wie es der amerikanische Politikwissenschaftler und Asienexperte Chalmers Johnson vorausgesagt hatte, die imperiale Überdehnung ihrer Macht als einer Art Ersatz-Rom und den Beginn des Niedergangs zu spüren. Sie brauchte Trabanten in ihrer Eindämmungspolitik, um den gefährlichsten Herausforderer in Schach zu halten, »der mit China schon in der Kulisse wartete«.

Der Preis für diese »unmögliche Allianz«, so der indische Sicherheitsexperte Raja Mohan, musste Delhis nukleare Deblockade sein. Bush war bereit, diesen Preis zu bezahlen. Bei seinem Washington-Besuch im Juli 2005 wurde Premier Singh mit protokollarischen Ehren umschmeichelt, wie nur selten ein Staatsgast. Der Präsident sagte dem Inder zu, er werde die seit den Atomversuchen geltenden nationalen Einschränkungen des Exports von Nukleartechnologie aufheben und für die entsprechende Korrektur internationaler Verträge sorgen. Im Gegenzug verpflichtete sich dann Indien, vierzehn seiner zweiundzwanzig Reaktoren, die im zivilen Atomprogramm dem gewaltigen Energiebedarf dienen, unter ständige Aufsicht der Internationalen Atomenergiebehörde zu stellen. Dieser Deal war der bilaterale Durchbruch zur strategischen Partnerschaft, und die Gegenvisite im März 2006 brachte in Delhi die pompöse Kür mit Bushs Verbeugung vor »Indien, der globalen Führungsmacht«. Diese werde an der Seite Amerikas »die Welt verändern, und wenn wir zusammenarbeiten, gibt es keine Grenzen dessen, was wir erreichen können«.

Nun sind große Gesten und Erklärungen das eine, ihre Umsetzung in praktische Politik ist meist der schwierigere Part. Auch gibt es strategische Partnerschaften auf diesem Globus zuhauf. Washington muss seinen Nuklear-Deal mit Delhi nach der Zustimmung im US-Kongress auch in den internationalen Kontrollgremien durchpauken, wo es Verärgerung gab über Bushs Alleingang. Noch steht eine Vereinbarung mit der Internationalen Atomenergiebehörde (IAEA) und eine Ausnahmegenehmigung der Nuclear Suppliers Group (NSG) aus, und auch innenpolitisch ist für die Regierung Singh das Abkommen nicht in trockenen Tüchern. Doch der Prestigegewinn für Delhi war ohnehin besiegelt mit der De-facto-Anerkennung als sechster Atommacht.

Zu den Folgen dürfte dann obendrein gehören, dass die Amerikaner auch einen weiteren Anspruch Delhis anerkennen, den sie bislang blockierten: die Aufnahme als ständiges Mitglied in den Weltsicherheitsrat. In dieser Frage hatten die Inder zunächst mit den anderen Kandidaten Brasilien, Deutschland und Japan im Quartett der so genannten G-4-Staaten agiert, sich aber in dieser Formation nicht durchsetzen können. Japan trifft auf den Widerstand der Vetomacht

China, Brasilien erntet Widerspruch in Südamerika, Deutschland weiß um die Abneigung der Bush-Regierung, die eine Reform an der UNO-Spitze ohnehin verschleppen will. Ein vom Bewerber-Quartett abgekoppeltes Indien könnten die Amerikaner im Glanz ihrer neu gefundenen Freundschaft indes wohl akzeptieren, und es gibt offensichtlich schon entsprechende Zusicherungen Washingtons.

Indiens Interessen an der Allianz mit den Amerikanern liegen auf der Hand: Militärisch bedeutet sie Zugang zu weiterer Hochtechnologie und Rückendeckung gegen den Rivalen China, ohne sich damit zu Washingtons Festlandsdegen in Asien machen zu lassen. Als Partner der Supermacht, heißt es in Delhis »strategic community«, werde man nicht die Vasallenrolle der beflissenen Briten geben, sondern eher die eines Frankreichs in Asien. Das zeigte sich etwa im Irak-Krieg, als Delhi dem Drängen Washingtons widerstand, Truppen nach Bagdad zu schicken und sich die arabische Welt zu vergrätzen. Dort verdienen 3,5 Millionen indische Gastarbeiter ihren Lebensunterhalt, 70 Prozent seines Rohölbedarfs importiert Indien aus dem Nahen Osten.

Ökonomisch braucht das gewaltige Land wenigstens zwei Dekaden andauernder Dynamik und Fortschrittsbewusstseins mit jährlichen Wachstumsraten von über acht Prozent, um wirklich den Status einer Großmacht zu erlangen, die dann als unentbehrliches Element des Kräftegleichgewichts in einer multipolaren Welt gelten kann und die in handelspolitischen Fragen auf internationalen Foren sich zum Sprecher der Entwicklungs- und Schwellenländer aufschwingen dürfte. Nie hatte Indien dermaßen günstige Perspektiven wie heute: Es lebt in Frieden mit seinen Nachbarn, ist in der globalisierten Wirtschaft auf dem Sprung zur Spitze und wird von aller Welt hofiert. »Unsere Herausforderungen liegen im Innern«, sucht Premier Manmohan Singh überschäumende Selbstpreisungen vorsichtshalber zu dämpfen, obwohl auch er vom dritten goldenen Zeitalter Indiens träumt.

Es ist schwer, den Elefanten aufzuhalten, hat er sich erst einmal in Bewegung gesetzt. »Jedes Volk hat seine Zeit«, heißt es in einer Sure des Korans, »ist sie da, kann man sie weder verhindern noch beschleunigen.«

9
Wettlauf der asiatischen Giganten

Zwei von fünf Menschen auf diesem Planeten sind entweder Chinese oder Inder. Beim Kampf um die Welt von morgen wird sich das globale Machtgefüge bis zur Mitte dieses Jahrhunderts grundlegend verändern. Mit der Schwächung amerikanischer Vorherrschaft steht Asien im Zentrum des Ringens um Energieressourcen, Jobs und Marktanteile. Würden China und Indien, die beiden Milliardenvölker, zu einem strategischen Pakt finden, läge die übrige Menschheit ihnen zwangsläufig zu Füßen. Denn in der idealen Kombination von Fabrik und Entwicklungslabor der Welt wären Asiens wichtigste Boomstaaten unschlagbar, wirtschaftlich wie militärisch. Beide Länder stehen schon jetzt für zwei Drittel des Bruttoinlandsprodukts der dreiundzwanzig Staaten Süd- und Ostasiens. Ihr Konsum wächst schneller als die Nachfrage in Amerika. Doch dass es zu einem Zusammenwirken, gar einem Kondominium dieser Giganten kommt, ist eher unwahrscheinlich. China und Indien sehen einander als Rivalen an, als Konkurrenten um Weltmarktanteile wie Rohstoffe. Und der Rest der Menschheit dürfte alles dafür tun, damit dies auch so bleibt.

Im Wettlauf der beiden bevölkerungsreichsten Länder der Erde mit ihren 2,5 Milliarden Konsumenten liegt der chinesische Drache derzeit noch weit vor dem indischen Elefanten. Chinas Bruttosozialprodukt ist doppelt so groß wie das von Indien, die Volksrepublik zieht zehnmal so viele Auslandsinvestitionen an, und allein ihr jährlicher Handelszuwachs entspricht im Volumen dem des gesamten indischen Außenhandels. Aber der Elefant holt auf, mit schwerem Tritt. Dank eines forcierten Reformkurses und einer günstigen Demographie wird Indien nach der Prognose zahlreicher Ökonomen in den kommenden fünfzehn Jahren die am schnellsten wachsende Volkswirtschaft der Welt sein, dabei erstmals China übertrumpfen. Die überraschende indische Rochade von George W. Bush, zu der auch dessen Amtsnachfol-

*»Inder und Chinesen sind Brüder«: Premier Pandit Nehru und
Ministerpräsident Chou En-lai*

ger aus ureigenstem amerikanischen Interesse stehen dürften, hat offenbart, wie die Supermacht diese Entwicklungen sieht und gewichtet. Schon das zuvor zwischen Washington und Delhi geschlossene Verteidigungsabkommen war von Peking mit dem säuerlichen Kommentar bedacht worden: »Wir hoffen, dass diese Zusammenarbeit hilfreich sein wird zur Sicherung von Frieden und Stabilität in Asien.«

China sprach sich auch eindeutig gegen die amerikanisch-indische Atomvereinbarung aus, während die anderen offiziellen Atommächte, Russland, Großbritannien und Frankreich, den Deal begrüßten und Delhi ebenfalls nukleare Kooperationsbereitschaft in Aussicht stellten. Da geht es um Großaufträge und viel Geld. Pekings Einwand, die Amerikaner handelten mit zweierlei Maß, und die atomare Ausnahme für Indien könne in einem Dominoeffekt andere Atommächte bewegen, Ähnliches für deren Freunde zu tun, klingt etwa mit Blick auf Iran logisch. Doch gerade im Zusammenhang mit Indien sind diese Vorwürfe Chinas verlogen. Es war nämlich Peking gewesen, das mit seiner jahrzehntelangen Unterstützung des pakistanischen Nuklearprogramms selber gegen das Nonproliferationsregime verstieß und Indiens konventionelle Überlegenheit gegenüber dem Erzfeind Pakistan aushebeln half. So rechtfertigte der indische Premier Vajpayee die Atomtests vom Mai 1998 in einem vertraulichen Schreiben an Präsident Clinton unter anderem mit der Bedrohung durch die Nuklearmacht China, die zudem Pakistan geholfen habe, »ein verkappter Atomstaat zu werden. Von diesem erbitterten Nachbarn mussten wir uns in den vergangenen dreißig Jahren dreier Aggressionen erwehren.«

Indiens Verhältnis zu China war von jeher ein Wechselbad zwischen Argwohn und Romantizismus, wobei die Phasen des Misstrauens überwogen. Das Reich der Mitte erhebt seit Jahrtausenden den Anspruch, die Hegemonialmacht Asiens zu sein. Die Söhne des Himmels fühlen sich mit ihrer Zivilisation allen anderen überlegen. Das bekamen die Nachbarn mit Eroberungszügen nicht nur unter Kublai Khan zu spüren. Indien dagegen, durch die Bergkette des Himalajas lange Zeit gegen eine Invasion aus dem Norden geschützt, entwickelte unter seinen Hindu-Herrschern keinerlei koloniale Gelüste. Auch die islamischen Mogulkaiser trachteten nicht danach, Südasien zu kontrollieren. Dort aber kreuzte während der Ming-Dynastie zu Beginn des 15. Jahrhunderts in kaiserlichem Auftrag der Admiral Zheng He auf. Mit

300 Schiffen und 28 000 Mann Besatzung umrundete der Eunuch Süd-indien und erkundete den Mittleren Osten sowie Ostafrika. Peking stellt diesen Vorstoß heute als friedliche Handelsmission hin, Delhi sieht darin eher den ersten Ausflug einer chinesischen Armada als Global Player.

Die Großen Asiens sind keine Neulinge im ökonomischen Weltgeschehen. Noch vor 300 Jahren waren ihre Anteile an der globalen Produktion mit denen Europas durchaus vergleichbar. Um 1820 stand China für ein Drittel des weltweiten Bruttosozialprodukts, Indien für ein Fünftel. Dann katapultierten sich Europa und dessen amerikanischer Ableger mit der industriellen Revolution in der Entwicklung weit nach vorne. Auseinandersetzungen mit Kolonialherren und Besatzern, Kriege sowie Chaos und Aufruhr ließen hingegen den BSP-Anteil der beiden Asiaten bis 1950 auf den Tiefpunkt von fünf und drei Prozent schrumpfen.

Die Giganten betraten die Arena der Neuen Welt fast zur gleichen Zeit. Das von der britischen Krone abgenabelte Indien mit Nehru an der Spitze war der erste Staat, der Ende 1949 die neu gegründete Volksrepublik des kommunistischen Revolutionärs Mao Tse-tung anerkannte. Der atheistische Brahmane in Delhi glaubte idealistisch an eine all-asiatische Solidarität nach Beendigung der Kolonialepoche und an eine friedliche Zusammenarbeit mit Peking. Er bewunderte China, das er mehrmals, auch während des Krieges, bereist hatte, und er schwärmte von der Idee, die beiden uralten Kulturen Asiens könnten »eine große östliche Allianz bilden«.

»Hindi cini bhai bhai«, »Inder und Chinesen sind Brüder«, skandierten Zehntausende im brütend heißen Juni 1954 hysterisch das von Nehru geprägte Schlagwort beim Besuch der »geliebten Gäste« um den Chinesen Chou En-lai. Pekings geschmeidiger Ministerpräsident, vom US-Außenminister John Foster Dulles kurz zuvor bei den Genfer Indochina-Verhandlungen mit Verweigerung des Handschlags barsch abgewiesen, küsste Nehru. »Die Freundschaft von 960 Millionen Menschen«, verkündete Chou unter Verweis auf die Gesamtbevölkerung beider Länder, »stellt eine mächtige Kraft für den Frieden in Asien und der ganzen Welt dar.« Die Präambel eines Freundschaftsvertrags nannte fünf Prinzipen (»panch-sheel«), die nach Nehrus Verständnis die Grundlage einer gedeihlichen Nachbarschaft bilden und generell für den Umgang zwischen Staaten gelten sollten. Zu diesem späteren Glaubensbrevier der Blockfreien-Bewegung gehörten die Anerkennung der territorialen Integrität und Souveränität, Nichteinmischung in innere Angelegenheiten, Vermeidung einer Aggression, Gleichheit der Staaten, friedliche Koexistenz.

Die Welt, zerrissen vom Ost-West-Konflikt, durchlebte turbulente Zeiten in den fünfziger Jahren: Die Niederlage der französischen Kolonialmacht in Vietnam, die Ungarn- und Suezkrise, schließlich das aufkommende Schisma im Weltkommunismus mit dem Bruch zwischen Moskau und Peking. All dies mag mit dazu beigetragen haben, dass Nehrus China-Politik leichtfertig Illusionen nachjagte, obwohl es frühzeitige Warnsignale gab, dass der große Drache auch ganz anders auftreten und heimtückisch zuschlagen konnte. So hatte sich das kommunistische Festlandchina nicht nur mit den »menschlichen Wellen« so genannter Freiwilliger in den Koreakrieg eingeschaltet. Es hatte zugleich Mitte 1950 den buddhistischen Mönchsstaat Tibet gewaltsam annektiert, der über 1200 Jahre, länger als Indien, weitgehend unbehelligt geblieben war. Vergeblich richtete das Kabinett des jungen Dalai Lama einen verzweifelten Hilferuf an die Vereinten Nationen. Die Welt blickte verstört auf den Konflikt in Korea, das Schicksal des Sechs-Millionen-Volkes hinter den Eisgipfeln des Himalajas kümmerte sie nicht. Historisch trifft hier Nehru eine moralische Schuld des Wegschauens und späteren Beschönigens, denn er sanktionierte die chinesische Eroberung mit seiner Unterschrift unter den Freundschaftsvertrag, der Tibet formell zum Bestandteil Chinas erklärte.

Damit verspielte der Premier theoretisch auch Rechte, welche der Indischen Union als Erbe von Britisch-Indien zugefallen waren. Die Briten hatten sich, um einen Puffer gegen Russland wie China zu schaffen, als Schutzmacht für das de facto unabhängige Hochland etabliert. Mit Tibet und China 1914 in Simla abgeschlossene Verträge sicherten den Briten Sonderrechte auf tibetischem Boden zu, etwa eine konsularische Vertretung nebst Schutzwache in Lhasa, Handelsplätze sowie Post- und Telegrafenverbindungen. Außerdem wurde der Verlauf der über 4200 Kilometer langen Grenze zu Britisch-Indien entlang der Wasserscheide in den Himalaja-Bergen neu definiert. Im Westen schlug die bereits 1897 von dem General John Charles Ardagh festgelegte Linie 90 000 Quadratkilometer des Gebiets von Aksai Chin in

Ladakh zum indischen Kaschmir. Die »McMahon-Linie«, benannt nach dem britischen Delegationsleiter der Verhandlungen in Simla, regelte den Grenzverlauf zu Indiens Nordosten. China hat diese Verträge im Nachhinein nie anerkannt. Auch Nehru hielt nicht viel von den willkürlichen Grenzziehungen »der Imperialisten«, zumal sie entlegene Gebirgstäler und Hochplateaus betrafen, so der Premier später vor dem Parlament, »wo kein Gras wächst und kein Mensch wohnt«. In der Tat war die Provinz Aksai Chin für Delhi ohne Belang, weil kaum erreichbar, für China indes strategisch bedeutsam wegen der Verbindung von Tibet in die Atomregion Sinkiang. Es kursierte indes schon gleich nach Maos Machtübernahme das ominöse Wort von den »Fingern meiner Hand«, mit denen der Weltrevolutionär Südasien umfassen wolle, nämlich mit den Himalaja-Staaten Kaschmir, Nepal, Sikkim, Bhutan und Indiens Nordost-Distrikt. Aber Chou hatte 1952 beruhigend versichert, es gebe keine Grenzprobleme.

Deswegen protestierten die Inder auch nicht gegen Pekings Gewaltstreich in Tibet, obwohl die Chinesen dabei durch die Provinz Aksai Chin marschierten. Den indischen Aufklärern war dies offenkundig ebenso entgangen wie 1956 der Bau einer Militärstraße dort oben, obwohl sich daran 6000 Arbeiter beteiligten. Schon bald nach Abschluss des indisch-chinesischen Freundschaftsvertrags starteten chinesische Patrouillen Erkundungsvorstöße im Grenzgebiet. Es kam zu ersten blutigen Zwischenfällen, die von der Regierung in Delhi verheimlicht wurden. Schließlich veröffentlichte Peking eigene Grenzkarten mit Gebietsansprüchen von der Größe der Schweiz und Österreichs. Eine Eskalation war programmiert. Die Inder des gutgläubigen Nehru sollten als Papiertiger vorgeführt und als Führer der Dritten Welt blamiert werden.

Der indische Regierungschef brauchte lange, bis er den Fehlschlag seiner chinesischen Romanze vor sich selbst eingestand. Dabei hatte ihn bereits im Oktober 1954 ein Treffen mit Mao in seinen Sympathien für Peking irritiert. Der Große Vorsitzende eröffnete dem Besucher ohne Umschweife, China werde niemals einer nuklearen Erpressung der Vereinigten Staaten nachgeben, und sollte es das Leben mehrerer Millionen Menschen kosten. Den weltläufigen Brahmanen verwunderte überdies der chauvinistische Eifer des Revolutionärs, seine Verherrlichung der Tugenden altchinesischer Kaiser. »Die haben auch

Bücher verbrannt«, wandte Nehru ein und erhielt von Mao darauf die Antwort, zur Schaffung »ideologischer Einheit« sei das wohl nötig gewesen. Vor Vertrauten daheim räsonierte Nehru später, Indien drohe nicht von Chinas Kommunisten Gefahr, sondern von seinen Nationalisten. Aber es gebe in Peking als Korrektiv ja noch Chou En-lai, dem engstirniger Nationalismus zuwider sei.

Auch darin sollte sich Nehru täuschen. Pekings Talleyrand war ein cleverer diplomatischer Jongleur, der sich bei den Konsultationen nicht anmerken ließ, dass er Nehru für einen arroganten und gönnerhaften Widerling hielt. Das bilaterale Verhältnis erfuhr dann eine zusätzliche Belastung durch den Aufstand in Tibet, der wohl mit CIA-Hilfe befeuert wurde, aber einer genuinen Wut des misshandelten Völkchens über Pekings Repressionen entsprang. Die Niederschlagung der Rebellion erfolgte mit einer Brutalität, die einem Dschingis Khan imponiert hätte. Zwischen März 1959 und September 1960 starben ungefähr 87 000 Menschen, Opfer durch Hunger und Folter oder Selbstmorde nicht mitgerechnet. Das brachte Peking international den Vorwurf des Völkermordes ein. Der vierzehnte Dalai Lama, das geistliche und weltliche Oberhaupt der Tibeter, floh unter abenteuerlichen Umständen nach Indien, hunderttausend seiner Landsleute folgten ihm. Dort wurden die Flüchtlinge, von denen sich viele als Steineklopfer verdingten und erbärmlich krepierten, mit Reserve aufgenommen. Später erhielten die Tibeter jedoch Schulen zur Pflege ihrer eigenständigen Kultur. Der vierundzwanzigjährige Gottkönig musste mit seiner Exil-Regierung, die von Delhi nicht anerkannt wurde, in Dharamsala Quartier nehmen, weit abgelegen im nordindischen Hochland. Nehru behandelte ihn bisweilen wie einen Rotzjungen. In seinen Memoiren, einem bewegenden Zeugnis, schildert der Dalai Lama seine schwierigen Unterredungen mit einem schulmeisterlichen Premier, der bei Widerspruch cholerisch auf den Tisch hämmerte und nicht bereit war, Pekings Vorgehen in Tibet öffentlich anzuprangern: »Es war klar, dass Nehru Indiens freundschaftliche Beziehungen mit China retten wollte.«

Wer gut drei Jahrzehnte danach in Dharamsala Gelegenheit hatte zu einem ausführlichen Gespräch, dem vertraute der Dalai Lama an, dass es ihm angesichts der forcierten Sinisierung Tibets nur noch um die Rettung der Reste kultureller Autonomie in seiner Heimat ging. Gleichwohl hatte der unterdessen mit dem Friedensnobelpreis ausgezeichnete Religionsführer die Hoffnung auf eine Wende Chinas zur Demokratie nicht aufgegeben. Und er glaubte noch immer an das Ende seines Exils und die Umwandlung des einst feudalen Tibet in eine parlamentarische Demokratie: »Wenn ich zurückkehre, werde ich vielleicht für ein paar Wochen noch der so genannte Gottkönig sein. Dann werde ich eine Interimsregierung bilden, dieser meine religiöse und politische Autorität überantworten und mich als einfacher Mönch zurückziehen.«

Bis zuletzt suchte Delhis Regierungschef 1961 eine Konfrontation mit dem großen Drachen zu vermeiden. Wie ein Autist klammerte er sich an seinen Traum, Asien sei ohne Einmischung von außen eine »Zone des Friedens«. Die Genossen in Peking dagegen hatten keinerlei Skrupel, auf eine ganz andere Tonart umzuschalten. Als mehrere Zusammenkünfte zwischen Chou und Nehru im Grenzstreit keine Einigung brachten, wurde Indien plötzlich zum direkten Widersacher erklärt und Nehru zum »imperialistischen Lakaien«. Der »große Freund« von gestern war für die chinesiche Zeitung *The People's Daily* nunmehr »ein Militarist bis auf die Knochen«. Allerdings mit Blindheit geschlagen, ließe sich aus indischer Sicht hinzufügen, wobei der Spaziergang bei Eroberung der portugiesischen Kolonie Goa im Dezember 1961 zur Überschätzung der eigenen militärischen Fähigkeiten beigetragen haben mag. Denn für den Ernstfall eines Waffengangs mit China waren Indiens Streitkräfte denkbar schlecht gerüstet, schon gar nicht für Kämpfe im Hochgebirge. Gleichwohl ordnete Nehru nach Art der englischen »Vorwärtspolitik« in Zentralasien das Vorrücken von Stoßtrupps über die strittigen Grenzlinien an. Das gab China den Vorwand zum Präventivschlag.

Am 20. Oktober 1962 traten die Chinesen zum Generalangriff auf die indischen Stellungen an. Auf den Schneefeldern des Himalajas hatten die teilweise noch mit Segeltuchschuhen und Lee-Enfield-Flinten ausgerüsteten Soldaten Delhis diesem Ansturm nichts entgegenzusetzen, sie wurden überrannt. Vier chinesische Divisionen stießen über die McMahon-Linie durch die Nordostprovinz bis in die Niederungen von Assam vor. Nehru bat Russen wie Amerikaner um Rüstungshilfe, doch die militärische Katastrophe war nicht mehr abzuwenden. Am 21. November verkündeten die Chinesen, die leicht bis in das nordindische Tiefland hätten durchmarschieren können, überraschend den einseitigen Waffenstillstand und zogen sich wieder hinter die umstrittene Grenzlinie zurück. Nehru, der ambitionierte Sprecher der Blockfreien, war vor aller Welt gedemütigt und ein todwunder Löwe.

Nie sei es darum gegangen, indisches Territorium zu besetzen, erklärten chinesische Politiker später. Man habe dem Nachbarn lediglich eine Lektion erteilt. »Wenn wir Indien erobern wollten«, amüsierte sich Chou En-lai bei einem Umtrunk mit pakistanischen Offizieren, »dann brauchten wir bloß die Hälfte unserer Bevölkerung auf den Himalaja zu schicken und alle zur gleichen Zeit pinkeln lassen. Dann gäbe es mindestens ein Jahr lang Überschwemmungen in Indien.«

Zwischen Asiens Giganten herrschte danach Eiszeit, sie währte über ein Vierteljahrhundert. Erst Nehrus Enkel, der Premier Rajiv Gandhi, bemühte sich im Dezember 1988 mit seiner Visite in Peking um eine neue Basis der bilateralen Beziehungen. Es sei an der Zeit, »die bittere Vergangenheit zu vergessen und in die Zukunft zu schauen«, schlug Chinas neuer Reformherrscher, der vierundachtzigjährige Deng Xiaoping, dem »jungen Freund« vor. Und Ministerpräsident Li Peng beteuerte, es dürfe wegen der Grenzprobleme »nie wieder Krieg geben«. Erleichtert worden war das Ende des gegenseitigen Anschweigens durch Chinas Bemühen um intensivere Kontakte zum Westen und zu Russland sowie durch eine Kurskorrektur zum Alliierten Pakistan. In der Kaschmirfrage konnte Islamabad nun nicht mehr auf Pekings unverbrüchlichen Beistand bauen, sondern sah sich ermuntert, mit Delhi eine bilaterale Regelung anzusteuern. Deng und Gandhi vereinbarten das propagandistische Herunterfahren ihres Dauerkonflikts und die Bildung gemeinsamer Kommissionen zur Beilegung des territorialen Disputs. Deren Arbeit erhielt mit dem Besuch von Premier Vajpayee 2003 einen weiteren Pusch. Das Ergebnis dürfte letztlich die weitgehende Besiegelung des gegenwärtigen Grenzverlaufs sein. Ein weiteres Zeichen der Annäherung war im Juli 2006 die Wiedereröffnung eines Grenzübergangs auf dem 4500 Meter hohen Nathú-La-Pass zwischen Tibet und Sikkim.

In den fünfziger und sechziger Jahren, zumal während der Kulturrevolution, war Chinas Wirtschaftswachstum nicht größer als das von Indien mit 3,5 Prozent. Noch Mitte der Siebziger standen beide Entwicklungsländer gleich arm auf Augenhöhe, hatten etwa im Export mit 13 Milliarden Dollar denselben Level. Das änderte sich rapide, als der Pragmatiker Deng Ende 1978 mit dem Motto »Egal ob eine Katze schwarz oder weiß ist, Hauptsache, sie fängt Mäuse« das Experiment der »sozialistischen Marktwirtschaft« anschob. Die Öffnung und Wiedereingliederung in die Weltwirtschaft sorgten mit atemberaubenden Wachstumszahlen für Chinas unaufhaltsamen Aufstieg zum ökonomischen Riesen, nachdem in der zweiten Hälfte der neunziger Jahre auch noch die dynamischen Tigerstaaten Südostasiens in eine Finanzkrise getaumelt waren.

Im internen Wettlauf der asiatischen Giganten stürmte der Drache binnen einer Dekade davon, während der Elefant sich weiterhin mit dem Futter des sozialistischen Wirtschaftsmix begnügte und erst dreizehn Jahre nach den Chinesen ebenfalls auf marktwirtschaftliche Kost umstieg. Innerhalb einer Generation verdreifachte das Reich der Mitte sein Pro-Kopf-Einkommen und holte 300 Millionen Menschen aus tiefster Armut.

Die Handelszahlen offenbarten, dass die übrige Welt die Industriemacht China favorisierte und Indien ignorierte. Bis zum Jahr 2000 überschritten die Exporte aus Pekings Billigfabriken die Marke von 200 Milliarden Dollar, die von Indien dümpelten unter 50 Milliarden. Das Imperium der roten Kapitalisten lag bei fast allen wirtschaftlichen und sozialen Indikatoren vorn, bei der Beseitigung der Armut, in der Infrastruktur, der Grundschulausbildung und auch im Gesundheitswesen. Nur in den Sektoren Informationstechnologie, Pharmazie und in der Anmeldung von Patenten dominierten die Inder.

Chinas Pro-Kopf-Einkommen ist doppelt so hoch wie das von Indien. Bei den ausländischen Direktinvestitionen erhält Indien bislang nur einen Bruchteil der Mittel, die nach China fließen, hat sich aber auf Platz zwei vorgeschoben, noch vor die USA. Zudem stammt das Gros der Gelder, die nach China gehen, von den Außenposten der dreißig Millionen Chinesen in Südostasien. Über solch ein Netzwerk verfügen die Inder nicht. Mit Zuwachsquoten des Bruttosozialprodukts von knapp neun Prozent erwirtschaftete China zuletzt einen phantastischen Außenhandelsüberschuss von fast 70 Milliarden Dollar. Seine Währungsreserven sind inzwischen mit 925 Milliarden Dollar weltweit die höchsten, fünfmal so groß wie die Indiens, das hier gleichfalls aufgeholt hat.

Maos Erben gelang es, den Alphabetisierungsgrad auf 91 Prozent der Erwachsenen zu heben, Nehrus Nachfolger schafften nur 57 Prozent. Besonders krass ist der Unterschied bei den Frauen: In China können 87 Prozent lesen und schreiben, in Indien dagegen bloß 45 Prozent. Das Durchschnittsalter in China liegt heute bei dreiunddreißig, das in Indien bei fünfundzwanzig Jahren. Die von der Kommunistischen Partei zum Abbremsen der Bevölkerungsexplosion seit den achtziger Jahren verordnete Ein-Kind-Politik hat den volkreichsten Staat der Erde allerdings in eine demographische Falle manövriert. Das veranlasste Ökonomen zu der Warnung: »China veraltet, bevor es reich wird.« Der Rivale Indien, auf nur einem Drittel der Fläche Chinas, wächst dagegen mit einer Geburtenrate von 1,6 Prozent doppelt so schnell. Hier wird der Elefant in spätestens einem Vierteljahrhundert am Drachen vorbeispurten. Indien bleibt jünger bis weit in die Mitte des 21. Jahrhunderts. Allerdings bedeutet Bevölkerungszuwachs nicht unbedingt einen Gewinn an Macht.

Indiens Städte haben bislang kaum ihr Gesicht verändert, Chinas Metropolen prunken mit Silhouetten von Wolkenkratzern. Motor des Booms im Land der Mitte ist die industrielle Massenfertigung, auf dem Subkontinent der Dienstleistungssektor. Aber Indiens Steuermann Singh gab unterdessen die Order aus, »das chinesische Modell nachzuahmen«. Der Zuwachs an arbeitsintensiven Stellen in der Industrie, die in Indien nur ein Viertel der Wirtschaftsleistung erbringt, in China dagegen 53 Prozent, soll in den kommenden Jahren Vorrang haben. Er dürfte darüber entscheiden, wie der Wettbewerb zwischen Asiens Großen ausgeht. »Indien könnte die Welt ähnlich verändern wie China«, glaubt Ratan Tata, der bescheidene Vorzeigeunternehmer des gigantischen Tata-Mischkonzerns, »aber dazu müssen wir ein paar Gänge hoch schalten.« Gelänge es den Indern, den roten Söhnen des Himmels als Fertigungsstandort auch mit billigen Industriegütern Paroli zu bieten, dann entstünde für die übermächtige Volksrepublik eine Bedrohung, wie sie die angeschlagenen Tigerstaaten Südostasiens 1997 plötzlich durch den Billiglohnkonkurrenten China zu spüren bekamen.

Insgesamt dürfte Indien in seinem wirtschaftlichen Fortkommen derzeit noch zehn Jahre hinter China zurückliegen. Der Aufholprozess beschleunigt sich indes rapide, und in einigen wichtigen Sektoren vergrößern die Inder ihrerseits den Vorsprung. Nach einer Studie des

McKinsey Global Institute wird zum Beispiel Indiens Pool an hoch qualifizierten Universitätsabsolventen schon 2008 zweimal so groß wie der Chinas sein. Ein Wettbewerbsvorteil sind zudem bessere englische Sprachkenntnisse sowie das Wissen um die kulturellen Besonderheiten der westlichen Industrienationen. In einem indes werden die Inder ganz gewiss noch lange hinter den Chinesen zurückbleiben: auf dem Gebiet des Sports, wo außer den postkolonialen Disziplinen Cricket und Hockey kaum Höchstleistungen und Heroen zu bewundern sind. Geradezu peinlich die Pleite bei den Olympischen Spielen 2004 in Athen. Dort brachte es die zweitgrößte Nation der Erde gerade mal auf eine einzige Silbermedaille, im Trapschießen der Männer. China dagegen heimste als zweiterfolgreichstes Land hinter den USA dreiundsechzig Mal Edelmetall ein.

Mit Blick auf die Tendenzen des weltweiten Wandels, die das 21. Jahrhundert prägen dürften, fragte sich der britische Historiker Paul Kennedy vor rund fünfzehn Jahren, »ob Indien oder China die Belastung aushalten, auf globalem Niveau konkurrenzfähige Hightech-Enklaven mitten unter Hunderten von Millionen verelendeten Landsleuten aufzubauen«. Eine verbesserte Technologie habe angeblich einen Trickle-Down-Effect. Aber funktioniere das auch, argwöhnte Kennedy, »wenn die Zahl der Hochausgebildeten in Relation zu den Ungelernten in der Bevölkerung so enorm niedrig ist«? Bislang sind beide Länder mit diesen Herausforderungen fertig geworden, obwohl die sozialen Spannungen um die Wohlstands-Cluster herum zwangsläufig zunehmen, weil die Spaltung der Gesellschaft in Gewinner und Verlierer grell sichtbar wird.

Trotz des spektakulären Wirtschaftswachstums in China wie in Indien, so notierte jüngst eine Studie der Asiatischen Entwicklungsbank (ADB), lässt in beiden Staaten die Armut nicht wirklich nach. Die politische Führung in Delhi wie die KP-Spitze in Peking spüren, dass sie mehr tun müssen für die verarmten Massen auf dem Lande – 800 Millionen in China, gut 600 Millionen in Indien. Manmohan Singhs Regierung hat deshalb erstmals eine Art Arbeitslosengeld für die ländlichen Gebiete eingeführt. Der National Rural Employment Guarantee Act sichert jedem Bauernhaushalt mit ungelernten Arbeitskräften eine Beschäftigung von hundert Tagen jährlich zum gesetzlichen Mindestlohn zu, das sind pro Tag rund 60 Rupien. Von dieser Regelung könnten 200 Millionen profitieren, die derzeit ohne Jobs sind. Auch China sucht die wachsende Kluft zwischen Arm und Reich zu verringern. Der Volkskongress beschloss, die Abgabenlast der Bauern zu senken und den Aufbau eines Sozialversicherungssystems in den Städten voranzutreiben.

Das staatsgetriebene Reich der Mitte plagen indes noch schwerwiegendere Sorgen. Was passiert, wenn der wirtschaftliche Erfolg nachlässt, mit dem die Kommunistische Partei ihr Machtmonopol legitimiert? China wurde immer zentralistisch und autoritär regiert, hatte nie eine demokratische Tradition. Aber irgendwann wird die Einparteiendiktatur, die Zehntausende wegsperrt, weil sie politische oder religiöse Freiheiten anmahnen, sich öffnen und auf einen Kurs einschwenken müssen, der Stabilität sichert ohne den Gebrauch von Gewalt. Zwar ist China ethnisch wesentlich homogener als das pluralistische Indien, es besitzt jedoch noch keinerlei institutionellen Rahmen, um Widerspruch und abweichende Meinungen zu integrieren. Wie lange lässt sich etwa die subversive Wirkung des Internets kontrollieren? Wie lange die Verweigerung von Medienfreiheit, Menschenrechten und eines unabhängigen Rechtssystems durchhalten?

Den roten Mandarinen ist schon die für den internationalen Wettbewerb notwendige Förderung von Englischkursen auf breiter Front ein Graus, weil sie befürchten, mit den Lehrern und Textbüchern werde auch gefährliches Gedankengut aus dem Westen eingeschleust. Trotz aller blendenden Wirtschaftsdaten beschäftigt die Angst vor politischem Chaos und dem Zusammenbrechen der Zentralgewalt unter den Protesten unzufriedener Bürger Chinas heutige Führergeneration um Präsident Hu Jintao, und das nicht nur im Rückblick auf die blutige Unterdrückung der Studentendemonstrationen auf dem Tiananmen-Platz vom Frühsommer 1989. Denn inzwischen äußert sich der Unmut der Basis über die sozialen Verwerfungen auch in den Provinzen zunehmend in Zwischenfällen. Der Übergang zu Vorformen von Demokratie könnte traumatisch verlaufen, nur schwer kontrollierbare Eruptionen auslösen und letztlich gar jene Auguren bestätigen, die China den politischen Kollaps voraussagen.

Indien steht da anders da. Es hat als Demokratie mit Meinungsfreiheit, Gewaltenteilung und einem funktionierenden Rechtssystem die größere Strahlkraft. Zwar ist diese offene Gesellschaft schwerfälliger beim Herbeiführen weit reichender Beschlüsse und Investitionsentscheidungen, weil sie Rücksicht nehmen muss auf unterschiedliche Interessen und Akteure. Das kostet Nerven und viel Zeit. Indien wirkt stets unruhig und lärmend an der Oberfläche, doch sein demokratisches System scheint in sich gefestigt. Demgegenüber präsentiert sich China nach außen wie ein unerschütterlicher Monolith, aber in seinem Innern rumort es gefährlich.

Wenn nach Adam Smith der Erfolg einer Wirtschaft daran zu messen ist, welche Freiheiten sie dem Einzelnen ermöglicht, dann schneidet Indien im Vergleich mit China in vielem besser ab. Zwar hat auch Delhi, so lautet der Vorwurf des Nobelpreisträgers Amartya Sen in einem *Spiegel*-Interview, skandalös »dabei versagt, Armut und Chancenungleichheit zu überwinden«. Aber wer sich Wahlen stellen müsse, könne sich eine große soziale Katastrophe eben nicht leisten. Als Beispiel für extreme Fehlentwicklungen in einer Autokratie weist Sen auf den Wahnwitz der maoistischen Zwangskollektivierung im »Großen Sprung nach vorn«, der dreißig Millionen Menschen das Leben kostete: »Hätte es in China in den Jahren 1958 bis 1961 eine freie Presse gegeben, wäre es nicht zu dieser schlimmsten aller Hungertragödien gekommen.« Die KP-Führung habe weder unter dem Druck von Oppositionsparteien noch der Medien gestanden und lange gebraucht bis zu einer Kurskorrektur. Die Bedeutung demokratischer Elemente wurde später vom dem Großen Vorsitzenden Mao Tse-tung sogar erkannt, freilich in einer auf deren informationsspezifische Funktionen begrenzten Bekehrung 1962 mit der Feststellung: »Ohne Demokratie weiß man nicht, was unten geschieht, man ist nicht in der Lage, Meinungen von allen Seiten einzuholen.« Vorbild einer funktionierenden Demokratie ist für Amartya Sen der indische Bundesstaat Kerala, der trotz häufiger Regierungswechsel eine höhere Alphabetenquote und Lebenserwartung hat als China.

Schon bald dürfte Indien über einen nuklearen Schirm der Raketenabwehr verfügen, der dieser Weltmacht im Werden mehr Selbstvertrauen und Gelassenheit im Umgang auch mit dem schwierigen Nachbarn China gestattet. Gleichwohl werden die bilateralen Beziehungen weiterhin geprägt bleiben von Konkurrenzdenken, dies besonders bei der Sicherung von Energiequellen. Anders als China hat sich Indien im Atomdisput mit Iran politisch an die Seite der Vereinigten Staaten ge stellt, obwohl es damit bedeutsame Energieprojekte mit Teheran ge-fährdet, darunter den Bau einer 2600 Kilometer langen Gaspipeline in den Norden des Subkontinents. Und ebenfalls anders als das roh-stoffhungrige China hofiert Indien nicht korrupte oder international geächtete Regime in Afrika, liefert auch keine Waffen in Spannungs-gebiete.

Es gibt einander überlappende Interessenszonen der beiden Gigan-ten im Süden Asiens. Delhi registriert die Verstärkung der chinesi-schen Präsenz rund um den Indischen Ozean, den es als sein Haus-meer betrachtet, mit einer Intensivierung von Pekings Beziehungen zu Bangladesch, Myanmar (dem früheren Burma), Sri Lanka, zu Iran und dem Allwetter-Partner Pakistan. Im strategischen Gegenzug verdich-ten sich die politischen und militärischen Kontakte der Inder zu Viet-nam und Japan, zwei Erzfeinden Chinas.

Die fortdauernde Rivalität stört indes nicht das Gedeihen der wirt-schaftlichen Zusammenarbeit. Die Werkbank der Welt und Wirt-schaftssupermacht hat für den Absatz ihrer Massenwaren auch Indiens kaufkräftige Mittelschicht im Visier, längst ist China nach den USA zum zweitgrößten Handelspartner Indiens aufgerückt und im stürmi-schen Aufwind auf dem Sprung zur Spitze. Das Entwicklungslabor der Welt antwortet mit dem Aufmarsch des Stahlgiganten Arcelor Mittal sowie einer Ausweitung der Kooperation im IT-Sektor. »Wer nicht mitzieht, geht unter«, hat Infosys-Vormann Narayana Murthy die Pa-role ausgegeben, China nicht nur als Rivalen anzusehen, sondern auch als Chance für Investitionen: »Der Markt ist groß, es gibt viele talen-tierte Menschen dort.« Dagegen überwiegt bei Azim Premji, mit Wi-pro in Peking und Schanghai präsent, ein Grundgefühl der Skepsis. »Wir sind nach wie vor nervös wegen China, wirtschaftlich wie mi-litärisch«, sinniert Indiens anderer IT-Tycoon. Natürlich brauche man engere Beziehungen und den rasch wachsenden Handel, »aber ein Land zum Anfreunden ist China nicht«.

10

Im spirituellen Supermarkt

Der Gottgesandte tritt zweimal täglich auf, und er versetzt dabei Tausende in verzückte Ekstase. Zimbeln klingen, Trommeln dröhnen, Gebete ertönen, als die schmächtige Gestalt in zinnoberroter Robe erscheint und mit schleppendem Schritt durch die Reihen der Anhänger im Lotussitz wandelt. »Oh Baba, Liebe ist dein Gott«, jauchzen die pubertären Prätorianer, zwei Hundertschaften ganz in Weiß gekleideter Collegeboys: Sai Baba, Indiens populärster und umstrittenster Wundermann, zelebriert seinen »darshan«, eine Massenaudienz.

Unter der Plexiglaskuppel im Trayee Brindaban Ashram von Whitefield, einem Vorort der südindischen Hightech-Metropole Bangalore, herrschen Saunatemperaturen. Auch der Gottgesandte schwitzt erbärmlich. Mit weißem Seidentuch tupft er über ein Gesicht von burlesker Hässlichkeit. Es wird beherrscht von einer klobigen Nase über wulstigen roten Lippen und umrahmt von einer schwarzen Mähne im Afrolook. Hunderte von Bittbriefen werden Sai Baba entgegengestreckt, mit flehentlichen Blicken. Er nimmt nicht alle Umschläge, doch recht viele. Und nur wenigen Auserwählten wird eine besondere Gunst zuteil: Der Heilsbringer verharrt vor ihnen, lächelt versonnen. Dann lässt er seine Rechte zu drei Luftwirbeln kreisen und in die Hand des Beglückten ein Häufchen »vibhuti« rieseln, weiße Asche als Symbol der göttlichen Gnade und zugleich eine Art Talisman.

Millionen auf dem Subkontinent glauben, dass Sai Baba als »avatar« eine Gottesinkarnation ist, Verkörperung des allgegenwärtigen göttlichen Prinzips inmitten der Menschheit, und dass er Gegenstände aus der Luft materialisieren kann. Seine Gegner zeihen ihn homoerotischer Neigungen und fauler Magiertricks. Sai Baba selbst nennt den Asche-Zauber ganz weltlich »meine Visitenkarte«.

Vom Bad in der Menge hat Sai Baba nach zehn Minuten genug. Huldvoll winkend nimmt er auf einem erhöhten Thronsessel aus Rosenholz Platz, eine Bronzestatue des Welterhalters Vishnu hinter sich und den elefantenköpfigen Gott Ganesha zu seinen Füßen. Über ihm prunkt ein in Pastellfarben gehaltener Gipsbaldachin mit den Symbolen der großen Religionen in einem Kranz um die Fackel der Erleuchtung. »Oh Baba«, künden die Hymnen der Ergebenen, »Wahrheit ist dein Brot, du bist unser Leben.« Der Gepriesene nickt wohlgefällig und schweigt. Doch dann verdrießt ihn dieses Anhimmeln, und mit matter Segensgeste entschwindet er. Seine zurückbleibende Gefolgschaft windet sich in Trance.

Auf Indiens spirituellem Supermarkt tummeln sich unzählige Heilige, Gurus, Yogis und Sadhus, viele davon sind Blender und falsche Propheten. Sai Baba gehört zu den bizarrsten Erscheinungen. Seine Botschaft ist simpel gewirkt, bisweilen auf dem Niveau von Erbauungssprüchen und angereichert durch Versatzstücke aus dem Baukasten der Weltreligionen. Sei glücklich und selbstlos, predigt der Baba, tue Gutes und diene deinem Nächsten. Oder: »Es gibt nur eine Religion, die der Liebe, und eine Kaste, die der Menschheit.« Wer wollte da widersprechen? Schon eher beunruhigen könnte, dass dieser Messias Indien die »Rolle des Weltlehrers« zuordnen will. Das reichhaltige Hindu-Pantheon sei ein besonderer Vorzug, denn »viele Götter bieten jedem etwas, schließlich gibt es auch unterschiedliche Hemden«.

Sai Baba gibt keine Interviews. Er fordert für seine spirituellen Dienste keinen Lohn, finanziert aus den Gaben seiner Fans Hospitäler, Ashrams und Colleges. Auf gut hundert Millionen wird die globale Gefolgschaft des Gurus geschätzt. Fast das gesamte Polit-Establishment Indiens gehört dazu. Angetan hat es dieser Heilslehrer zudem aufgeklärten Industriebossen, Wissenschaftlern, Diplomaten. Auch der Dirigent Sergiu Celibidache oder der Beatle George Harrison zählten seinerzeit zu seinen Bewunderern. Zwar hat noch niemand gesehen, dass Sai Baba Tote auferwecken kann. Aber so, wie der Religionsphilosoph Sören Kierkegaard die Größe Jesu in seinen Wundern ortete, haben auch Sai Babas Auftritte und Taten, die gegen die Gesetze von Logik, Physik und Medizin zu verstoßen scheinen, den Guru zum spirituellen Superstar gemacht.

Nein, er veranstalte da »keine Vorführungen«, weist der Gottgesandte in Privataudienz Fragen nach seinen übernatürlichen Fähigkeiten mit mildem Erstaunen zurück: »Wunder sind mein Wesen, mein

»Wunder sind mein Wesen«: Gottgesandter Sai Baba

Leben ist meine Botschaft.« Seine Mitschüler, so die Legende, erfreute er schon als Knabe mit dem Griff in die Luft, der dann Buntstifte und Bonbons satt materialisierte. Der Stich eines giftigen Skorpions katapultierte den Bauernsohn aus dem südindischen Puttaparthi nach zweitägiger Agonie zum Entsetzen seiner Familie, die einen Exorzisten bemühte, endgültig ins mystische Zwielicht. Fortan vollbrachte Sai Baba Wunder, zunächst kleine, dann immer erstaunlichere. Er materialisierte bald auch Goldketten und Rolex-Uhren, Gelähmte erhoben sich bei seinem Anblick, Debile kamen wieder zur Vernunft. Einmal zog er, seinen Haarschopf mit einem Seil verknüpft, vor Dutzenden von Zuschauern einen Schwerlaster aus dem Ufersand. Die Szene wurde mit einer Kamera aufgenommen. Nur leider, beim Entwickeln war der Film an dieser Stelle schwarz.

Also doch ein Scharlatan? »Unbedeutende Würmer« nennt der Gottgesandte jene, die an ihm zweifeln. Die sind vornehmlich bei der indischen Rationalisten-Bewegung zu finden und werfen dem Swami Gaukelei vor. »Meine göttliche Macht kennt keine Grenzen«, behauptet dagegen Sai Baba. Er habe die Kraft, die Erde in den Himmel zu verwandeln und den Himmel zur Erde. »Aber ich tue es nicht, denn es gibt keinen Grund dafür.«

Hunderttausende Sadhus, Swamis, Yogis und andere fromme Gestalten wandern durch Indien. Sie werden geehrt und in ihrem heiligen Zorn gefürchtet. Nicht wenige sind Schwindler, Scheinheilige und Schmarotzer. Die echten Asketen, die allen irdischen Genüssen entsagen, wollen auf der letzten der vier Lebensstufen zur höchsten Weisheit und Erlösung gelangen. All diese Büßer und Bettelmönche haben Familie, Besitz, Beruf und Kaste hinter sich gelassen, pilgern als Sannyasi, die »alles von sich geworfen« haben, auf den Pfaden des freiwilligen Weltverzichts. Einige hocken splitternackt in eiskalten Höhlen oben im Himalaja unweit der heiligen Quelle der Flussgöttin Ganga. Es gibt verschrobene Formen der Selbstkasteiung, so wie sie etwa in Delhi eine Ewigkeit bei Naga Hanuman Giri zu bestaunen war. Klein, dunkel, mit Kugelbauch und Krauselbart, stand dieser nackte Sadhu am Jamuna-Fluss, stets den rechten Arm mit geballter Faust hoch erhoben. Um ein religiöses Gelübde zu erfüllen, hatte der Shiva-Anhänger sich diese Haltung zwölf Jahre lang auferlegt. Da stand er unter einem Strohdach am Rande eines Weizenfeldes und meditierte. Die Fingernägel waren

zu Raubtierkrallen gewachsen und teilweise in den Handrücken ge-
drungen. Um von der Lust verschont zu bleiben, hatte Hanuman Giri
in sado-masochistischer Peinigung seinen Penis mit Stahlreifen um-
schlossen und einem Streichholz durchbohrt. Selbst wenn er in
Hockestellung sein Geschäft verrichtete, wies die seltsam verdrehte
Rechte des Sadhus wie ein verdorrter Ast himmelwärts.

Nirgendwo haben spirituelle Ratgeber und Astrologen dermaßen
viel Macht über die Mächtigen in Politik und Gesellschaft wie auf dem
Subkontinent. Eine Ausnahme war der erste Premier Jawaharlal Nehru,
ein bekennender Säkularist und Agnostiker. Auch seine Tochter Indira
gab sich gerne westlich aufgeklärt. Aber sie war für Schicksalswinke
aus der Konstellation der Gestirne ebenso empfänglich wie für spirituelle Einflüsterungen und Opferkulte. Reiste Indiens resolute Regentin durch die Lande, gab es keinen Schrein oder Tempel, den sie nicht
aufsuchte, keinen lokalen Heiligen, den sie nicht um seinen Segen bat.
Die Halskette aus dunklen Kristall- und Sandelholzkugeln, die sie
selbst bei Staatsbesuchen im Ausland trug, eine »mala«, stammte vom
Oberpriester des Badrinath-Tempels in Benares. Der hatte ein achtundvierzig Tage brennendes Opferfeuer arrangiert, als die abgewählte
Notstandsherrscherin in Bedrängnis geraten und sogar kurz ins Gefängnis gesteckt worden war.

In Indira Gandhis spiritueller Galaxis glühten viele Sterne auf und
erloschen. Als religiöser Chefberater diente ihr lange Zeit der aus einer
vornehmen Brahmanenfamilie stammende Kamlapathi Tripathi, in
ihr Kabinett offiziell als Eisenbahnminister berufen. Zum Wohlerge-
hen der Ministerpräsidentin pflegte Tripathi regelmäßig in seiner Residenz mit elf Priestern »pujas« zu organisieren, Bet- und Opferveran-
staltungen zur Besänftigung der Götter. Doch dann missglückte eine
Milchopfer-Zeremonie zu Ehren Shivas. Die Milch gerann, als die
»vindhyachal vasini«, die Kultfiguren, in ihr gebadet werden sollten.
Eine schreckliche Beleidigung Shivas, die Frau Gandhis Clan Unheil
bringen musste. Wenige Wochen danach stürzte Indira Gandhis Lieb-
lingssohn und Kronprinz Sanjay mit seinem Flugzeug zu Tode. Die
Premierministerin sah einen Zusammenhang mit dem verkorksten
Puja, und der Brahmane musste nicht nur als ihr Seni, sondern auch
als ihr Eisenbahnminister abdanken.

»Eine unheimliche Ansammlung von Mystikern in safranfarbenen

Gewändern, Wahrsagern und pseudo-wissenschaftlichen Sterndeutern umschwirrt die politischen Machthaber Indiens und beeinflusst deren Entscheidungen«, notierte mit gehörigem Schauder damals das Nachrichtenmagazin *Far Eastern Economic Review*. Besonders unheimlich wirkte Indira Gandhis neuer Hausguru Swami Dhirendra Brahmachari, dessen Einfluss und Wirken vielfach mit der Rolle Rasputins am zaristischen Hof verglichen wurde. Der Sadhu, eigentlich ein Yogalehrer, hatte eine imposante Statur und ein mächtiges, zerfurchtes Haupt, von zotteligem schwarzen Haar und Bart umhüllt und mit dunklen, hypnotisierenden Augen. In seinen dünnen Musselintüchern spazierte Brahmachari halbnackt auch bei 25 Grad Frost zum Erstaunen russischer Ärzte seelenruhig bei einem Besuch durch Moskau. Grotesk das weiße Damenhandtäschchen zu diesem Aufzug, es baumelte ständig an einem seiner muskulösen Arme. Der Name Brahmachari bedeutet eigentlich, dass sich sein Träger mönchisch dem Zölibat verpflichtet fühlt. Sonderlich puritanisch war Indira Gandhis Leibguru hingegen wohl nicht veranlagt. Da gab es manch delikates Gerücht, und natürlich rankten sich auch wilde Spekulationen um seine Beziehung zur Premierministerin.

Deren Tod war auch das Ende dieser grauen Eminenz, denn Rajiv Gandhi hielt nicht viel von sonderbaren Heiligen, zumal wenn sie auch noch wie dieser Brahmachari in dubiose Waffengeschäfte verwickelt waren. Mit den Erlösen daraus baute der Swami in Kaschmir ein kleines Imperium aus Firmen und Ashrams mit eigenen Flughäfen aus, schimpfte über »eine Welt voller Scharlatane« und verblüffte Besucher mit Äußerungen, die so verrückt klangen wie mancher der Sätze Sai Babas. Als höchste Vollendung von Yoga, kündigte Brahmachari an, strebe er nach der Fähigkeit, »den Atem für zwölf Minuten anzuhalten. Wenn du das zwölf Minuten geschafft hast, kannst du es auch für zwölf Stunden und dann für zwölf Jahre tun. Das ist der Gipfel.« Den hat er indes nicht mehr erklommen. Im Juni 1994 kündigte Brahmachari in Delhi seinen baldigen Weggang aus dieser Welt an und zerschellte wenige Tage darauf mit einem einmotorigen Flugzeug in den Bergen Kaschmirs.

Das hinduistische Heiligenensemble kennt viele Gottesmänner, die ihre Seelenschürftechnik mit knallhartem Geschäftsgebaren zu vermarkten verstehen. Die modernen New-Age-Gurus tauchen plötzlich aus der Wildnis auf und enden in Palästen, mokiert sich der indische Dichter Javed Akhtar über das Angebot des »spirituellen Supermarkts, der sofortiges Nirwana verspricht«. Spiritualität sei zur »Beruhigungspille für die Reichen« geworden.

Zu den erfolgreichsten Seelenkriegern gehörte der transzendentale Sekten-Papst Maharishi Mahesh Yogi, einst Idol der Hippies und der Beatles. Erfüllung fanden bei ihm auch Schauspielerinnen wie Shirley McLaine und Mia Farrow. Allerdings weckte Maharishis erleuchtete Gesellschaft bei der indischen Regierung Spionageverdacht, weil sie ihre Ashrams mit Vorliebe in der Nähe militärischer Anlagen errichtete.

Unter den Traumfabrikanten gewiss der genialste Entertainer war Bhagwan Shree Rajneesh. Der ehemalige Wanderprediger stammte aus der Religionsgemeinschaft der Jains und ließ sich von seinen Anhängern als göttlicher Prophet verehren. Bhagwans Ashram in der Industriestadt Poona, durch die Berichte der Filmschauspielerin Eva Renzi ins Zwielicht geraten, wurde zur Pilgerstätte und zum irdischen Paradies für Zehntausende Zivilisationsmüde und Sinnsucher aus Europa wie Amerika, für stressgeplagte, ausgeflippte, drogengeschädigte, sexuell frustrierte und sexhungrige, für hochintelligente und hochsensible Naturen mit Erfolgskarrieren, die sich plötzlich weigerten, weiter in den westlichen Leistungsgesellschaften zu funktionieren. »Sex ist der unterste Nenner der Energie, die wir Gott nennen«, verhieß die Eigenwerbung des fröhlichen Gurus, und dazu gehörte auch der Lehrsatz: »Im Orgasmus erlebst du deine Vereinigung mit dem Kosmos.«

Er hat sie alle abgezockt, dieser weißbärtige, charismatische Philosophieprofessor, der sich zuletzt »Osho« nannte. Und von dem Geld seiner Anhänger legte er sich eine Flotte von neunzig Rolls-Royce-Limousinen zu. Die meisten seiner Besucher stammten aus Deutschland. Sie waren bereit zur Selbstunterwerfung und Selbstbelügung, sahen in Indien noch immer ein exotisches Wunderland der Mystik, unbegrenzter Toleranz, der Kamasutra-Liebesliteratur und jener freizügigen erotischen Darstellungen, wie sie etwa die Tempel von Khajuraho zieren. Doch das Indien der Wirklichkeit, geprägt von seinem viktorianischen Kolonialerbe, war eine prüde, sexuell verklemmte Gesellschaft, die bis heute nicht einmal das Küssen in den Liebesfilmen von Bollywood erlaubt. Die Inder in Poona jedenfalls waren froh, als

König Midas der Heilsbringer: Maharishi Yogi

sich der skurrile Meister wegen Steuerschwierigkeiten mit seinen orangefarben gekleideten Jüngern in die Vereinigten Staaten absetzte.

Neuer Star am indischen Meditationshimmel ist Sri Sri Ravi Shankar. Der schmächtige Brahmane hatte sein Metier noch beim König Midas dieser Branche gelernt, bei Maharishi Yogi. Seine Stiftung »Art of Living« residiert unweit von Bangalore, aber der Guru mit dem Dauerlächeln und Wallehaar tingelt ständig rund um den Globus, um die Menschheit zur Stressbewältigung mit seinen rhythmischen Atemübungen zu beglücken. Damit macht er blendende Geschäfte. Der stets in Weiß gewandete Shankar, ein Namensvetter des Sitarkünstlers, engagiert sich für Hilfsprojekte der UNO. Seine Friedensbotschaften, mit hoher Stimme vorgetragen, wirken bisweilen wie religiöser Firlefanz. »Gott liebt Spaß«, predigt der New-Age-Guru, und das wirkt wie ein labberiger Aufguss der Lehren des verblichenen Bhagwan Shree Rajneesh. Doch Rudelsex und therapeutische Nacktsessions schätzt dieser Meister nicht. Gleichwohl bleibt Spiritualität mit Shri Shri Ravi Shankar weiterhin ein indischer Exportschlager. Indes gibt die *Hindustan Times* mokant zu bedenken, Spiritualität könne auch »eine Rauchwolke von Kult-Gurus sein, um die Reichen in ihren Bann zu ziehen«.

11

Ein Humanist und Rebell

Ram Chandra ist auf dem linken Auge blind. Seine Finger sind zu Stümpfen oder Krallen verstümmelt, die Füße verkrüppelt. Aber er bedient die alte Merrit-Nähmaschine mit erstaunlicher Behändigkeit. Rasch surrt die Nadel, bindet mit weißem Faden im Kreuzstich die Schnittteile für eine Hose aus selbstgesponnener Baumwolle zusammen. Ein gelernter Schneider könnte es kaum routinierter machen.

Diese Fertigkeit hat sich Ram Chandra mühsam selber beigebracht, »in meinem neuen Leben«, wie er stolz sagt. Früher war Ram Kleinbauer gewesen in einem Dorf Zentralindiens, mit vier Kühen und genügend Land zum Anbau von Hirse, um seine Frau und fünf Kinder ernähren zu können. Aber dann traf ihn der Schicksalsschlag, der ihn erbarmungslos aus der menschlichen Gesellschaft ausstieß und in einen Abgrund von Hoffnungslosigkeit schleuderte. Ihn hatte die »maha roga« befallen, die »große Krankheit«. So wird die Lepra in der Regionalsprache Marathi genannt. Als eiternde Schwären und knotige Verwachsungen den Aussatz nicht mehr verheimlichen ließen, wies die Familie aus Furcht vor Ansteckung und sozialer Diskriminierung dem Unglücklichen die Tür.

Trotz der inzwischen möglichen Heilung mit einer Medikamenten-Kombination aus Antibiotika hat Indien noch immer 60 Prozent aller Leprösen der Welt und 300 000 neu Infizierte pro Jahr. Wer an Lepra erkrankt, ist durch den »Fluch Gottes« stigmatisiert und wird ausgegrenzt. Der Aussätzige verliert seinen Job, ist als Ausgestoßener von Abscheu verfolgt und dazu verdammt, noch unter den unberührbaren Parias als Niedrigster der Unreinen ein Dasein in tiefster Entwürdigung zu fristen.

Ram Chandra irrte Jahre mittellos umher. Er stand wie andere Lepröse vor Tempeln und Pilgerschreinen Schlange, mit einem Blechnapf um Almosen bettelnd. Dann erzählte ihm jemand, dass es hundert Kilometer südlich von Nagpur, mitten im verdorrten Herzen Indiens, einen wundersamen »Baba« gebe. Dieser Vater schicke keinen Notleidenden weg, habe schon unzähligen Aussätzigen zu Heilung und Heimstatt verholfen. In der mit Dornenbüschen besprenkelten Steinlandschaft des östlichen Maharashtra, eines der ärmsten Distrikte auf dem Subkontinent, fand Ram Chandra schließlich sein gelobtes Land nahe dem städtischen Warora: einen Siedlungskomplex mit Hospitälern, Werkstätten, Wohnhäusern und Schulen, eingebettet in Reisfelder, Gemüsebeete und Obsthaine. »Anandwan«, Glücksgarten, heißt diese Oase, und ihre Bewohner sind 3000 Lepröse, Blinde, geistig Behinderte, Taubstumme – allesamt Geschöpfe, für die es keinen Platz mehr gab in der menschlichen Gesellschaft.

»Bleib und mache dich nützlich«, lautete der Willkommensgruß, mit dem Ram Chandra im Glücksgarten der Ausgestoßenen empfangen wurde. Und nachdem die Lepraerkrankung innerhalb von sechs Monaten durch die Behandlung mit Sulfonamiden zum Stillstand gebracht worden war, suchte der Gerettete nach einer Möglichkeit, in dieser Gemeinschaft mitwirken zu können. Denn eine Rückkehr in sein Heimatdorf, das wusste Ram Chandra, war ihm wegen der zurückgebliebenen Deformationen für immer verwehrt. Vielleicht hätte ihm seine Frau geglaubt, dass mit der Heilung von der »großen Krankheit« auch die Ansteckungsgefahr für andere beseitigt worden war. Aber im Interesse seiner Töchter, die mit einem vormaligen Leprösen in der Hütte niemals einen Ehemann fänden, musste Ram Chandra für seine Familie verschwunden bleiben.

Er hat sich damit abgefunden. »Für die Welt bin ich tot, aber hier braucht man mich, werde ich geschätzt«, sagt Ram. Er hat dreiundzwanzig andere Aussätzige inzwischen zu Schneidern ausgebildet. Seine Werkstatt produziert Kleidung für sämtliche Bewohner Anandwans und auch zum Verkauf draußen. Von dem schmalen Salär, das ihm zusteht, schickt Ram Chandra monatlich einen kleinen Betrag zur Unterstützung seiner Familie nach Hause. Dass er dazu überhaupt wieder in der Lage ist, gibt ihm wie Hunderten anderer Leprapatienten, die in Anandwan als Handwerker, Bauern oder Gärtner tätig sind, neue Selbstachtung.

»Von Almosen zu leben, zerstört die menschliche Persönlichkeit, Arbeit dagegen richtet den Menschen auf.« Nach dieser Maxime ist das kibbuzähnliche Selbstversorgungskollektiv Anandwan von der imponierendsten Erscheinung unter Indiens Sozialarbeitern geformt worden: Murlidhar Devidas Amte, von seinen Anhängern respektvoll »Baba Amte« genannt, Jahrgang 1914, ein selbstloser Humanist, Messias der Leprakranken, Rebell gegen die hinduistische Kastengesellschaft und religiöse wie politische Dogmen. In Anandwan gibt es keine Geburtsprivilegien und Schranken mehr, sitzen Brahmanen und Parias, die Lahmen, Gesunden und Lepröse am gemeinsamen Essenstisch, sind Straßenfeger und Kloakenreiniger abgeschafft, weil jeder für seine eigene Hygiene verantwortlich ist.

Und es klappt. In der sozialen Ächtung haben deren Opfer die Gitterstäbe des religiös sanktionierten Kastengefängnisses durchbrochen und zu belastbarer Solidarität gefunden. »Es ist sonderbar«, sagt Baba Amte, »wir pflegen in alten Bäumen etwas Schönes zu sehen, aber von menschlichen Ruinen wenden wir uns ab.« Warme, frohe Augen strahlen aus einem Bauerngesicht mit mächtigem Nasenerker unter dichtem grauen Haar. Die schmale, aber muskulöse Gestalt umhüllt ein weißer Baumwolldress, um den Amte wegen seines schweren Bandscheibenleidens einen korsettartigen Gürtel geschlungen hat. Die Füße stecken in Sandalen aus alten Autoreifen. Baba Amte trinkt und raucht nicht, isst kein Fleisch. Doch nimmt er keinerlei Anstoß daran, wenn sich seine beiden Söhne oder Besucher nicht an diesen Lebensstil halten. Plakative Askese, wie sie manche indische »Heilige« zelebrieren, ist ihm zuwider.

»Abhay sadhak«, furchtloser Sucher, nannte Mahatma Gandhi den jungen Amte, der Indiens »Große Seele« Anfang der vierziger Jahre in seinem Sewagram Ashram oft besuchen kam. Damals hatte der Sohn eines wohlhabenden Großgrundbesitzers aus orthodoxem Brahmanen-Haus mit einem Leben, das er plötzlich als Parasitenexistenz empfand, bereits gebrochen. Ein Leben, in dem er wie ein Dandy mit dem Sportwagen, dessen Sitze mit Leopardenfellen überzogen waren, ins christliche College zu fahren pflegte, seine Hosen beim italienischen Couturier des britischen Gouverneurs schneidern ließ und mit Greta Garbo in Hollywood korrespondierte. Amte verzichtete auf sein Erbe, setzte sich für das Los der Straßenfeger ein, wurde gar Präsident ihrer Gewerkschaft. Eines Abends hatte er dann sein eigentliches Erweckungserlebnis. Im Dunkeln stolperte er über ein Bündel, beugte sich

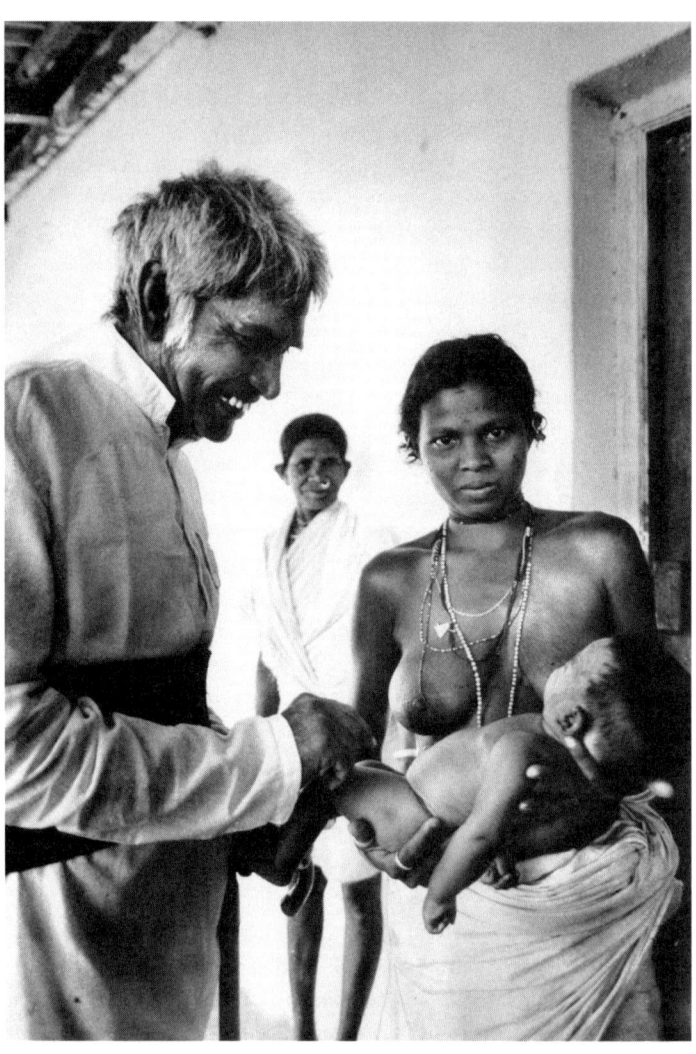

»Glücksgarten« der Aussätzigen: Sozialhelfer Baba Amte

nieder und blickte in das zerfressene Gesicht eines sterbenden Aussätzigen. In panischem Schrecken vor einer möglichen Ansteckung rannte Amte davon, schämte sich aber schnell dieser Reaktion, kehrte zurück und errichtete über dem Leprakranken zum Schutz gegen den Monsunregen einen Bambusverschlag.

Murlidhar Devidas Amte hatte zu seiner Lebensberufung gefunden. Nach einem Spezialkurs am Tropeninstitut in Kalkutta begann seine Lepramission 1950 in der Steinwildnis bei Warora mit einer Gruppe Aussätziger, 14 Rupien Bargeld, einer lahmenden Kuh sowie dem Schwur, niemals eine Kreatur abzuweisen, die ihn um Hilfe bitten würde. Mit den Leprösen errichtete er feste Steinhäuser, eine Klinik, schachtete Brunnen aus, pflanzte Bäume und legte Felder an. Der Kompost für den »Glücksgarten« war bereitet. Anandwan sollte keine reine Krankenstätte werden, sondern ein von der Umwelt wirtschaftlich weitgehend unabhängiges Lebenskollektiv, das seinen Angehörigen nach bestmöglicher Krankenbehandlung die Chance zu Rehabilitation und Wiedergewinnung des Selbstrespekts zu geben hoffte. Ein Konzept, das gandhische Prinzipien mit marxistischem Gedankengut und den Wertvorstellungen des bengalischen Dichterphilosophen Rabindranath Tagore vom sozialen Ausgleich in einem volksnahen, einfachen Leben verband.

Leprawunden riechen abscheulich. Selbst das Desinfektionsmittel Detol, mit dem die Kranken ihre Abszesse säubern, vermag den scharfen Gestank nicht zu vertreiben. Vikas, der älteste Sohn Amtes und ein ausgebildeter Arzt, leitet die Klinik in Anandwan, deren hundert Pritschen voll belegt sind mit Patienten im infektiösen Stadium. Es gibt keine Schwester, keinen Pfleger in diesem einfachen Hospital. Die Kranken versorgen und waschen sich selber. Der von westlichen Wissenschaftlern gerne vertretenen Theorie, Lepröse sollten besser nicht isoliert, sondern weiter in der Gesellschaft eingegliedert behandelt werden, hält Baba Amte den Spiegel der indischen Wirklichkeit entgegen: »Ich habe in Anandwan mehr als 2000 kurierte Lepröse, die eine sinnvolle Tätigkeit in der Gesellschaft wieder aufnehmen könnten, doch dort sind sie unerwünscht.«

Dafür sorgen sie mit, dass der »Glücksgarten« blüht und wächst. Bis auf Zucker, Salz und Kerosin ist Anandwan autark. Gemüse, Getreide und Geflügel wandern auf die umliegenden Dorfmärkte, nachdem die

Käufer dort sich haben überzeugen lassen, dass mit den Waren aus der Leprakolonie nicht auch die Infektion weitergetragen wird. Zwar scheuen noch immer nicht wenige Bewohner Waroras den Kontakt mit dem Aussätzigen-Kollektiv, doch über tausend Kinder aus der Stadt besuchen zwei Grundschulen, welche auf dem Gelände von Anandwan die Leprösen für sie errichtet haben. Die Gesellschaft lässt sich von denen helfen, die sie ausgestoßen hat. Anandwan besitzt zudem ein landwirtschaftliches College und die einzige Blindenschule der Region. Mit solchen Projekten sucht Baba Amte die psychologischen und sozialen Barrieren zur Umwelt abzubauen, welche einer späteren Reintegration seiner Schützlinge noch im Wege stehen. Auch im ökologischen Bereich und mit einem Wiederaufforstungsprogramm ist Anandwan seiner phlegmatischen Umgebung weit voraus.

Von Politikern und beamteten Entwicklungshelfern hält Baba Amte wenig. Große Namen bedeuten ihm nichts, »mich interessiert mehr das Ungewöhnliche in einem gewöhnlichen Menschen«. Einladungen zu Seminaren lehnt er meist ab, weil diese sich oft nur in intellektueller Selbstbefriedigung und schönen Sprüchen erschöpfen. Den politisch Verantwortlichen in Delhi, gleich welcher Couleur, wirft er vor, Indien »zu einer Nation von Fürsorgeempfängern verkommen zu lassen«. Trotz seiner angegriffenen Gesundheit engagiert sich der rebellische Humanist auch im hohen Alter noch für politische und ökologische Kampagnen. Das sind Kämpfe, bei denen es gegen die wirtschaftliche Macht der Konzerne und der mit ihnen verschwippten Politbürokratie wenig zu gewinnen gibt. Der Seufzer, »was ist dies bloß für eine Demokratie«, taucht immer häufiger auf in Baba Amtes bitteren Interviews.

Seine ganze Energie widmete er zuletzt dem Projekt, den noch auf der Steinzeitstufe vegetierenden Urwaldstamm der Madia Gonds zu retten. Der Dschungel von Bhamaragarh ist eines der letzten Reservate, in denen nach dem Hereinbranden der arischen Einwanderungswellen vor über 3500 Jahren die Urbevölkerung der Adivasi Zuflucht finden und ihre ethnische Identität abgeschirmt bis heute bewahren konnte. In diesem schwer zugänglichen Drei-Länder-Eck der Bundesstaaten Maharashtra, Madhya Pradesh und Andhra Pradesh hat seit drei Jahrzehnten von den Rändern her ein verheerender Raubbau an den Wäldern eingesetzt. Damit schrumpft der Siedlungsraum für die 110 000 Madia Tribals, die von der Jagd und den Früchten des Dschungels leben. Ein lustiges Naturvölkchen sind diese schmächtigen, dunkelhäutigen Madias. Heftige Trinker und sexuelle Freibeuter. Aber ihre Lebenserwartung liegt selten über fünfundvierzig Jahren, häufigste Todesursache ist Malaria. An der Peripherie des Urwalds, 350 Kilometer südlich von Nagpur, ließ Baba Amte in Hemalkasa ein Hospital errichten, das sein jüngster Sohn Prakash und dessen Frau Mandakin leiten. Mit dem Ausbruch des Monsunregens sind die beiden Ärzte monatelang von der Außenwelt abgeschnitten.

Die größte Gefahr aber erwächst den Urwaldstämmen von den Mega-Staudammprojekten in der Region. Massive Eingriffe in die Natur, die wie die dreißig geplanten Riesendämme am zentralindischen Narmada-Fluss die Lebensgrundlage Hunderttausender bedrohen. Jahrelang kampierte Baba Amte am Narmada, um wie die Umweltaktivistin Medha Patkar oder die hier gleichfalls engagierte Schriftstellerin Arundhati Roy gegen die Zwangsaussiedlung Zehntausender zu protestieren. Für die meisten gibt es keine Entschädigung, nicht einmal das Angebot eines Umsiedlungsprogramms. Sie stehen erbarmungslos, so Baba Amte, »vor dem kulturellen Genozid«.

Für weitere Schlachten fehlte Baba Amte die Kraft. Anfang 2006, mit zweiundneunzig Jahren, zog er sich zum Sterben in den »Glücksgarten« der Ausgestoßenen zurück. Dies mit der Genugtuung, dass seine beiden Söhne und Schwiegertöchter die Arbeit fortsetzten. Mehrmals war Baba Amte für den Friedensnobelpreis vorgeschlagen. Den hätte er, wie Mutter Teresa, verdient gehabt.

12

Vergiftete Seelen, düstere Rituale

Der spindeldürre Sadhu kreischt »maha kal«, reißt beide Arme hoch und sucht mit rollenden Augen so furchterregend zu wirken wie Gott Shiva auf Bildern als schrecklicher Zerstörer. Mit dem Wort »maha kal« beschwört Baba Ardbhangi Ram das »großartige Zeitalter« des Herrn des Universums, dem die Mitglieder der Aghori-Sekte ihr Leben geweiht haben. In totaler Hingabe und unter Bruch sämtlicher sozialer Tabus. Keine andere Gruppe des tantrischen Hinduismus mit seinen ausschweifenden Praktiken zelebriert derart makabre Rituale.

Nackt bis auf den Lendenschurz kauert der Asket auf einer Bastmatte vor den schwarzen Verbrennungsöfen im elektrischen Krematorium von Varanasi, Shivas Stadt und Hort der hinduistischen Welt. Das Krematorium am Harish Chandra Ghat liegt seit Jahren wegen Strommangels still. Außerdem ziehen gläubige Hindus ohnehin die traditionelle Verbrennung der Toten auf Holzstößen vor. Durch die offenen Fensterluken dringt der penetrante Geruch von vier Scheiterhaufen am Ufer des Ganges herauf.

In der Nacht wird der Sadhu mit anderen Aghoris zur Verbrennungsstätte schleichen und sich in der Totenasche wälzen. Baba Ram ist zweiundsiebzig Jahre alt. Er hat sein verfilztes dunkles Haar zu einem Schwalbennest verflochten, der graue Bart ist schütter, um den Hals trägt er heilige Baumwollfäden und eine doppelte Kette aus Holzperlen. »Shiva leitet uns«, wehrt der Sadhu Fragen nach den dunklen Seiten seines tantrischen Ordens leichthin ab und schnippt einen Marihuana-Stummel in den Sandhaufen neben sich. Keine Entschuldigungen, kein Vertuschen, keine Dementis. Die Aghoris (»die Furchtlosen«) nutzen menschliche Schädeldecken als Trinkschalen, um täglich ihre Sterblichkeit vor Augen zu haben sowie die Dualität von Leben und Tod. Sie reklamieren von ihrem zornigen Gott das Recht, sich über alle menschlichen Gesetze hinwegsetzen zu dürfen, um die Illusion konventioneller Kategorien zu offenbaren. Alle Wertungen und Unterscheidungen seien künstlich. Im Absoluten indes, verkörpert durch Shiva, werde das Gute wie das Böse, das Schöne wie das Widerwärtige, Leben wie Tod gleichermaßen aufgehoben und eins.

Es sind grausige Bräuche, mit denen die Aghoris ihre Glaubensbrüder schockieren: Das Verzehren von Exkrementen gehört dazu, Sex mit Toten und menstruierenden Frauen, das Essen von nicht völlig verbranntem Menschenfleisch oder eines Stücks der im Ganges aufgeschwemmten Leichen – Hindu carne.

Indien als Horrormärchen, ein ganzes Buch ließe sich füllen mit Beispielen zu archaischen Relikten, wenigstens ein Kapitel soll hier für diese Themen genügen. Gewiss: Grauenvolles und Perversionen gibt es überall, Fälle von Kannibalismus oder Babymorden selbst in den sich so aufgeklärt dünkenden Gesellschaften des Westens. Indien kann brutal, menschenverachtend, abstoßend sein und vor allem in ländlichen Regionen noch heute obskurantistischen Opferritualen verhaftet, die an die Frühzeit der Menschheitsgeschichte erinnern. Es kränkt das Selbstwertgefühl der gebildeten Elite, der politischen allzumal, wird sie mit Geschichten konfrontiert, die nicht das spirituelle Leben faszinierend finden oder das moderne Indien der Atommeiler und IT-Glitzertürme schildern, sondern seine Gräuel und Schattenseiten. Doch es wäre ein Akt grotesker Unredlichkeit zu übersehen, dass es dieses, aus westlicher Sicht vollkommen andersartige Indien mit seiner unergründlichen Seele eben auch gibt. Teilweise gefangen noch in religiösem Aberglauben, schockierend in seinem Fatalismus gegenüber dem Unglück und Leid anderer.

Selbstverständlich ist Kannibalismus auch in Indien verboten. Aber kein Polizeibeamter wird es wagen, einen Sadhu der Aghoris festzunehmen, kein Gericht sich für ein Urteil finden. Niemand riskiert, weil er deren Fluch fürchtet, die Sekte zu behelligen. Sie zählt etwa tausend Sadhus im Lande, siebzig davon bei den Verbrennungsstätten in Varanasi. Ihre Anhänger stammen meist aus den untersten Kastengruppen. Baba Ram sagt, er sei im Alter von fünf Jahren den Aghoris von seinen Eltern »geschenkt« worden. Also wurde er wohl als Kind ärmlicher Kastenloser schlicht verkauft. Wenigstens zweimal im Jahr isst Baba Ram Menschenfleisch, weil es ihm »übernatürliche Kraft« gebe und ihn jung erhalte. Für das von Gebeten begleitete Ritual fischt

Bruch sämtlicher Tabus: Angehöriger der Kannibalen-Sekte Aghori

er sich nicht die nach der Verbrennung in den Ganges geworfenen Körperreste wieder heraus, wie das andere Sektenbrüder tun. Er schneidet sich lieber etwas ab von den bläulich angelaufenen Leichen, die der heilige Fluss wieder hochspült.

Leichen schwimmen viele im Ganges, in dem die Karpfen auffallend groß sind. Denn in sein Wasser werden, an einen schweren Stein gebunden, die in Tücher gewickelten Körper jener geworfen, die der Reinigung durch das Feuer nicht bedurften, weil sie bei ihrem Tod als rein galten: Kinder unter elf Jahren, Sadhus, Priester, schwangere Frauen, Leprakranke, Opfer von Pocken und Schlangenbissen. Aber ist Leichenfleisch nicht verseucht, sein Verzehr gefährlich? »Die Toten sind Opfergaben an die Götter«, erläutert der Sadhu milde. »Wie können die giftig sein?« Das Fleisch von Menschen schmecke »süß, so wie dickes Süßgras«.

Horrorheimat Indien: Im April des Jahres 2006 meldete die Deutsche Presse-Agentur aus Delhi: »Ein indischer Vater hat eigenen Angaben zufolge seinen vierjährigen Sohn getötet, weil die Hindu-Göttin Kali nach einem Menschenopfer verlangt habe. ›Die Göttin ist mir erschienen und befahl mir, entweder mich selber oder meinen Sohn zu opfern‹, sagte Pramod, ein Friseur. ›Ich habe mich für Letzteres entschieden, weil der Rest meiner Familie gelitten hätte, wenn ich gestorben wäre.‹ Kali gilt Hindus als Göttin des Todes und der Erneuerung.«

Eine rationale Entscheidung, so ließe sich zynisch anmerken, im religiösen Wahn. Rituelle Morde sind auf dem Subkontinent auch heute noch keine Seltenheit. Derartige Nachrichten gehören für indische Zeitungen zur Routine wie in Europa etwa die Bilanzen von Massenkarambolagen auf den Autobahnen. Fanatische Anhänger hinduistischer Sekten glauben, mit frischem Blut von Menschen die Götter »besänftigen« zu können. Überall im Land, nicht nur in entlegenen Stammesregionen, sondern auch in Großstädten geschehe dies, befand der *Indian Express* Anfang der Achtziger in einem großen Report, der von einem »sozialen Übel von gigantischen Proportionen« sprach. Unbeaufsichtigte Kinder, Mädchen mit Vorliebe, verschwänden plötzlich von dunklen Seitenstraßen. Ihr Blut werde zu »tantrischen« Grundsteinlegungen für Großbauten, Brücken, Wasserspeicher benutzt oder auch als »Opfer« bei der Suche nach einem verborgenen Schatz. Wenig hat sich seit dem Bericht geändert, das Grauen ist ein

Kult geblieben und lässt die *Times of India* aufschreien: »Eine Gesellschaft, die sich gegenüber solchen Verbrechen gleichgültig verhält, ist krank.«

Mindestens drei Mädchen zwischen vier und sechs Jahren, deren Leichen mit durchschnittenen Kehlen gefunden wurden, tötete der »Killer-Sadhu« Lakshman Singh Giri, der einst unweit von Bangalore sein Unwesen trieb. Der hagere Sadhu zog seine ungestutzte Haarpracht in langen, gewundenen Strähnen wie eine Schleppe hinter sich her und lebte auf dem Friedhof von Srivampur. Dort hatte er seine Behausung beim Tempel der »Schwarzen Göttin« Kali, die zu den furchtbarsten Erscheinungen des Hindu-Pantheons gehört. Sie sei, so beschrieb der Philosoph Heinrich Zimmer einmal ihre widersprüchlichen Eigenschaften, »Sinnbild einer göttlichen Urkraft, die gleichsam im Spiel erschafft, erhält und zerstört«. Mit einem Menschenopfer lasse Kali sich für tausend Jahre gewogen stimmen, heißt es in den Lehren des Tantrismus, jener mystisch-esoterischen Sektenabart des Hinduismus, welche der weiblichen Gottheit und Energie, dem Shakti-Kult, huldigt.

Lakshman Singh Giri pflegte seine Rituale in Mondnächten auf dem Friedhof zu praktizieren. Menschenblut sollte ihm die Kraft geben, um böse Geister zu vertreiben, als Wunderdoktor zu wirken, kinderlosen Ehepaaren zu Nachkommenschaft zu verhelfen. Die Opferstätte war ein Stein zwischen zwei Baumstämmen unweit des Tempels. Daneben lagen, als die Polizei auftauchte, ein eiserner Dreizack und die Scherben einer Kali-Figur. Kurz vor seiner Festnahme hatte der Sadhu das Abbild zerschlagen und gemurmelt: »Meine Kraft ist weg, das ist der Anfang vom Ende.« Er war es tatsächlich, denn nun traf ihn selber der Fluch der »Schwarzen Göttin«. Nach dem Polizeiverhör starb der Killer-Sadhu im Victoria-Hospital von Bangalore an inneren Blutungen.

Menschenopfer waren zu Beginn des 19. Jahrhunderts von der britischen Kolonialregierung verboten worden. Aber noch 1854 notierte ein englischer Arzt in seinem Tagebuch, dass es in Indien keinen Distrikt gebe, in dem nicht Menschen geschlachtet würden. Etwa zur gleichen Zeit ließ ein Fürst von Madhya Pradesh in jedem Jahr während eines großen Festgelages für die Göttin Devi (Kali) einen Brahmanen köpfen. Im Kali-Tempel von Tanjore blieben Menschenopfer bis zur

Schwelle des 20. Jahrhunderts üblich. Dann stellte man sich gezwungenermaßen auf Ziegen und Büffel um.

Vor allem im Schoße extremer Hindu-Sekten haben sich Aberglauben, schwarze Magie, dämonische Rituale und selbst Menschenopfer bis ins 21. Jahrhundert erhalten. Auch heute noch werden »Hexen«, wie unlängst auf Beschluss eines Dorfrats im ostindischen Bundesstaat Jharkhand, erschlagen oder bei lebendigem Leibe verbrannt. Der einzige Unterschied zu früher sei die verminderte Anzahl wie die Notwendigkeit zur Heimlichkeit, schrieb der *Express*. Das indische Magazin *Sunday* wiederum veröffentlichte eine Fotoreportage aus Westbengalen vom »Tanz des Todes«, der im Dorfe Kurmun alljährlich zu Ehren Shivas dargeboten wird. Zu diesem grausigen Ritual in tiefer Nacht, dem »tanday nritya«, erschien vor dem Tempel jeder Tänzer mit einem Buschmesser und einem abgeschlagenen Menschenkopf, der mit Öl und Zinnoberfarbe überschmiert war. Bei der Suche nach den Wurzeln solcher Barbarei gelangte der beißende Indienkritiker Ronald Segal schon vor Jahren zu dem wenig schmeichelhaften Schluss: »Die indischen Massen versuchen der Grausamkeit ihrer Lebensumstände mit dem Blick auf jenes Leben, das nach diesem kommt, zu entfliehen in die zweifelhafte Bequemlichkeit des Glaubens und des Rituals.« Der Killer-Sadhu Giri wurde auf dem Friedhof Srivampur beigesetzt, nicht weit von der Stätte seiner tantrischen Praktiken.

Schreckenskontinent Indien, in jeder Hinsicht das Land der großen Zahlen, nicht nur bei Tsunami-Fluten, Überschwemmungen nach dem Monsun und sonstigen Naturkatastrophen: Fallen Busse in Bergschluchten, stoßen Eisenbahnen zusammen, ist ein Maximum an Opfern die Regel. Da sterben 150 Teilnehmer einer Hochzeit durch pestizidvergiftetes Mehl, führen Familienfeste mit illegal gebranntem Fusel zu Massenerblindungen oder, wie seinerzeit in Bangalore, zum elendigen Tod von 325 Alkoholvergifteten. Das Gas, das aus einem Tank des Chemiebetriebs Union Carbide in Bhopal entweicht, erstickt über 4000 Menschen und fügt Hunderttausenden bleibende Gesundheitsschäden zu. Da ist in Gujarat eine halbe Million Menschen auf der Flucht vor der Rückkehr einer Seuche, die im Mittelalter ein Drittel der damaligen Bewohner Europas auslöschte: Die Stadt Surat, eine der dreckigsten Indiens und nach den Monsunfluten mit Rattenkadavern übersät, wird von der ausgerottet geglaubten Lungenpest heimgesucht.

Nirgendwo sonst in Indien sind Gräuel, Terror und offene Barbarei so krass sichtbar wie in Bihar. Kastenkriege, Korruption, Kämpfe zwischen Mafia-Banden und militanten Gewerkschaften machen seit Jahrzehnten diesen rückständigsten und gewalttätigsten Bundesstaat zur Kloake des Subkontinents. Nirgendwo sonst ist der Verfall rechtsstaatlicher Institutionen dermaßen fortgeschritten, zählt ein Menschenleben weniger. Alle drei Stunden kommt es hier zu einem Mord. Parlamentsdebatten enden nicht selten in einer Massenschlägerei, nach der etliche Volksvertreter das Krankenhaus aufsuchen müssen. Das ist nicht so verwunderlich, wenn man weiß, dass ein Gutteil der Abgeordneten auf solide Kriminellenkarrieren zurückblicken kann. Zeitweise liefen gegen ein Drittel der ehrenwerten Mitglieder des Hohen Hauses in Patna Strafverfahren wegen Mordes, Raubes, Vergewaltigungen. Denn in Bihar gibt sich die Mafia nicht damit zufrieden, ihre Vertrauensleute in allen Parteien platziert zu haben. Hier sitzen die Paten der Gangster gleich selber auf den Abgeordnetenplätzen und Kabinettssesseln.

Wie stark das allgemeine Klima der Gewalt die Seelen vergiftet hat, offenbarte ein Verbrechen, das weltweit Schlagzeilen machte: die bestialischen Ereignisse von Bhagalpur. Um sich die Arbeit im überfüllten Gefängnis zu erleichtern, hatten in dieser Provinzstadt am unteren Ganges sadistische Polizisten in Selbstjustiz einunddreißig Untersuchungshäftlingen, kleinen Ganoven, die Augen mit Radspeichen punktiert und mit Säure verätzt. Es gab danach wütende Massendemonstrationen in Bhagalpur. Doch nicht aus Protest gegen die Blendungen, sondern wegen der Suspendierung der beteiligten Polizisten. Denn die hatten nach dem verluderten Rechtsempfinden der Einheimischen etwas durchaus Vernünftiges getan. Und es war wiederum dieser Verbrecherstaat Bihar, aus dem die Nachricht kam, dass jahrelang Tausende von Kindern entführt und umgebracht wurden, um mit ihren Schädeln und Knochen Geschäfte zu machen. Für vollständige Skelette ließen sich in Europa und Amerika, wohin allmonatlich 200 Kartons abgingen, bis zu 3000 Dollar herausschlagen.

Wird in Indien eine Hochzeit gefeiert oder ein Kind geboren, taucht nicht selten ein Trupp knorriger Tänzer auf in bunten Saris und mit strammen Waden. Ihr Besuch ist nicht willkommen, doch kaum zu verhindern, die Zudringlichkeiten sind allein mit üppigen Geschenken abzuwehren. Wer sich aber spendierunwillig zeigt, dem droht vor seinem Haus der makabre Auftritt der Verfluchten, die unter Absingen eines Schwalls von Obszönitäten einen Tanz voll schwüler Erotik aufführen. Fliegen dann nicht bald die Münzen und Geldbündel, raffen diese Sendboten aus einer Welt des Zwielichts ihre Saris bis zum Bauchnabel hoch für die ultimative Provokation: Wer blickt schon gerne auf das nackte Unterteil eines verschnittenen Eunuchen?

»Hijras« heißen die Eunuchen in Indien, und kein Land der Welt hat so viele Vertreter des »dritten Geschlechts« als eigenständige Kultgemeinde. Gut 500 000 mögen dazugehören, allein im Großraum Delhi sollen es über 15 000 sein. Meist sind sie kastrierte Männer. Die »zenanas«, die geborenen Hermaphroditen und Zwitter, sind in der Minderzahl. Zenana leitet sich vom persischen Wort für »Harem« ab, und als Haremswächter, Liebesboten, Spione und Verwaltungsbeamte an den Höfen des Orients hatten die Eunuchen – griechisch für »Betthüter« – einst ihre große Zeit und geachtete Stellung. Die Ming-Kaiser in China, die osmanischen Sultane oder auf dem Subkontinent die indo-islamischen Großmogul vergalten ihnen die loyalen Dienste reichlich. Der Zusammenbruch dieser Herrscherhäuser führte dann auch zum sozialen und wirtschaftlichen Niedergang der Eunuchen. In Indien flüchteten sie sich zum Überleben als Gemeinschaft in den Sektenkult.

Eine wegen ihres aggressiven Auftretens weitum gefürchtete Sekte ist diese »Schwesterngemeinschaft« der All India Hijra Kalyan Sabha, mit einem geheimen Netzwerk von Verbindungen, eigenen Moralvorstellungen, Sitten und Riten sowie einer straffen Hierarchie. Bettelei und Prostitution gelten als Haupteinnahmequellen. Die Kastraten, gleichgültig ob hinduistischen oder islamischen Ursprungs, verehren die geschlechtslose Gottesgestalt Bahuchara, die »Göttin mit zu viel Haut«. Zu deren Tempel im Bundesstaat Gujarat pilgern in jedem Spätherbst Zehntausende. Die oft praktizierte, obszöne Geste der Hijras, ein schwülstiges Klatschen mit hohlen Handflächen, ist nach Meinung von Sexualpsychologen eine Art Ersatzbefriedigung für jene Freuden, die ihnen auf dieser Welt versagt bleiben.

Das Schicksal, plötzlich ein Hijra zu sein, erleiden in jedem Jahr wenigstens tausend junge Inder. Sie werden gekidnappt, von ihren Eltern als Kind an die Sekte verkauft oder als Strichjungen verführt und gegen ihren Willen kastriert. Manch einer verblutet bei dieser Brutalbehandlung. Da die Natur den Eunuchen eigenen Nachwuchs verwehrt, sind ihnen zur Sicherung des Fortbestands ihres Kults nahezu sämtliche Methoden recht. Sie verfügen über Spitzel in den Krankenhäusern und fordern die Herausgabe von Neugeborenen mit verkümmerten Hoden. Unter einem Schleier von Geheimhaltung und Terror, so indische Zeitungsberichte, kontrolliere die Hijra-Mafia die erzwungenen Kastrationen. Frisch Verschnittene würden zu Höchstpreisen versteigert.

So erging es dem achtzehnjährigen Ram Kumar Negi, einem feschen Knaben. Er stand unter Drogen und konnte sich nicht wehren, als drei Eunuchen ihn mitschleppten, auszogen und mit einem Rasiermesser seine Genitalien abschnitten. Negis grelle Schreie im Kellerraum einer Dorfklinik unweit von Delhi alarmierten niemanden. Später gelang dem Verschnittenen die Flucht aus der Obhut der Sekte, und mit Hilfe von Verwandten zeigte er seine Kastrierer an. Doch es gab keine aussagewilligen Zeugen und somit für die Verstümmler auch keinen Richter. Selbst ein Arzt wie der Muslim Gharsan Khan, der bei der Polizeibefragung in Delhi zugab, über tausend junge Männer kastriert zu haben, kam unter dem Schutz der Hijra-Mafia, die Verräter und Widersacher mit dem Tode bedroht, ohne Strafe davon.

»Der Tod bedeutet für uns Verfluchte eine Erlösung«, heischen Eunuchen gegenüber Außenstehenden gerne um Mitleid. Ihre Verstorbenen begraben sie auf einem gesonderten Friedhof bei Nacht. Der Leichnam wird auf den Füßen stehend beerdigt, in weiße Gewänder gehüllt und von einem hölzernen Stützkorsett umgeben. An dieses Ritual knüpft sich die Hoffnung, im nächsten Leben nicht wieder als Eunuch zu erscheinen.

Seit langem verboten ist in Indien Kinderarbeit. Gleichwohl werden Millionen, viele davon gerade mal sieben oder zehn Jahre alt, mit ihren kleinen, flinken Fingern benutzt wie Sklaven. Zum Teppichknüpfen in den Dörfern um Mirzapur am Ganges etwa, zum Verflechten von Klöppelspitzen mitten in Delhi, in den Diamantenschleifereien von Gujarat oder den Glasbläsereien nicht weit vom Taj Mahal bei Agra. Und einige werden von Menschenhändlern herausgepickt und als Jockeys für Rennkamele an arabische Golfstaaten verscherbelt.

Schwerlich besser ist das Los der Devadasis, der Gottesdienerinnen, die dann als Sexsklavinnen im Bordell enden. Nach wie vor werden, obwohl diese Zeremonie gesetzlich untersagt ist, Tausende junger Mädchen vor allem in Südindien zu Tempeldienerinnen der Göttin Yellama geweiht. Prunkvolle Feste sind das, zu denen überwiegend Töchter der verarmten Unterschicht in roten Saris erscheinen. Eunuchen-Priester vollziehen die Riten, legen den teilweise nicht einmal geschlechtsreifen Devadasis als Symbol für die Verbindung mit der Gottheit ein Halsband mit roten und weißen Perlen um. Das schützt indes nur wenige vor dem baldigen Verkauf und Absturz in irgendeinen Rotlichtbezirk. Nach Recherchen der Nationalen Frauenkommission gibt es etwa eine Viertelmillion Tempelprostituierte.

Ohne Zweifel war Indira Gandhi unter Delhis Regenten die wohl dynamischste Erscheinung, die blutrünstige Kali ist als eine der Mächtigsten am Götterfirmament besonders gefürchtet, und seit 1997 gibt es sogar eine indische Astronautin. Doch dessen ungeachtet haben Frauen keinen hohen Wert in der indischen Gesellschaft, ist es außerhalb der kleinen Oberschicht und des gebildeten städtischen Mittelstands um ihre Stellung schlecht bestellt. Diese These lässt sich an drei Stichworten festmachen: Kinderhochzeiten, Mitgiftmorde, Witwenverbrennung.

Indien ist eine Männergesellschaft. Die Geburt einer Tochter gilt vielfach als Unglück. Sie wird schon in den vedischen Schriften »als ein Jammer« bezeichnet, und ein gängiges Sprichwort sagt: »Ein Mädchen großzuziehen, ist wie Nachbars Garten zu bewässern.« Denn Töchter sind mit der Verpflichtung zur Mitgiftzahlung, die manche Familie in den Ruin treibt, eine kostspielige Langzeitlast und keine Alterssicherung. Sie werden zugunsten der Söhne bei Ausbildung und Krankheit benachteiligt, sind zunächst Haussklavin des Vaters, dann des Ehemanns und ihrer Schwiegermutter, als Witwe mit minderem sozialen Rang schließlich angewiesen auf den Beistand der Brüder. Um dieser Bürde zu entgehen, ist auf dem Lande der Tod neugeborener Mädchen häufig. Entweder durch bewusste Vernachlässigung, aber auch durch Mord. Das besorgt dann meist die Hebamme durch Erdrosseln, Ersticken mit einem Kissen oder Vergiftung mit einer Überdosis Opium. Besonders berüchtigt für die mädchenmordende Tradition des Infantizids ist im Wüstenstaat Rajasthan der Bezirk Jaisalmer.

In Rajasthan, auch im Zeitalter der Globalisierung zutiefst feudalistisch geprägt, finden noch immer bis zu 50 000 der verbotenen Kinderhochzeiten jährlich statt. Festlich geschmückt werden die Kleinen, darunter sogar Säuglinge, oft bei Massenheiraten vermählt. Das erspart Ausgaben und die Mitgift, obwohl die Mädchen bis zur Geschlechtsreife im Haus der Brauteltern bleiben. Die unabhängige Stiftung für Familienplanung ermittelte, dass so auf dem Lande fast die Hälfte der Mädchen vor dem dreizehnten Lebensjahr verheiratet wird.

Eleganter entledigt man sich der Mädchen heute in den Städten. Die moderne pränatale Diagnostik macht per Ultraschall die geschlechtsspezifische Selektion möglich. Das kostet nur ein paar hundert Rupien. Die Abtreibung der weiblichen Föten kommt auch nicht viel teurer, wenngleich seit 1994 den Ärzten eine Geschlechtsbestimmung mit solchen Folgen gesetzlich verboten ist.»Es gibt Menschen, die sich um streunende Hunde kümmern, aber eine ganze Gesellschaft bringt rücksichtslos Mädchen um«, zürnt die Ministerin für Frauen und Kinderentwicklung, Renuka Chowdhury. Sie schätzt, dass in den vergangenen zwanzig Jahren wohl zehn Millionen Mädchen abgetrieben oder nach der Geburt getötet worden sind. Inzwischen ist in Indien das Geschlechterverhältnis aus dem Gleichgewicht gebracht, gibt es schon 50 Millionen Mädchen zu wenig. Bezeichnenderweise zählen zu den Hochburgen für Abtreibungen die Viertel mit den Besserbetuchten, etwa der Süden Delhis.

Dort, in den konsumhungrigen Kreisen der Neureichen, werden auch viele der Verbrechen verübt, die mit wachsender Wohlstandsgier ebenfalls zunehmen: die Mitgiftmorde. Waren es vor zwanzig Jahren noch ein Farbfernseher oder ein Motorrad, das die Ehemänner und Schwiegereltern in den arrangierten Ehen von den Brauteltern als Nachschlag zur Mitgift forderten, geht es heute um Autos und Apartments. Viele Brauteltern haben sich bei der Mitgift ohnehin hoch verschuldet und sind zu weiteren Leistungen nicht fähig. Für die verheiratete Tochter kann dies den Tod bedeuten, durch Psychoterror in den Selbstmord getrieben oder am häufigsten mit vorgetäuschten Küchenunfällen. Schnell brennt ein Sari, über den Kerosin geschüttet wurde und auf den zufällig ein Streichholz fällt.

Mitgiftmorde sind in Indien buchstäblich eine alltägliche Erscheinung. Es gibt sie in allen Kasten und Schichten, in den Städten wie auf dem Land. Die Polizei registriert jedes Jahr bis zu 7000 Fälle. Nach

Schätzung von Menschenrechtlern und Frauenorganisationen, deren Aufklärungskampagnen nur wenig bewirken, ist die Dunkelziffer wenigstens dreimal höher. Die Täter können selten zur Rechenschaft gezogen werden.

Ähnliches gilt für einen fundamentalistischen Hindu-Kult, dessen fortbestehende Praxis in entlegenen ländlichen Regionen zwölf bis fünfzehn Mal pro Jahr die auf ein säkulares Grundgefühl eingeschworene Indische Union aufwühlt: der atavistische Brauch der Witwenverbrennung auf dem Scheiterhaufen des verstorbenen Mannes. »Sati«, was so viel heißt wie »treue, reine Gattin«, wird dieser von einem religiösen Glorienschein umstrahlte Akt der Selbstaufgabe genannt, der dem Opfer zugleich die Befreiung von der Wiedergeburt verspricht.

Die sechzehnjährige Om Kanwar wählt an einem Augustabend im westindischen Dorf Jhadli diesen Weg. Tausende verfolgen gebannt, wie der zartgliedrige Teenager, der noch kaum zu leben begonnen hat, einer Totenbahre folgt. Darauf liegt der zweiundzwanzig Jahre alte Lastwagenfahrer Ram Singh, seit knapp sechs Monaten Oms Ehemann. Er war am Morgen in einem Hospital von Jaipur an Tuberkulose gestorben. Die Einäscherung findet, wie in Indien wegen der Hitze auf dem Lande üblich, noch am gleichen Tage statt.

Auf dem Pfad zur Verbrennungsstätte vor dem Dorf hält die junge Frau an. Wie in Trance nimmt sie ihre Ringe, Silberspangen und Armreifen ab, legt sie in ein Kästchen, das ihre Schwester erhält. Dann tunkt Om Kanwar beide Hände in einen Eimer mit roter Farbe und presst die Handflächen gegen die Wand eines Torwegs. Am Einäscherungsplatz wartet die Witwe stumm ab, bis der Dorfpriester die Totenzeremonie an dem mit aromatischen Ölen, Gewürzen und Butterfett besprengten Scheiterhaufen beendet hat. Religiöse Mantren werden gesungen. Gefasst steigt Om Kanwar auf den Holzstoß hinauf, hockt sich nieder, bettet den Kopf des toten Mannes in ihren Schoß. Der Priester reicht ihr eine Kokosnuss, das Symbol weiblicher Fruchtbarkeit und Opferbereitschaft. Die Witwe faltet die Hände zur traditionellen Grußgeste und gibt dann das Zeichen zum Anstecken des Scheiterhaufens. Kurz darauf sieht das ganze Dorf, beobachten Kinder mit weit aufgerissenen Augen, wie die Flammen hochlodern. Gesänge erschallen und Trommeln dröhnen, sie übertönen vielleicht Oms Schmerzensschreie. Nach einer halben Stunde sinkt der Körper der jungen Frau langsam in sich zusammen. »Sati mata ki jai«, schreien die Dorfbewohner bewundernd: »Gepriesen sei die Sati-Mutter.«

Die Anstiftung zu Sati steht unter Todesstrafe, doch wer kann schon nachweisen, dass die Witwe den Entschluss zum Freitod auf dem Scheiterhaufen nicht selber fasste. Dabei gibt es grauenvolle Beispiele dafür, wie Witwen von ihren Angehörigen und anderen Dorfbewohnern gleichsam ins Feuer gedrängt, von der umstehenden Trauergemeinde in die Flammen zurückgestoßen werden, wenn sie dem Inferno zu entfliehen suchen. Oft stehen die Frauen unter dem Einfluss von Opium oder anderen Drogen. Was da abläuft, schildert eindrucksvoll Professor V. N. Datta in seinem Buch *Sati. Widow Burning in India* über Indiens brennende Witwen: »Der Mann ist gestorben, und sogleich versammeln sich die Menschen. Aufgelöst von Schmerz, schlägt die Frau auf Brust und Hüften, bis sie kaum noch Kraft zum Sprechen hat. Sie ist in einem Trauma, kann nicht mehr denken. Da organisieren Familie und Brahmanen-Priester die große Show. Jeder scheint in einer verzweifelten Eile zu sein, die Witwe hat keine Zeit zur Reflexion.«

Das Ritual des Sati hat auf dem Subkontinent eine Tradition von mehr als 2500 Jahren. Schon beim Vorstoß Alexanders des Großen zum Indus schrieb dessen Begleiter Aristobulos verwundert, »dass sich hier Frauen gemeinsam mit ihren verstorbenen Männern verbrennen ließen und dass diejenigen, die sich weigerten, den Scheiterhaufen zu besteigen, in Ungnade fielen«. In der Standesethik der kriegerischen Rajputen-Stämme, später auch in anderen höheren Kasten, galt es als die Bestimmung der Frau, dem Manne zu dienen und nach dessen Tod ihr eigenes Weiterleben als unwichtig, ja als Schande zu empfinden. Außerdem sollte die junge Witwe nicht von anderen, gar den siegreichen Feinden, »befleckt« werden und mit ihrem freiwilligen »Nachsterben« – nur Mütter mit kleinen Kindern waren ausgenommen – Anteil am Heldentod ihres Mannes nehmen. Ihren spektakulärsten Ausdruck fanden diese Ehrbegriffe im Mittelalter bei den Kämpfen mit den islamischen Mogulen. Vor der letzten Schlacht ihrer Männer suchten Rajputen-Frauen den Massenfreitod, den »jauhar«, auf riesigen Scheiterhaufen, um nicht im Harem enden zu müssen. Als Sultan Bahadur Shah im 16. Jahrhundert die Festung Chittorgah bei Udaipur stürmte, sollen 13 000 Frauen Sati begangen haben.

Die britischen Kolonialherren ließen unter ihrem Generalgouverneur Lord Bentinck »Suttee« als »Fluch eines entwürdigenden Aberglaubens« verbieten. Damals schätzte die Zeitung *The Friend of India*, dass es auf dem Subkontinent rund eine Million Witwen und 100 000 Sati-Opfer gab. Die Bewunderung für die verbotene und offiziell geächtete Tat als Beweis eines Treueideals und unerschütterlichen Glaubens an Gott ist auch im modernen Indien nicht nur bei Hindu-Fundamentalisten spürbar. Da mag die Jaipurer Soziologin Saroj Shermen noch so sehr wettern über die »Zwänge einer rückständigen und unwissenden Gesellschaft«. Hunderttausende pilgern in jedem September zum Rani-Sati-Tempel im Norden Rajasthans, um an Festen für Sati-Opfer teilzunehmen, die dort wie Heroinen verehrt werden. Eine Übung und Werbung, in der die Soziologin Shermen nur eine »gewaltige Gehirnwäsche« für Millionen Frauen zu erblicken vermag.

Das Ritual, das nicht sterben will, ist für die Angehörigen einer Witwe, die sich selbst verbrannt hat, ein Segen. Sie steigen auf in ihrem gesellschaftlichen Ansehen und dürfen auf ein Riesengeschäft hoffen. Denn Sati-Plätze werden zu Pilgerschreinen mit reichlichen Opfergaben. Vom Flammentod des Rajputen-Teenagers Om Kanwar profitiert seitdem das ganze Dorf Jhadli. Schon zur »chundri«-Zeremonie, dem Löschen des elf Tage lang brennend gehaltenen Scheiterhaufens, erschienen über hunderttausend Verehrer.

13

Das letzte Grollen des Tigers

Die Misere begann mit dem vorigen Monsun. Tag um Tag entdeckten die Wildhüter im Nationalpark Sariska weniger Tigerspuren. »In der Trockenzeit werden die schon wieder auftauchen«, versuchte Arun Sen, Chef der beamteten Tierschützer im indischen Bundesstaat Rajasthan, alle Sorgen um den Verbleib der Großkatzen zu zerstreuen, »denn dann kommt der Tiger aus dem tiefen Dschungel heraus.«

Aber auch ein halbes Jahr nach der Regenflut war in Sariska das Grollen des geschmeidigen Räubers, das dumpf rasselnde »A-uuu-nh«, nicht wieder zu hören. Nun gab es überhaupt keine »pugmarks« mehr, nicht eine einzige Tigerfährte ließ sich in dem 866 Quadratkilometer großen Waldgelände finden, einem fünf Autostunden von der Hauptstadt Neu-Delhi entfernten Vorzeigepark für eilige Staatsbesucher und Touristen.

Vor einem Jahr waren hier noch zwanzig Tiger gesichtet worden. Jetzt gab es vom gesamten Bestand keine Spur mehr, nicht einmal Reste von Kadavern. Wilderer hatten die Raubtiere abgeschlachtet und mit ihren Fellen, Knochen, Krallen und Tatzen bei fernöstlichen Abnehmern ein Vermögen gemacht. Denn vor allem mit dem Asienboom reich gewordene Chinesen glauben auch im Zeitalter von Viagra noch immer an die potenzfördernde Kraft des Tigers in Wundertinkturen.

»Vergesst Sariska, kümmert euch lieber um die Rettung der Tiger von Ranthambhore«, raunte einer der verhafteten Wilderer Belinda Wright zu, der ebenso burschikosen wie furchtlosen Tierschützerin und Chefin der Wildlife Protection Society. »Was hier passiert, ist ein Skandal«, empörte sich die in Kalkutta geborene Tochter eines britischen Kolonialoffiziers, die bei riskanten Reiseeinsätzen schon mal mit Messer- und Schussattacken fertig werden muss. »Es geht um die Existenz der letzten frei lebenden Tiger.« Auch Indiens Premierminister Manmohan Singh sprach aufgeschreckt »von der größten Krise unseres Tierschutz-Managements« und setzte eine Task Force zur Rettung des nationalen Symbols ein.

Wilderei und Korruption, dazu Gleichgültigkeit und Misswirtschaft der Tierschutzbehörden haben während der letzten Jahre in den achtundzwanzig Nationalparks den Bestand an Tigern dramatisch zurückgehen lassen. Wie in Sariska gibt es in sechs weiteren Schutzzonen keinen oder kaum Tiger mehr, in gut der Hälfte weniger als drei Dutzend. Noch 2002, dem letzten Jahr einer offiziellen Zählung, hatten die Tierschutz-Bürokraten exakt 3723 Exemplare registriert, aber das Gros davon waren wohl statistische Papiertiger gewesen. »Wir können von Glück sagen, wenn es in ganz Indien heute noch 2000 Tiger gibt«, sagt Belinda Wright.

Das Nationalreservat Ranthambhore liegt nicht weit von Sarisk entfernt, es ist der schönere Park. Tamarisken, Pipal- und prächtige Banyan-bäume umschlingen die Reste einer alten Festung. Auf ihren Felsblöcken pflegten Dschingis und Kublai, zwei mächtige Tigerburschen, jahrelang majestätisch zu posieren wie die Mogulherrscher. Eine Attraktion für Touristen, von denen der Park nur fünfundzwanzig Jeep-Ladungen pro Tag verkraften mochte.

»Mein Mann Bill hatte noch das Glück, in Ranthambhore zwei Tiger zu sehen«, berichtete die New Yorker Senatorin Hillary Clinton auf einem Zukunftsforum in Delhi verträumt ihren Zuhörern. Und sie verband damit, von Belinda Wright instruiert, die freundliche Mahnung, »dass Fortschritt nicht bedeuten darf, sein nationales Erbe zu verlieren«. Dschingis und Kublai sind von ihren Steinthronen verschwunden. Weniger als zwanzig der vormals fünfunddreißig Tiger Ranthambhores verblieben noch im Park. Die Wilderer-Mafia hat auch hier zum finalen Schlag ausgeholt.

Offenbar gestört wegen der zunehmenden Heimsuchungen durch Menschen, setzte sich ein halbwüchsiger Tiger aus Ranthambhore ab und suchte Zuflucht im vierzig Kilometer entfernten Hügelgelände von Chambal. Nur leider ist dies kein Schutzgebiet, sondern typisch für den sozio-ökologischen Konflikt zwischen Mensch und Tiger um Lebensraum. Hier wimmelt es von Holzfällern, Viehhirten, Beerensammlern, und einen davon hatte der unerfahrene Tiger auch gleich mit seiner Pranke tödlich erwischt. Deshalb wurde er zum »Menschenfresser« erklärt und abgeknallt. Das ist das Schicksal vieler Tiger

Indiens, denn die meisten leben noch immer außerhalb der Schutzzonen.

Dabei schien die Existenz des bengalischen Königstigers in freier Wildbahn eigentlich gesichert zu sein, nachdem Anfang der Siebziger Premierministerin Indira Gandhi das »Projekt Tiger« mit der Einrichtung erster Schutzgebiete ins Leben gerufen hatte. Auch damals stand das Überleben der lohfarben-schwarz gestreiften Großkatze auf der Kippe, obwohl die Tigerjagd in Indien 1970 verboten worden war. Das war bitter nötig gewesen, denn der Bestand hatte sich von einst 40 000 auf gerade noch 1800 Tiere reduziert.

Vor allem zur Kolonialzeit des British Raj galt die Trophäenjagd als feudales Privileg, das die weißen Sahibs ebenso zelebrierten wie die einheimischen Fürsten und Nabobs. Der Tiger, das war »Sher Khan«, der verschlagene »Gewaltige«, wie ihn Rudyard Kipling in seinem *Dschungelbuch* als sinistren Herrscher der Wildnis beschrieb. Mit ihm musste niemand Mitleid haben. Kein Wunder, dass da Jagdpartien zur Massenschlächterei wurden. Man kennt die Siegesposen vor stattlicher Beutestrecke von vergilbten Erinnerungsfotos. Den Weltrekord im Abschuss von Tigern sicherte sich der 1958 gestorbene Maharaja von Surguja. Er brachte 1150 Exemplare zur Strecke.

Doch es gab auch Profijäger, Schikari genannt, die aus dem Vernichtungsfeldzug gegen den Tiger ausscherten und sich zu schwärmerischen Beschützern der bedrohten Spezies läuterten. Der berühmte Jim Corbett etwa, der in den Vorbergen des Himalaja zwölf »maneater« erlegte, die – diese Zahl ist verbürgt – immerhin 1500 Menschen gefressen hatten. Der gewandelte Schikari erblickte fortan im Dschungelherrscher einen »großherzigen Gentleman« und warnte: »Wenn der Tiger ausgerottet ist, wird Indien das schönste Stück seiner Fauna verloren haben.«

So ähnlich sah es auch Indira Gandhi, ein leidenschaftlicher Tiger-Fan. Rigoros setzte sie und später ihr Sohn Rajiv durch, dass Schutzzonen ausgeweitet und deswegen viele Dörfer umgesiedelt wurden. Dies konnte nicht sonderlich populär sein in einem Land, in dem inzwischen über eine Milliarde Menschen lebte. Vor allem Kleinbauern und Kastenlose führten und führen in den Randzonen der Tigerparks ein Kümmerdasein. Sie haben wenig Verständnis für den Tierschutz und die dafür aufgebrachten Gelder.

Kein Mitleid mit Sher Khan: Jagdpartie in britischer Kolonialzeit

»Wer so im Elend vegetiert, für den sind 5000 Rupien eine höllische Versuchung«, musste auch Belinda Wright nach ihrem Besuch in Sariska einräumen. 5000 Rupien, gerade mal 100 Euro, verdient ein Wildhüter im Monat und mancher Dorfbewohner nicht im gesamten Jahr. Deshalb schauen sie schon mal weg oder überhören einen Schuss, wenn die Wilderer-Gangs zuschlagen. Im Kanha-Park wurden vier Adivasi festgenommen. Diesen Stammesangehörigen hatten jeweils fünfzehn Dollar genügt, um einen Tiger zur Strecke zu bringen. Dazu reichte den Jägern eine Eisenfalle und ein vergifteter Beutekadaver.

Gegen die Wilderer haben die schlecht ausgerüsteten Wildhüter selten eine Chance. »Die tragen Gewehre, wir besitzen meist nur Bambusknüppel«, beklagt sich einer der Forstwächter von Sariska. Hinzu kommt der Frust darüber, dass viele der geschnappten Wilderer entweder gar nicht belangt werden oder mit lächerlichen Strafen davonkommen. In 748 Gerichtsprozessen, notierte die Zeitung *Telegraph* in Kalkutta, gab es lediglich vierzehn Verurteilungen für Tigerschlächter. Bei einem Gericht in Delhi standen 250 Fälle an. Die Verfahren werden verschleppt, dauern im Schnitt acht bis zehn Jahre. An die Köpfe der Katis und Samalkhas, der beiden Gangs, die sich die Wilderei in den Tigerparks aufgeteilt haben, traut sich ohnehin niemand heran.

Denn Geld, verhängnisvoll viel Geld, lässt sich mit einem ausgeweideten Tiger bei Aufkäufern in Hongkong, Taipeh oder Singapur machen. Von dort agiert eine chinesische Potenz-Mafia. Sie verwendet nicht nur die Knochen, sondern sämtliche Organe und Innereien für lendenstärkende Pillen, Salben, Tinkturen. Selbst die Barthaare werden noch als Zusatz für einen auf Taiwan abgefüllten Wein benötigt. Ein Tiger-Penis bringt etwa 1000 Dollar, ein prachtvolles Fell bis zu 50 000. Vor allem bei reichen jungen Tibetern ist heutzutage das Tragen von Tigerfellen Statussymbol.

»In zwanzig Jahren wird es auf dem Subkontinent keine freilebenden Tiger mehr geben«, lautet die düstere Prognose von Arjan »Billy« Singh, dem Nestor der indischen Tierschützer. Ein harter Typ, dieser fast neunzig Jahre zählende Spross einer zum Christentum übergetretenen Fürstenfamilie, vormals Offizier, Jäger, Farmer und dann Indiens Grzimek. Der Mensch in seinem unersättlichen Landhunger mache sich überall breit und erwarte, dass jedes andere Wesen die Gesetze des Menschen befolgt. Aber der Dschungelherrscher eigne sich nicht zur Koexistenz, er brauche seinen eigenen, ungestörten Lebensraum. »Soll denn der Tiger lernen, Verkehrsampeln zu beachten?«, fragt Singh sarkastisch.

Umstritten sind seine Experimente, die beweisen sollten, dass die Wiederaussetzung gefährdeter Tierarten aus den Zoos in die Wildnis möglich ist, für manche vom Menschen verdrängte Spezies womöglich bald die einzige Überlebenschance in freier Natur. Singh holte das in einem englischen Zoo geborene, drei Monate alte Tigerbaby Tara auf seine Farm am Rande des Dudhwa-Nationalparks und bereitete es systematisch auf das Leben im Dschungel vor. Nach zwanzig Monaten verabschiedete sich Tara von ihrem Ziehvater in den Urwald und geriet bald in den Verdacht, zur Menschenfresserin geworden zu sein und auch den eigenen Nachwuchs zum gelegentlichen Kostwechsel angestiftet zu haben. Bewiesen wurde das indes nie.

Auch in Singhs Revier, das an Nepal grenzt, zeigen die Raubkatzen sich nur noch selten. Von einst neunzig sind heute wohl nicht mehr als fünfundzwanzig übrig. Nepal ist eine der Hauptrouten des Schmuggels von Tigerfellen und -knochen. Auch Dudhwas letzte Exemplare werden verschwinden, fürchtet Indiens bekanntester Tigerschützer, wenn die Menschen den Großkatzen keine Nische zugestehen. Singh sagt es mit viel Pathos: »Der Mensch müsste den Tiger wie eine Gottheit verehren.«

Damit ist kaum zu rechnen. Und Tierschützer in Europa, die in ihrer Umgebung nicht mal einen wilden Wolf oder Bären ertragen können, sollten deshalb die Inder nicht tadeln. Belinda Wrights Tierschutz-Organisation hat während der letzten Dekade in Indiens Nationalparks das Abschlachten von wenigstens 719 Tigern dokumentiert, sie selber »mehr Tigerknochen in der Hand gehabt als lebende Tiger zu Gesicht bekommen«. Doch die Oberaufseher der Reservate betrügen die Öffentlichkeit mit statistischen Vernebelungsmanövern. Jeder Parkchef nämlich, der für seinen Bereich Wilderei einräumt und absinkende Tigerbestände meldet, riskiert Geld- und Personalentzug sowie die Versetzung auf einen schlechteren Posten.

Schrumpfende Tigerzahlen schaffen in den Reservaten zudem ein Fortpflanzungsproblem. Wird durch ausbleibende Zuwanderer und mangelnde Blutauffrischung der Genpool zu klein, ist ein vitaler Be-

»Soll denn der Tiger lernen, Verkehrsampeln zu beachten?«:
Tierschützer Arjan Singh mit Jungtigerin Tara

stand nicht mehr garantiert. Abschreckendes Beispiel für ein derart trauriges Dasein der Inzucht ist das Los der letzten asiatischen Löwen im westindischen Gir-Forst: 350 lahme Gesellen, kleiner als ihre afrikanischen Cousins und zum Streicheln gemütlich.

Soweit ist es mit dem Tiger noch nicht gekommen. Würde er wirklich konsequent geschützt, könnte er in Großparks wie den Sunderbans im Gangesdelta (270 Exemplare) oder in Kanha (über 100) gewiss überleben. Und wohl auch im Corbett-Schutzgebiet, dem ältesten, noch zur britischen Kolonialzeit gegründeten Nationalpark auf dem Subkontinent: gut 1300 Quadratkilometer Dschungel, grandios gelegen am Fuß des Himalaja. Hier wurden zuletzt die Fährten von mehr als einhundert Tigern registriert.

»Auch bei uns geht es dem Tiger in den Randzonen an den Kragen«, räumt der Wildhüter Jogi Bishdr ein, »aber ins Zentrum des Parks schaffen es die Wilderer nicht, da passen wir auf.« Dort ist Sher Khan, der König des Dschungels, mit ein wenig Fortune weiterhin zu sehen. Beim morgendlichen Ausritt etwa auf einem zitternden Elefanten am Ramganga-Fluss. Denn wenn er will, dann zeigt sich der Gewaltige noch immer in seiner Majestät – stolz, kraftvoll und souverän den Menschen, seinen Feind, ignorierend.

14

Europas Chance oder Niedergang

Besuchern aus Deutschland pflegt Indiens Premierminister Manmohan Singh gerne eine Geschichte zu erzählen. Sie handelt vom Respekt vor deutscher Wertarbeit. Bei der Rückkehr vom Studium in Oxford brachte der promovierte Finanzwissenschaftler seiner Großmutter als Geschenk eine Uhr mit nach Hause. »Als ich sie ihr gab«, geht die Geschichte weiter, »fragte sie, woher die Uhr stamme. Aus der Schweiz, teilte ich ihr mit. Meine Oma meinte, aber dann kann es nicht das Beste sein, denn die besten Dinge stammen nun mal aus Deutschland.«

Die deutschen Zuhörer, zuletzt Angela Merkel, lachen bei dieser Pointe herzlich, obwohl es bei kurzem Nachdenken darüber eigentlich wenig Anlass dazu gibt. Der Großmutter Singhs, aufgewachsen im westlichen Punjab von Britisch-Indien, war Deutschland noch bestens in Erinnerung gewesen als technologische Supermacht ihrer Zeit. So hatte etwa mit Siemens ein deutsches Unternehmen 1870 die Telegrafenlinie eingerichtet zwischen Kalkutta und London, Bayer 1896 in Indien seine erste Produktionsstätte eröffnet. Deutsche Maschinen, Autos, Elektrogeräte und chemische Erzeugnisse sind auch heute noch auf dem Subkontinent gefragt. Doch Globalisierung und Internetrevolution haben die ökonomischen Kraftfelder auf diesem Erdball von Grund auf verschoben. Der Kontinent Asien, zur Jahrhundertmitte die führende Weltregion mit 70 Prozent der Menschheit, ist das neue Gravitationszentrum, Indien auf dem Weg zu seiner technologischen Vormacht.

Bei der Hannover Messe 2006, jener Messe, die sich noch immer rühmt, der Welt größte Industriegüterschau zu sein, kamen aus dem Partnerland Indien mit 340 Firmen die meisten ausländischen Aussteller. Während des Rundgangs zur Eröffnung streckte am Stand des Esslinger Automatisierungsunternehmens Festo der Roboter »ZAR5« seinen Stahlarm der Bundeskanzlerin entgegen. Amüsiert griff Angela

Merkel zu und schüttelte dem kopflosen Humanoiden die Hand, kühl und weich wie die eines Menschen. Manmohan Singh schaute zu und lächelte fein. Denn der Premier wusste, was dann sein Handelsminister Kamal Nath stolz auf einem Wirtschaftsforum ausplauderte: »Der Roboter wird gesteuert mit indischer Software.«

Dass Indien sich anschickt, als die bald am schnellsten wachsende Ökonomie auf der weltpolitischen Bühne eine Spitzenrolle zu übernehmen, wurde im selbstverliebten Europa spät erkannt. Mit dem indischen Subkontinent verbanden Politiker wie Publizisten vorwiegend Vorstellungen von Massenelend, Seuchen, Kastenknechtung, heiligen Kühen oder Kinderarbeit, sie zeigten wenig Gespür für seine geistige und zunehmend politische Bedeutung. Selbst der Blick eines Staatsmannes wie Helmut Schmidt war für Asien ökonomisch verengt auf Japan und China gerichtet, was besonders deutlich wurde bei seiner Ostasienreise als EU-Ratsvorsitzender im Spätherbst des Jahres 1978. Damals konnte der Kanzler der potenten Bundesrepublik sich noch spreizen in dem Gefühl, zu den drei Turbinen der Weltwirtschaft zu gehören mit Überschüssen der Leistungsbilanz, »weswegen wir von anderen in der Welt zum Teil ein wenig beneidet werden«. Tempi passati. In Tokio sprach Schmidt von der »Notwendigkeit einer engen wirtschaftlichen wie politischen Zusammenarbeit im Dreieck zwischen Nordamerika, Europa und Japan«. Zudem verfolgte der Weltenbeschauer vom Rhein »mit Genugtuung, wie die große chinesische Nation mit ihrer Öffnungspolitik nun schrittweise den ihr zustehenden Platz in der Weltpolitik einnimmt«. Indien schimmerte seinerzeit nur schwach auf dem politischen Radarschirm der Bonner Regenten, war in seinen Konturen bestenfalls auszumachen als größter Empfänger von Entwicklungshilfe. Erst als Altkanzler realisierte Schmidt beim Millenniumswechsel, dass im globalen Machtgefüge des 21. Jahrhunderts auch Indien auftauchen werde im Kreis der »neuartigen Weltmächte«.

Eine Spur weitsichtiger war da noch Franz Josef Strauß gewesen, Schmidts alter Widerpart. Kurz vor seinem Tod würdigte Bayerns Ministerpräsident im Juni 1988 bei einem Abendessen für den damaligen Premier Rajiv Gandhi in der Münchner Residenz Indien »als Macht der Zukunft«. In seiner Bedeutung könne es Länder wie China und Japan im 21. Jahrhundert »vielleicht noch übertreffen«. Helmut Kohl

»Gesteuert mit indischer Software«: Bundeskanzlerin Angela Merkel und Premier Manmohan Singh bei der Hannover Messe 2006

erkannte immerhin, dass der indische Subkontinent »von der deutschen Politik eindeutig vernachlässigt worden war«, und er bemühte sich um »herzliche Beziehungen« zu Indira Gandhi. Bewegt hat er im bilateralen Verhältnis wenig. Die »Erinnerungen« des christdemokratischen Regierungschefs bieten nichts Erhellendes zum Thema Indien, dafür aber das Standardfoto »mit Hannelore vor dem Taj Mahal, dem Monument der Liebe«.

Wie Kohl war auch dessen sozialdemokratischer Amtsnachfolger Gerhard Schröder mehr auf den autoritären Kraftprotz China fixiert, geblendet von dem Boom im Reich der Mitte und den Exportchancen für die deutsche Industrie. Schröder besuchte, was er im Nachhinein als Fehler empfand, China in seiner Amtszeit sechsmal, Asiens anderen Riesen hingegen nur zweimal. Dies zudem in ungebührlicher, die Gastgeber verstörender Eile. Mag das nun Desinteresse gewesen sein oder Hochmut, auf die Inder wirkte solche Hast ähnlich taktlos wie Mitte der achtziger Jahre das Gebaren eines deutschen Botschafters in Delhi, der seine Gesprächspartner mit ständigen Lobpreisungen auf die »Erfolge« der Chinesen nervte und vor den Eingang seiner Residenz als Wächter ausgerechnet zwei chinesische Gipslöwen postierte, die er aus Peking mitgebracht hatte – keine sonderlich kluge Idee in einem Land, das die Demütigung der Niederlage gegen China im Himalaja-Krieg noch nicht verwunden hatte.

Wie wenig Bedeutung die Spitze des Auswärtigen Amtes dem Subkontinent zumaß, der eines der Kraftzentren in der Welt von morgen sein wird, offenbart der fortschreitende Abbau der deutschen Kulturarbeit bei den Goethe-Instituten dort. Sie werden in Indien Max-Mueller-Bhavan genannt, zu Ehren des aus Dessau stammenden Sanskritforschers Max Müller, der in der zweiten Hälfte des 19. Jahrhunderts in Oxford wirkte und dem Subkontinent seine klassische Literatur wieder nahe brachte. Anfang der Neunziger gab es in Indien noch sieben Goethe-Institute. Dann wurde jenes in der Cyber-City Hyderabad geschlossen und auch das im pakistanischen Lahore. Zudem sanken die Zuwendungen aus dem Gesamtetat des Auswärtigen Amtes kontinuierlich, sodass die gewichtigste Institution auswärtiger Kulturpolitik sich praktisch auf das Angebot (gut besuchter) Sprachkurse beschränken muss. Für die Vermittlung zeitgenössischer deutscher Kultur, für Lesungen, Konzerte oder Theatergastspiele gibt es kein Geld, werden Sponsoren aus der Wirtschaft gebraucht. Doch auf Bettelei lässt sich keine vernünftige Programmarbeit gründen. Andere Europäer dagegen klotzen, heimsen wie der British Council, die Alliance Française und selbst das spanische Cervantes-Institut mit imposanter Präsenz vor allem unter den jungen Indern Sympathien ein.

Dem grünen Außenminister Joschka Fischer, zu sehr mit seiner Selbstdarstellung und anderen Fragen beschäftigt, fehlte wohl das Verständnis für den Wert kultureller Außenwerbung. Er hätte bei leeren Kassen zumindest für Umschichtungen im Etat sorgen können. Denn von den Gesamtmitteln entfallen allein 40 Prozent auf die Goethe-Institute in Europa und lächerliche vier Prozent auf ganz Südasien. Also auf eine Region, die mit Indien, Bangladesch, Pakistan schon jetzt fast ein Drittel der Menschheit aufnimmt und bis zur Mitte des Jahrhunderts nochmals um eine Milliarde zulegen wird. Das entspricht der gesamten Weltbevölkerung des Jahres 1800.

Indien und das alte Europa: Es bestanden schon lange vor der Heimsuchung des Subkontinents durch portugiesische, britische, französische oder holländische Kolonialisten wirtschaftliche wie kulturelle Kontakte zwischen beiden Welten, formte sich im Okzident ein Indienbild der Mystifizierung und schwärmerischen Verklärung. So beschrieb etwa Mitte des 9. Jahrhunderts der karolingische Gelehrte und spätere Erzbischof von Mainz, Rhabanus Maurus, Indien als das Zauberland, in dem es »auch goldene Berge gibt, zu denen zu gehen der Drachen, Greifen und menschlicher Ungeheuer wegen unmöglich ist. Es selbst besitzt aber auch das Gold der Weisheit und das Silber der Beredsamkeit und die Edelsteine aller Tugenden in ausreichendem Maße.«

Kaufleute aus Augsburg und Nürnberg bauten mit Hilfe Portugals 1505 erste Handelsbeziehungen zu Indien auf, errichteten einen Außenposten bei Goa. Die Schiffsreise um das Kap der Guten Hoffnung dauerte zwanzig Wochen. Eine regelrechte Hochkonjunktur als Fluchtpunkt unerfüllter Sehnsüchte hatte Indien dann bei den Dichtern und Denkern der deutschen Romantik, die der kalten Rationalität der Aufklärung eine bessere Welt entgegenzusetzen suchten. Da bot sich Indien, das keiner dieser glühenden Verehrer allerdings je besuchte, als Gegenentwurf an – mit seiner anderen Einstellung zu Zeit und Tod, seiner Seelenhaltung und Geistigkeit, dem Esoterischen, aber auch einer Gesellschaftsstruktur mit gleichsam göttlich abgesegneten Standesunterschieden und Zuordnungen. Johann Gottfried Herder ortete die Wiege der Menschheit »im asiatischen Urgebirge«. Die Quellen aller Produkte des menschlichen Geistes seien auf dem Subkontinent zu finden, jubelte zu Beginn seiner Sanskritstudien der Frühromantiker Friedrich Schlegel: »Alles, alles stammt aus Indien, ohne Ausnahme.« Gewissermaßen war dieser Kulturphilosoph auch der erste Protagonist einer strategischen Partnerschaft zwischen Indien und Europa. Er forderte dazu auf, »die Eisenkraft des Nordens« und die »Lichtglut des Orients überall um uns her zu verbreiten«.

Schlegels älterer Bruder August Wilhelm übernahm 1818 in Bonn den ersten Lehrstuhl für das neue geisteswissenschaftliche Fachgebiet Indologie, er übersetzte das Epos *Ramayana* sowie andere klassische Werke der Inder. Dem Weltgeist Georg Wilhelm Friedrich Hegel, der zwar den bunten Götterhimmel des Hinduismus ebenso wenig mochte wie Johann Wolfgang von Goethe »diese Götzen«, erschien das Wunderreich Indien als eine Welt »der Phantasie und Empfindung; es ist Gott im Taumel seiner Träume, es ist das Träumen des unbeschränkten Geistes selbst«. Richard Wagner begann 1856 mit der Komposition einer Oper über das Leben Buddhas, brachte das Werk jedoch nicht zur Vollendung. Schwer zu überbieten schließlich jene Hymne, die der Indologe Max Müller einmal während einer Vorlesung in Oxford anstimmte: »Wenn man mich fragte, unter welchem Himmel der menschliche Geist einige seiner auserwählten Gaben am vollsten entwickelt, über die größten Probleme des Lebens am tiefsten nachgedacht und zu manchen sogar Lösungen gefunden hat, welche selbst die Beachtung jener verdienen, die Plato und Kant studierten – ich würde auf Indien weisen.« Freilich hat auch Müller den Himmel über Indien nie gesehen.

Europa begeisterte sich über Generationen für diese ferne, rätselhafte Welt, und es dominierte sie wirtschaftlich bis zum Ende der britischen Kolonialzeit, als der Subkontinent in die Indische Union und Pakistan zerfiel. Doch ein halbes Jahrhundert danach sind mit der Integration von China und Indien in den Weltmarkt, also von 40 Prozent der Menschheit, die Herren der Welt von gestern unter einen gewaltigen Anpassungsdruck geraten. Anders als früher die armen Länder, haben jetzt die reichen Nationen Angst vor der Globalisierung, insbesondere die Vereinigten Staaten, Deutschland oder Frankreich. Denn die Aufsteiger machen den Arrivierten als Niedrigkostenstandort die Absatzmärkte und Arbeitsplätze streitig, gefährden deren Sozialstandards, sie sind Konkurrenten bei Rohstoffen, Innovationen und Kapital, stoßen neue Verteilungskämpfe an, da hilft kein Schönreden. Hinzu kommen demographische Umbrüche in den kommenden Jahrzehnten. In Europa wird vor allem Deutschland, nun EU-Schlusslicht bei den Geburten, sehr alt aussehen.

Wer vor einem Vierteljahrhundert Gelegenheit hatte, mit Lee Kuan Yew einen der brillantesten Köpfe Asiens nach den Machtgewichtungen der Zukunft zu befragen, der bekam schon damals Düsteres zu hören über den bevorstehenden Niedergang speziell der Westeuropäer. Die meisten fortgeschrittenen Industriegesellschaften seien »durch das angenehme Leben verweichlicht«, warnte der Lenker des kleinen Stadtstaates Singapur. Dieses Erlahmen des Westens, die mangelnde Bereitschaft, vorübergehend für eine wirtschaftliche Umstrukturierung den Gürtel enger zu schnallen, habe »zu einer Ziellosigkeit geführt«. Lee sah seinerzeit die Deutschen, deren Disziplin er schätzte, noch nicht in dieser Abwärtsspirale gefangen, doch ansonsten haben sich die Prognosen dieser chinesischen Kassandra weitgehend bestätigt. Heute sagt Singapurs Patriarch den Europäern »bittere zehn Jahre« voraus. Schließlich würden die Arbeiter einsehen müssen, »dass die gemütliche europäische Welt, die sie nach dem Zweiten Weltkrieg geschaffen haben, am Ende ist«.

Das trifft sich mit den Voraussagen anderer Auguren, die bei den fundamentalen Verschiebungen im globalen Gefüge von Völkern, Volkswirtschaften und Handelsströmen den Westen müde und ermattet sehen. Geistig erschöpft und verzagend angesichts des asiatischen Wunders und vielfach im Wirbelsturm des Wettbewerbs schon kapitulierend vor der Dynamik der Aufsteiger. »Deren Erwerbsbevölkerungen«, schreibt der Sozialforscher Meinhard Miegel in seiner *Epochenwende*, »sind heute oft genauso qualifiziert und motiviert wie diejenigen des Westens, und darüber hinaus sind sie jung, unverbraucht und vor allem genügsam.« Breite Bevölkerungsschichten in den frühindustrialisierten Ländern des alten Europa suchten insbesondere Ruhe und Zerstreuung, es plagten sie Zweifel an ihrer Zukunft. Der Politik wirft Miegel vor, das alles zu übertünchen und so zu tun, als könne der schwindende Vorsprung schon bald wieder ausgebaut werden. Unweigerlich gehe für den Westen »ein goldenes Zeitalter zu Ende«, auf das eine »eiserne Epoche« folgen werde.

Zwar hat noch immer über die Hälfte der weltgrößten Finanz- und Industriekonzerne ihren Sitz in der Europäischen Union, aber es sind nur noch 40 Prozent der Hightech-Unternehmen. Und die machtpolitische Schwächung Europas dürfte sich beschleunigen mit der weiteren Verlagerung von Arbeitsplätzen nach China und auf den Subkontinent. Da steht dem Westen der eigentliche Job-Exodus wohl erst noch bevor. Dies eben auch in Branchen mit innovativen Produkten, die den Europäern einst ihren Wohlfahrtsvorsprung verschafften. Wirtschaftsexperten gehen davon aus, dass die Europäer bis zum Jahr 2015 voraussichtlich 1,2 Millionen qualifizierte Arbeitsplätze und die US-Amerikaner bis 2010 sogar 1,6 Millionen an Niedriglohnländer verlieren werden.

Getrieben wohl von der Ahnung, dass diese Entwicklung bei den Betroffenen einen Rückfall in den Protektionismus beschleunigen könnte, suchen indische Politiker und Manager unterdessen den Westen zu beruhigen und auf die gemeinsamen Vorteile hinzuweisen. »Wir müssen nicht notwendigerweise zu Konkurrenten werden, sondern können mit deutscher Innovationskraft und indischer Arbeitskraft zu einer einmaligen Weltkombination werden«, schmeichelte bei der Hannover Messe Handelsminister Nath, der ansonsten mit Blick auf deutsche Arbeitskämpfe um Pinkelpausen schon mal höhnt: »In Indien geht es um fünfunddreißig Stunden am Tag.«

Ein wenig Augenwischerei betreibt auch der IT-Tycoon Murthy mit seinem hübschen Beispiel, dass er ein deutsches Auto fahre, eine Schweizer Uhr trage und französisches Parfüm benutze, »weil klar ist, dass die besten Autos aus Deutschland kommen, die besten Uhren aus der Schweiz und die besten Parfüms aus Frankreich. Auch das ist Globalisierung.«

Wohl wahr, nur wann kommen die Autos, Uhren und Parfüms aus Indien? Denn machen wir uns nichts vor, der technische Fortschritt und die Betriebsauslagerungen werden den Westen weitere Millionen Arbeitsplätze kosten. Längst bieten indische Outsourcing-Spezialisten auch qualifizierte Forschungsarbeit und Produktentwicklung an. Vor allem Deutschland, das nach wie vor ein Viertel seiner Wirtschaftsleistung aus der Fertigung herkömmlicher Industriegüter bezieht, muss der Aufmarsch der neuen Industrieländer China und Indien verschrecken. Im Außenhandel wird China schon bald Deutschland als Exportweltmeister ablösen, und es bleibt die Frage, in welchen Geschäftsfeldern für die massenhaft verlorenen Arbeitsplätze denn die neuen Jobs entstehen sollen? Dies zudem bei immer weniger Erwerbstätigen und immer mehr Rentnern. Schon jetzt beziehen nach Angaben des Statistischen Bundesamtes nur noch 39 Prozent der deutschen Bevölkerung ihr Einkommen aus Arbeit. Mit Zuwachsquoten in der Wohlfühlindustrie oder Altenpflege wird sich kaum eine Wertschöpfung erwirtschaften lassen, die global konkurrenzfähig bleibt.

Zu viele bei uns leben mit einem eigentümlichen Fatalismus noch immer in der Traumwelt eines Wohlfahrtsstaats mit gesicherten Sozialstandards, Vollkaskomentalität und einem Minimum an Eigenverantwortung. Man würde gerne ganze Trupps deutscher Gewerkschafter, Manager, Minister und Verbandsvertreter jeweils vierzehn Tage lang nach Bangalore oder Delhi schicken, damit sie erkennen, was auf Europa, was insbesondere auf Deutschland an Herausforderung zukommt. Wohin die Reise professionell für manchen einmal gehen kann, deutete sich in einer Jobofferte der Walldorfer Firma SAP an. Das Software-Unternehmen bot über Personalanzeigen in der *Frankfurter Allgemeinen Zeitung* deutschen Computerexperten eine Anstellung in seiner Dependance in Bangalore zu indischen Honorarsätzen von 600 Euro monatlich an, Flugkosten inbegriffen bei einer Mindestverpflichtung von elf Monaten. So ähnlich lauten die Bedingungen, zu denen indische Gastarbeiter in die arabischen Golfstaaten geholt werden.

Die neue asiatische Macht Indien bildet pro Jahr 500 000 Informatiker, Techniker und Ingenieure aus, Deutschland gerade mal 40 000. Es gibt neun Millionen Studenten, das ist die Einwohnerzahl Schwedens. Wie die Politik starrte auch die deutsche Wirtschaft zu lange auf China und übersah, welche Chancen der andere Gigant bot, nachdem er von seinen staatsdirigistischen Fesseln befreit worden war. Doch inzwischen schalten die Investitionsstrategen des Westens um und wenden sich verstärkt Indien zu. Da mögen gewiss auch Enttäuschungen mitschwingen über ungute Erfahrungen im Reich der roten Mandarine mit Ideen- und Patentklau, Produkt- und Markenpiraterie. China, das signalisierte nach dem Start des Transrapid in Schanghai etwa die Ankündigung des Baus eigener Magnetschwebebahnen, klaut unverfroren auch teures Hightech-Wissen, komplette Maschinen, Anlagen, Kraftwerke. Mancher deutsche Mittelständler hat sein China-Engagement bitter bereut und endete im Ruin. Demgegenüber vermag Indien ausländischen Geschäftsleuten als marktwirtschaftliche Demokratie mehr Rechtssicherheit zu bieten und Patente zu schützen. Jedenfalls sind die Klagen über Technologieklau hier seltener. Das unabhängige, wenn auch schwerfällige Rechtssystem schützt ausländische Investoren besser. »In Indien entwickelt sich alles freier als in China, damit aber auch nicht so zielorientiert«, vergleicht der Asienexperte Heinrich von Pierer, einst Aufsichtsratsvorsitzender von Siemens, beide Länder, »aber uns ist eine demokratische Verfassung lieber als alles andere.«

Eine Studie der Deutschen Bank gelangt zu dem Schluss: »Indiens hohes Wachstumspotenzial der nächsten zehn bis fünfzehn Jahre setzt das Land an die Weltspitze.« Es wird dann nicht nur für das Outsourcing von Dienstleistungen gefragt sein, sondern zugleich neben China und Osteuropa als neuer Niedrigkostenstandort auch für die verarbeitende Industrie globale Bedeutung gewinnen. Die deutschen Unternehmen haben das mittlerweile erkannt. Nach der Informationstechnologie zieht es nun Banken, Versicherungen, Automobilkonzerne auf den Subkontinent, werden neue Entwicklungszentren geschaffen, die Produktionskapazitäten hochgefahren. Bei der Herstellung von Maschinen, Elektrogeräten, chemischen Erzeugnissen lassen sich bis zu 60 Prozent der Kosten sparen. Siemens nutzt diese Vorteile in seinen vierzehn indischen Fabriken, um vom Subkontinent aus mit seinen Produkten Märkte in der arabischen Golfregion und in Südasien zu beliefern. In den nächsten beiden Jahren wird Siemens eine halbe Milliarde Euro investieren, wenigstens 325 Millionen die Firma Bosch, der größte Autozulieferer. Derzeit sind 800 deutsche Unternehmen mit Joint Ventures und Tochterbetrieben in Indien tätig, weitere 1400 unterhalten mit Indien Geschäftsbeziehungen. Ein Standbein auf dem Subkontinent haben von den Großen mittlerweile zudem Adidas, Continental und Lufthansa in Delhi, Allianz, BASF, Bayer, Deutsche Bank in Mumbai, Metro und SAP in Bangalore, BMW und Henkel in Chennai. Nahezu alle erwirtschaften beste Renditen. Innerhalb eines Jahres haben sich die Direktinvestitionen aus Deutschland verdoppelt, die deutschen Exporte legten zuletzt mit Rekordquoten von bis zu 50 Prozent zu, vor allem bei Maschinenlieferungen.

Noch hat Europa mehr Angst vor der gelben als vor der braunen Gefahr. Noch sind die Inder nicht soweit, dass sie auf dem alten Kontinent ganze Branchenhochburgen kapern und besiedeln, wie etwa die Chinesen mit 25 000 Zuwanderern die kleine italienische Textilstadt Prato. Oder mit Zehntausenden in Paris die Viertel um die Bastille.

Aber auch die Inder gehen inzwischen massiv auf Einkaufstour, beginnen wie die angelsächsischen »Heuschrecken« der Private-Equity-Fonds Firmen abzugrasen. Nach Mittal stieg auch Tata in das weltweite Stahlgeschäft ein und ergatterte für zehn Milliarden Euro den britisch-holländischen Stahlriesen Corus. Auf dem Pharmamarkt schnappte sich der Arzneimittelhersteller Dr. Reddy's den Augsburger Generika-Hersteller Betapharm. Größter indischer Investor in Deutschland ist gegenwärtig die Reliance-Gruppe. Der Privatkonzern der Gebrüder Anil und Mukesh Ambani kaufte das Kunstfaserunternehmen Trevira auf und schwang sich damit zum Weltmarktführer in Polyester auf. Im Vereinigten Königreich, seit jeher die klassische Operationsbasis für Exilanten vom Subkontinent, geben Inder mit den feinsten Wohnadressen bereits den Ton an. Die *Sunday Times* veröffentlichte unlängst eine Liste der 300 wohlhabendsten Asiaten in Großbritannien, die innerhalb eines Jahres ihren Reichtum um 40 Prozent aufbesserten. Ganz vorne rangieren ausnahmslos Inder: An der Spitze der Stahlbaron Lakshmi Mittal selbstverständlich, dann die Hinduja-Brüder mit ihrem Industriekonglomerat, Internetpokerer Anurag Dikshit sowie der Kupferminenbetreiber Anil Agarwal. In London sitzt auch der bestbezahlte Mitarbeiter eines deutschen Unternehmens, der indische Investmentmanager Anshu Jain bei der Deutschen Bank. Die Bezüge dieses Anleihen-Junkies sind angeblich dreimal so hoch wie die von Vorstandschef Josef Ackermann mit seinen vergleichsweise bescheidenen 11,9 Millionen Euro im Jahr.

Das Wort von der »strategischen Partnerschaft« wird in den Beziehungen zwischen Indien und Europa unter Verweis auf gemeinsame Interessen und Werte oft strapaziert, ohne dass der vereinbarte Rahmen sich dann konkret mit Substanz ausfüllt. Das war auch mit Deutschland so unter Gerhard Schröder. Die zeitweilige politische Kooperation mit dem Ziel einer Reform des UNO-Sicherheitsrats, bei der insbesondere Berlin im Verbund mit Delhi, Tokio und Brasilia sich Chancen ausrechnete auf einen ständigen Sitz mit Vetorecht, endete als diplomatischer Rohrkrepierer.

Angela Merkel war Indien bislang fremd, wie wohl den meisten Deutschen. Daran sucht die Bundeskanzlerin unterdessen einiges zu ändern. Sie nahm sich für ihren ersten Indienbesuch, sehr zur Genugtuung der Gastgeber, demonstrativ vier Tage Zeit und kreuzte Ende Oktober 2007 im Boomland mit einer hochkarätigen Wirtschaftsdelegation von dreißig Unternehmenschefs auf. Schon das Treffen in Hannover mit Manmohan Singh, bei dem sie als Realistin das Sicherheitsrat-Thema erst gar nicht ansprach, hatte sie beeindruckt. Sie hält den Premier »für einen weitsichtigen Politiker, der sich der Herausforderungen gerade auch mit Blick auf die soziale Lage seines Landes voll bewusst ist«. Bei dem geradezu dramatischen Paradigmenwechsel in der gegenwärtigen Weltpolitik glaubt die Kanzlerin in Indien eine große, stabilisierende Kraft zu erkennen, die »nicht als Gegengewicht zu China gesehen werden darf, sondern als Land in seiner eigenen Größe und Würde«. Da setzt sich die Berliner Regentin bewusst ab von der allzu durchsichtigen Umarmungsstrategie des George W. Bush. Singh und Merkel wollen die Partnerschaft systematisch vertiefen, es bleibt abzuwarten, was von diesen guten Vorsätzen dann Wirklichkeit wird. Bisher jedenfalls war die Asienexpertise im Berliner Bundeskanzleramt eher dürftig vertreten. Drastisch offenbarte dies seinerzeit der Flop mit Schröders Vorzeigeprojekt der Green Card. Statt Tausende IT-Spezialisten anzulocken, schreckte diese Aktion der Deutschen mit ihrem allzu selbstgewissen Gestus und der befristeten Arbeitserlaubnis Interessenten vor allem aus Indien ab. Die entschieden sich lieber gleich für das liberalere Großbritannien oder die USA.

Es gibt Stimmen ausländischer Beobachter auf dem Subkontinent, die behaupten, als globale Führungsmacht im Werden habe Indien eigentlich gar kein Interesse an Deutschland, von dem es als strategischer Verbündeter sich nur wenig versprechen könne. Diese These greift zu kurz. Sie übersieht, dass etwa Premierminister Manmohan Singh, der die Kanzlerin als »Weltführerin« preist, Deutschland noch immer für »das wirtschaftliche und geographische Herz Europas« hält und sich von daher für die Modernisierungsschübe seines Riesenlandes wohl dosierte Innovationszufuhr erhofft. Zum Beispiel in dem zunehmend wichtigeren Bereich sauberer, effizienter und erneuerbarer Energien. Hier haben die Deutschen durchaus etwas zu bieten. Und auch im militärisch-industriellen Bereich drängen die Inder auf eine enge Partnerschaft mit gemeinsamer Rüstungsproduktion. Berlin ist da im Gefolge des amerikanischen Kurswechsels zu einer Lockerung seiner strengen Export-Kontrollkriterien offenkundig bereit, nachdem Wirtschaftsminister Michael Glos im August 2006 bei seiner Visite in Delhi als Minenhund das Terrain erkundet und versichert hatte, die Regierung der Großen Koalition stünde »einer konkreteren Kooperation nicht mehr im Wege«. Da winken, dies offenbarte dann die Merkel-Visite, Milliardengeschäfte vor allem mit Hubschraubern und Kampfjets.

Die Generation der Inder, die mit Nehru den Befreiungskampf führte, hielt England an der Spitze eines starken Europa noch für eine unbesiegbare Weltmacht. In den sechzig Jahren seither haben sich die Machtgewichtungen auf diesem Erdball grundlegend verändert. Die Asiaten sind dabei, neben den USA die Regie auf der Weltbühne zu übernehmen. Schon in zwei Jahrzehnten könnte Asiens Sozialprodukt doppelt so hoch sein wie das des Westens, wird die Rivalität der neuen Weltmächte China und Indien um Rohstoffe und Absatzmärkte auch über den künftigen Wohlstand der Absteiger entscheiden. Man muss ja nicht so pessimistisch sein und Gabor Steingart in seiner apodiktischen Voraussage folgen, der wirtschaftliche Angriff aus Fernost werde zu einem »Weltkrieg um Wohlstand« führen. Andererseits wäre aber die Annahme, die Dinge würden sich für den Westen durch Crashs und Währungsaufwertungen schon irgendwie wieder zurechtrütteln, oder weil etwa die Billiglohnländer boombedingt schnell teuer werden, auch reichlich naiv. Übersehen wird dabei schlicht die Tatsache, dass gerade die beiden Giganten Asiens über eine nahezu unerschöpfliche Reservearmee Hunderter von Millionen verfügen, die weiterhin Beschäftigung zu Hungerlöhnen suchen und annehmen werden.

Und was wird aus Europa? Der alte Kontinent droht zu erstarren in wirtschaftlicher Stagnation, verheddert sich bei der Rettung von Verfassungsverträgen, ist zerrissen von Selbstzweifeln und Selbstüberforderung, geplagt vom Gespenst des Niedergangs und einer Stimmung des Fin de Siècle. Die EU-Mitgliedstaaten denken zunehmend nur an sich selber. Einzig ein Europa, das nicht mit nationalem Wirtschaftspatriotismus in die protektionistische Schmollecke abdriftet, sondern sich von Grund auf erneuert, wieder flexibler, wettbewerbsfähiger und dynamischer daherkommt, kann sich die Chance bewahren, den fundamental veränderten Herausforderungen der nächsten Jahrzehnte gewachsen zu bleiben. Dazu gehört die Überwindung von Europas Grundschwäche durch einen politischen Kraftakt: Allein wenn es der Europäischen Union gelingt, zu einer wirklichen Einheit um einen harten, handlungsfähigen Kern zusammenzuwachsen, und das dürfte kaum ohne Beiseiteschieben der Störer und Skeptiker gehen, wird es die Schlachten – hoffentlich überwiegend wirtschaftliche – in der Welt von morgen bestehen. Oder es wird in der Sturmflut der neuen Weltmächte China und Indien untergehen.

Bibliographie

Ali, Tariq: Die Nehrus und die Gandhis. Eine indische Dynastie. München 2005

Berg, Hans Walter: Das Erbe der Großmoguln. Hamburg 1988

Béteille, André: Equality and Inequality. Theory and Practice. Delhi 1984

Bhutto, Benazir: Tochter der Macht. Autobiographie. München 1989

Bonn, Gisela: Neues Licht aus Indien. Wiesbaden 1963

Brooke, Tal: Sai Baba. Lord of the Air. New Delhi 1979

Buchsteiner, Jochen: Die Stunde der Asiaten. Wie Europa verdrängt wird. Reinbek 2005

Coll, Steve: The Stand-Off. In: The New Yorker, 13. Februar 2006

Dalai Lama: Freedom in Exile. London 1990

Dalai Lama: Es geht um unser Überleben. In: Der Spiegel, 36/1993

Das, Gurcharan: The Elephant Paradigm. India Wrestles with Change. New Delhi 2002

Datta, V.N.: Sati. Widow Burning in India. New Delhi 1988

Elten, Jörg Andreas: Ganz entspannt im Hier und Jetzt. Tagebuch über mein Leben mit Bhagwan in Poona. Reinbek 1979

Fischer, Louis: Das Leben des Mahatma Ghandi. München 1951

Follath, Erich: Ein Moloch erwacht. In: Spiegel special 7/2005

Furtwängler, Franz Josef: Indien. Das Brahmanenland im Frühlicht. Berlin 1931

Gunturu, Vanamali: Hinduismus. München 2002

Haeckel, Ernst: Indische Reisebriefe. Leipzig 1922

Hamm, Steve: Bangalore Tiger. How Indian tech upstart Wipro is rewriting the rules of global competition. New York 2007

Hart-Davis, Duff: Honorary Tiger. The Life of Billy Arjan Singh. New Delhi 2005

Haubold, Erhard: Witwenverbrennung, Mitgiftmord, Kinderhochzeit. In: Frankfurter Allgemeine Zeitung, 23. Dezember 1987

Hesse, Hermann: Aus Indien. Frankfurt am Main 1981

Hinüber, Oskar von: Indiens Weg in die Moderne. Aachen 2005

Hirn, Wolfgang: Angriff aus Asien. Wie uns die neuen Wirtschaftsmächte überholen. Frankfurt 2007

Hiro, Dilip: Inside India Today. London 1978

Hoering, Uwe: Indien ohne Gandhi. Begegnung mit einer Gesellschaft. Wuppertal 1984

Holl, Klaus: Indien, China, Pakistan. Friedrich-Ebert-Stiftung, Berlin 2000

Johnson, Chalmers: Blowback. The Costs and Consequences of American Empire. New York 2000

Johnson, Chalmers: Die Rolle eines Ersatz-Rom. In: Der Spiegel, 45/2000

Kakar, Sudhir und Katharina: Die Inder. München 2006

Kennedy, Paul: In Vorbereitung auf das 21. Jahrhundert. Frankfurt am Main 1993

Kipling, Rudyard: Kim. London 1976 (erstmals 1901)

Kissinger, Henry: Die Herausforderung Amerikas. München/Berlin 2002

Kohl, Helmut: Erinnerungen 1982–1990. München 2005

Mahabharata. Indiens großes Epos. Düsseldorf/Köln 1978

Marx/Engels: On Colonialism. Moscow 1978

Mehta, Suketu: Maximum City. Frankfurt am Main 2006

Miegel, Meinhard: Epochenwende. Gewinnt der Westen die Zukunft? Berlin 2005

Milne, Hugh: Bhagwan. The God That Failed. London 1987

Mohan, C. Raja: Crossing the Rubicon. The Shaping of India's New Foreign Policy. New Delhi 2005

Mohan, C. Raja: Impossible Allies. Nuclear India, United States and the Global Order. New Delhi 2006

Moraes, Frank: Jawaharlal Nehru. München 1957

Müller, Harald: Weltmacht Indien. Wie uns der rasante Aufstieg herausfordert. Frankfurt 2006

Müller, Oliver: Wirtschaftsmacht Indien. München/Wien 2006.

Musharraf, Pervez: Im Notfall auch die Atombombe. In: Der Spiegel, 15/2002

Musharraf, Pervez: In the Line of Fire. A Memoir. New York 2006.

Myrdal, Jan: Indien bricht auf. Bremen 1986

Naipaul, V.S.: Indien. Eine verwundete Kultur. Berlin 1978

Naipaul, V.S.: Jenseits des Glaubens. Eine Reise in einen anderen Islam. München 2004

Naipaul, V.S.: India. A Million Mutinies Now. London 1990

Nehru, Jawaharlal: Entdeckung Indiens. Berlin 1958

Newby, Eric: Slowly Down the Ganges. London 1983

O'Malley, L.S.S.: Indian Caste Customs. Calcutta 1976

Pochhammer, Wilhelm von: Indiens Weg zur Nation. Politische Geschichte eines Subkontinents. Bremen 1973

Rajneesh, Bhagwan Shree: My People. A Community to Provoke God. Pune 1978

Rau, Heimo: F. Max Mueller. What He Can Teach Us! Bombay 1974

Rothermund, Dietmar: 5 mal Indien. München 1979

Roy, Arundhati: Das Ende der Illusion. Politische Einmischungen. München 1999

Rushdie, Salman: Shalimar der Narr. Reinbek 2006

Schaffer, Teresita C.: Indien. Auf dem Weg zur Weltmacht? Deutsche Bank Research, Februar 2006

Schmidt, Helmut: Die Mächte der Zukunft. Gewinner und Verlierer in der Welt von morgen. Berlin 2005

Schoettli, Urs: Indien. Profil einer alten Zivilisation an der Schwelle zum 21. Jahrhundert. Zürich 1987

Schumann, Hans Wolfgang: Die großen Götter Indiens. München 2004

Sen, Amartya: Auch mal von Mao lernen. In: Der Spiegel, 42/2000

Segal, Ronald: Die Krise Indiens. Frankfurt 1968

Sen, K.M.: Hinduism. London 1961

Shourie, Arun: Religion in Politics. New Delhi 1987

Shourie, Arun: Will the Iron Fence Save a Tree Hollowed by Termites? Defence Imperatives Beyond the Military. New Delhi 2005

Singh, Khushwant: Not a Nice Man to Know. New Delhi 1993

Singh, Manmohan: Unsere Zeit ist gekommen. In: Der Spiegel, 41/2004

Singh, Nihal: My India. New Delhi 1982

Steingart, Gabor: Weltkrieg um Wohlstand. Wie Macht und Reichtum neu verteilt werden. München/Zürich 2006.

Stiglitz, Joseph: Die Chancen der Globalisierung. München 2006.

Tagore, Rabindranath: Sadhana. Der Weg zur Vollendung. München 1921

Tagore, Rabindranath: Meine Lebenserinnerungen. München 1923

Terzani, Tiziano: Noch eine Runde auf dem Karussell. Vom Leben und Sterben. Hamburg 2005

Tharoor, Shashi: India. From Midnight to the Millennium. New Delhi 2000

Tharoor, Shashi: Die Erfindung Indiens. Das Leben des Pandit Nehru. Frankfurt 2006

Toynbee, Arnold: Between Oxus and Jumna. London 1961

Trojanow, Ilija: An den inneren Ufern Indiens. Eine Reise entlang des Ganges. München 2003

Trojanow, Ilija: Gebrauchsanweisung für Indien. München 2006

Tully, Mark: India in Slow Motion. New Delhi 2002

Upanishaden. Die Geheimlehre der Inder. München 2003

Varma, Pavan K.: Being Indian. The truth about why the 21st century will be India's. New Delhi 2004

Veltheim-Ostrau, Hans-Hasso von: Der Geist Asiens. Düsseldorf 1976

Weber, Max: Gesammelte Aufsätze zur Religionssoziologie II. Hinduismus und Buddhismus. Tübingen 1966

Zimmer, Heinrich: Spiel um den Elefanten. Ein Buch von indischer Natur. Düsseldorf/Köln 1965

Interviews und Hintergrundgespräche u. a. mit:
Baba Amte, Sai Baba, Benazir Bhutto, Nawab Akbar Khan Bugti, Sant Jarnail Singh Bhindranwale, Morarji Desai, Indira Gandhi, Rajiv Gandhi, Zia-ul-Haq, Eric Hobsbawm, Chalmers Johnson, Hamid Karzai, Dalai Lama, Angela Merkel, Pervez Musharraf, Mohammed Nadschibullah, Azim Premji, Bhagwan Shree Rajneesh, Jagjivan Ram, Salman Rushdie, Gerhard Schröder, Chandra Shekhar, Charan Singh, Manmohan Singh, Mutter Teresa, Atal Bihari Vajpayee.

Glossar

Adivasi
Stammesangehöriger der
Urbevölkerung

Aghori
Kannibalensekte des tantrischen
Hinduismus

Ahimsa
Gewaltloses Handeln

Ashram
Klosterähnlicher Wohnsitz eines
Gurus oder Asketen

Avatar
Göttliche Inkarnation

Baba
Respektvolle Ansprache eines
Eremiten

Bataidar
Landloser Tagelöhner

Basti
Slumartige Hüttensiedlung

Bhagavat Gita
»Gesang der Erhabenen«,
philosophisches Lehrgedicht
und Teil des Heldenepos *Mahab-*
harata, Darstellung der Lehren
des Hinduismus

Bhagvan
Gott

Bharat
Indien

Bhumihar
Großgrundbesitzer

Bigha
Flächenmaß, ca. 0,4 Hektar

BJP
Bharatiya Janata Party, nationalkonservative Indische Volkspartei

Bollywood
Bombays Filmindustrie

Brahma
Schöpfergott des Hinduismus

Brahman
Das absolute Bewusstsein,
Urgrund aller Existenzen

Brahmane
Angehöriger der obersten
Priesterkaste, Gelehrter

Charkha
Spinnrad, von Mahatma Gandhi
als Demonstration genutzt zur
symbolischen Selbstversorgung

Chefminister
Ministerpräsident eines Bundesstaates

Dalit
»Die Gebrochenen«, kämpfe-
rische Eigenbezeichnung der
Kastenlosen

Dharma
Das ewige Weltgesetz, Pflicht-
erfüllung

Dom
Kaste von Unberührbaren, zu-
ständig für Einäscherungsrituale

Dowry
Mitgift

Drawiden
Von der Urbevölkerung abstammende Südinder

Durga
»Die Unergründliche«, als Parvati Gemahlin Shivas, auch mit Kali identisch

Ghat
Badetreppe an Flüssen und Wasserbecken

Guru
Geistiger Lehrer

Hanuman
»Sohn des Windes«, Affengott und Helfer Ramas

Harijan
»Kind Gottes«, Mahatma Gandhis Ausdruck für Unberührbare

Hijra
Verschnittener, Transvestit

Hindutva
Kampfbegriff der Hindu-Extremisten

Jain
»Anhänger des Sieges«, um 500 vor Chr. vom Hinduismus abgespaltene Religionsgemeinschaft

Jats
Reiche Bauernkaste Nordindiens

Kali
»Die Schwarze«, blutrünstige Göttin und Kämpferin gegen die Dämonen, Namenspatronin von Kalkutta

Karma
Gesetz der Wiedergeburt und Seelenwanderung, abhängig von den guten und schlechten Taten des vorherigen Lebens

Kongress
Wichtigste Gruppierung der Unabhängigkeitsbewegung, in Delhi Regierungspartei unter Nehru, Indira Gandhi, Manmohan Singh

Krishna
Inkarnation des Gottes Vishnu

Kshatriya
Stand der Krieger, zweitoberste Kaste

Lathi
Langer, eisenbeschlagener Bambusknüppel

Lingam
Phallussymbol für die Zeugungskraft Shivas

Lok Sabha
Unterhaus des indischen Parlaments

Mantra
religiöser Spruch

Mela
Fest, Jahrmarkt

Moksha
Erlösung aus dem Kreislauf der Wiedergeburten

Nairs
Kriegskaste in Kerala unterhalb der Brahmanen

Naxaliten
Maoistische Bauernrevolutionäre

Panchayat
»Rat der Fünf«, Organ dörflicher Selbstverwaltung

Panch-sheel
Fünf Grundsätze Nehrus für die Außenpolitik

Pandit
Gelehrter

Paria
Unberührbarer

Parvati
»Tochter der Berge«, Gemahlin
Shivas und Verkörperung der
kosmischen Energie, Mutter des
volkstümlichen Elefantengottes
Ganesha

Pipal-Baum
Heiliger Feigenbaum

Puja
Opferritual, Anbetung

Raja
Fürst, König

Rajputen
Kriegerkaste in Rajasthan

Rama
Mythischer Gottkönig von
Ayodhya

Ramayana
Epos über das Schicksal Ramas,
5. vorchristliches Jahrhundert

Rigveda
»Wissen in Strophen«, älteste
indo-arische Sanskrittexte,
1028 Hymnen, um 2500 vor Chr.

Rishi
Weiser Mann, Seher

RSS
Rashtriya Svayamsevak Sangh
(Nationale Freiwilligen-Organisa-
tion), paramilitärische Kader-
truppe der Hindu-Fundamentalisten

Sadhu
Frommer Mann, Hindu-Asket

Samsara
Der ewige, leidvolle Kreislauf der
Existenzen

Sarpanch
Dorfvorsteher

Sati
»Treue Gattin«, Bezeichnung für
Witwenverbrennung auf dem
Scheiterhaufen des verstorbenen
Mannes

Shiva
»Der Gnädige«, mächtigster Gott
der Hindus, höchster Weltherr
und Zerstörer

Shudra
Unterster Stand der vier Kasten,
Dienstleistungen

Tribals
Stammesangehörige, auch Adivasi

Upanishaden
»Geheimlehren«, älteste Quellen
der indischen Philosophie aus
dem siebten vorchristlichen
Jahrhundert

Vajshya
Dritter Stand von Händlern,
Kaufleuten, Bauern

Varna
»Farbe«, Bezeichnung für die vier
Hauptkasten

Veden
»Wissen«, älteste indische
Sanskrittexte und heilige Lehr-
bücher

Vibhuti
Gesegnete Asche

Vishnu
Göttlicher Beschützer der Weltordnung mit vielen Inkarnationen

Yogi
Ausgebildeter Anhänger der
Meditationslehre Yoga

Dank

Es mögen sich in dieses Buch einige Fehler eingeschlichen haben und Ungenauigkeiten, die ich zu entschuldigen bitte. Wenn sie sich gleichwohl in Grenzen halten, verdanke ich dies insbesondere jenen Freunden in Indien, die über drei Jahrzehnte versuchten, mir diesen schwierigen Kontinent zu enträtseln und nahe zu bringen: an erster Stelle der Dichter Vishnu Kharre sowie der Psychoanalytiker Sudhir Kakar und eine ganze Menge Singhs: Arjan und Balram, Khushwant und Nihal, Shanta und Serbjeet. Außerdem Padma Rao und Raghu Verma vom Büro des *Spiegel* in Neu-Delhi. Dank schulde ich überdies für die Durchsicht einiger wichtiger Kapitel Hans-Joachim Noack, für die Überprüfung von Fakten und Namen den Dokumentaren Eckart Teichert und Rainer Szimm, für die Bildauswahl Catrin Hammy und Claudia Jeczawitz. Mit Anregungen und Verbesserungen, aber auch mit viel Geduld hat meine Frau Anna-Maria Ihlau entscheidend zum Zustandekommen des Manuskripts beigetragen. Viel Umsicht zeigte auch meine Lektorin Regina Carstensen. Nicht zuletzt gilt mein besonderer Dank der *Süddeutschen Zeitung* und dem *Spiegel*, die mir die Möglichkeit gaben, in Indien als Korrespondent zu arbeiten oder dieses Land als Reporter regelmäßig zu besuchen.

Personenregister

Bildnachweis